La rebelde

Recovering the U.S. Hispanic Literary Heritage

Board of Editorial Advisors

La rebelde

Leonor Villegas de Magnón

Clara Lomas
Edición e introducción

Martha Rocha
Colaboración y epílogo

Antonio Saborit
Traducción de la Introducción del inglés al español

Papeles de Familia

CONACULTA • INAH

Arte Público Press
Houston, Texas

Esta edición ha sido subvencionada por la Ciudad de Houston por medio del Concejo Cultural de Arte de Houston, Harris County y la Fundación Rockefeller.

Agradecemos la colaboración de CONACULTA

Recuperando el pasado, creando el futuro

Arte Público Press
University of Houston
452 Cullen Performance Hall
Houston, Texas 77204-2004

Diseño de la portada de Adelaida Mendoza

Villegas de Magnón, Leonor.
La rebelde / by Leonor Villegas de Magnón : edited and introduction by Clara Lomas.
p. cm.
"Recovering the U.S. Hispanic Literary Heritage Project publication."
Includes index.
ISBN 1-55885-415-0 (pbk. : alk. paper)
1. Villegas de Magnón, Leonor. 2. Mexican American women—Biography. 3. Mexican Americans—Biography. 4. Feminists—United States—Biography. 5. Revolutionaries—Mexico—Biography. 6. Feminists—Mexico—Biography. 7. Mexico—History—Revolution, 1910–1920—Biography. 8. Mexico—History—Revolution, 1910–1920—Women. 9. Women journalists—Texas—Laredo—Biography. 10. Laredo (Tex.)—Biography. I. Lomas, Clara. II. Title.
E184.M5V53 2004
973'.046872'0092—dc20
[B] 2004041067
CIP

∞ El papel utilizado en esta publicación cumple con los requisitos del American National Standard for Information Sciences—Permanence of Paper for Printed Library Materials, ANSI Z39.48-1984.

4 5 6 7 8 9 0 1 2 3 10 9 8 7 6 5 4 3 2 1

Este libro está dedicado a quienes han sido mis fuentes de inspiración:

María Luisa y Alberto Lomas, mis padres, y Luis; mis hijos, Luis Alberto, Cecilia y Alma;

Mis mentores, Rosaura Sánchez, Carlos Blanco Aguinaga, Sylvia Lizárraga y Angie Chabram;

Y "las tres Leonores".

C.L.

Leonor Magnón Grubbs, Clara Lomas y Leonor Smith, agosto de 1987, cuando la Sr. Grubbs le pidió a Clara Lomas que cumpliera el último deseo de su madre: la publicación de *La rebelde* para el reconocimiento de los aportes de la Cruz Blanca Nacional.

Índice

Prefacio

La búsqueda de una autobiografía: hacia la cartografía de la historia intelectual de las mujeres de la frontera

La búsqueda arqueológica que condujo recientemente a la recuperación de las historias de vida de Leonor Villegas de Magnón —salidas de un viejo baúl familiar que estuvo a punto de ser destruido por unos ladrones que se metieron a la casa vacía de los Magnón en Laredo, Texas— no es distinta a los numerosos intentos semejantes por recuperar, restaurar y preservar el legado cultural, histórico, de las comunidades latinas en Estados Unidos. Desdeñadas por el tiempo, ignoradas y acalladas por el etnocentrismo, destruidas por las llamas de los incendiarios, perdidas en manos de impresores sin escrúpulos, entre otras razones; se han desintegrado miles de formas de documentación histórico/cultural, privándonos de respuestas a nuestras interrogantes personales, intelectuales y académicas sobre el pasado de las comunidades latinas.

En un esfuerzo por cubrir algunas de las numerosas lagunas históricas así como por contribuir al masivo proyecto de recuperación "arqueológica" que hoy realizan varios académicos,[1] con entusiasmo respondí a varias indicaciones que me hicieran los historiadores a propósito de la existencia de una comunidad intelectual de mujeres involucradas con la Revolución mexicana de 1910. Las fuentes literarias no tradicionales como los periódicos en español del suroeste de Estados Unidos y las entrevistas a habitantes fronterizos aportaron documentación valiosísima sobre las actividades de la comunidad.[2] La perseverancia y la paciencia rindieron sus frutos después de tres años de avanzar por distintas capas arqueológicas. Me puse a investigar en colecciones especiales de la Colección Latinoamericana Benson de la Universidad de Texas y en las bibliotecas Barker de Historia de Texas, Bancroft y Huntington en California, y en el Instituto Internacional de Historia Social en Amsterdam. Mi correspondencia con bibliotecarios de instituciones públicas y privadas en la frontera reveló los paraderos de muchos números aislados de publicaciones. Junto a esta investigación, las entrevistas con residentes de la frontera descubrieron datos de un valor inestimable. Pude identificar y recuperar de las publicaciones escritos de varias mujeres que, a la vuelta del siglo, ejercieron su capacidad de interpretación al poner por escrito ideas sobre su propia época y sobre su vida. El escrito más extenso que localicé fue la narración autobiográfica de Villegas de Magnón titulada *La rebelde*, publicada por entregas en la edición en español de *The Laredo Times*, del 19 de marzo al 7 de junio de 1961.[3] Como la historia oficial casi borró el recuerdo de la participación de las enfermeras en la Revolución mexicana, en especial aquellas del área de la frontera de Texas-México que formaron la Cruz Blanca, Villegas de Magnón asumió el deber de dejar documentación escrita y fotográfica de tal participación. Publicadas póstumamente a petición de su hija, Leonor Grubbs, las entregas literarias, junto con numerosas imágenes, reunieron múltiples recuerdos fragmentarios de la época revolucionaria transmitidos oralmente por padres y abuelos para los fronterizos de comienzos de los sesenta del siglo XX.

Coincidentemente, durante los mismos días en los que encontré la narración autobiográfica de Villegas de Magnón, al fin obtuve respuesta de su nieta, Leonor Smith, quien, después de varios meses, no había contestado mis cartas y mis llamadas telefónicas relacionadas con información que condujera a la recuperación de las narraciones de su abuela. Humillantes negociaciones contractuales con un editor 10 años antes habían aterrado a tal grado a Leonor Grubbs que desistió en sus deseos de cumplir con la última voluntad de su madre: publicar su historia en forma de libro. La mala salud de la señora Grubbs agotó la energía de su hija y su atención a cualquier otro asunto.

Por suerte logré entrevistar a Leonor Grubbs unos cuantos meses antes de su muerte; tanto su hija como yo prometimos cumplir la última voluntad de su madre. Con la esperanza de trabajar en lo que se leía como una versión considerablemente editada de una autobiografía empecé a estudiar las entregas de *La rebelde*. Poco después recibí una llamada telefónica de Leonor Smith. Ella quería saber si a mí me interesarían unos materiales rescatados hacía poco que ella tenía consigo. Casi destruidos y azarosamente devueltos a un viejo baúl, me explicó la señora Smith, el contenido eran manuscritos, fotografías, libros, correspondencia, telegramas y cuadernos con recortes de periódicos. Viajé a Texas, revisé la documentación y realicé un inventario de todo el material. Al poco tiempo nos dimos cuenta de que el contenido del baúl era lo que quedó una vez que el editor de la señora Grubbs eligió su primera selección de los materiales que Leonor Villegas de Magnón heredó a sus hijos. El editor nunca regresó los originales. A partir de entonces empezamos a juntar un legado que hasta hoy permanece fragmentado, marcado por múltiples rupturas.

Pese a todo, las narraciones autobiográficas de Villegas de Magnón dan un vistazo a las luchas históricas de las mujeres en pos de una voz discursiva para documentar sus propias contribuciones sociales. La primera, 300 páginas de texto en español, titulada *La rebelde*, escrito probablemente entre el final de la década armada y los primeros años de los veinte, se dirigía al público mexicano de la posrevolución. Después de varios intentos en vano porque el gobierno mexicano publicara lo que se etiquetó como "memorias noveladas", Villegas de Magnón escribió, al final de los años cuarenta, una versión en inglés de 483 páginas, dirigida a un público estadounidense.

La siguiente versión en español de su obra, titulada *La rebelde*, y el grupo de fotografías aquí incluidas, son una selección de aquellos frágiles materiales quebradizos provenientes del viejo baúl. Teniendo en mente la precaria historia del compendio de documentación autorrepresentativa de Villegas de Magnón, no podemos asegurar que este texto sea la última versión que ella habría publicado o si es uno de los varios borradores. De suerte que el enigma sigue sin resolverse, ejemplo de aquellas historias de vida que permanecen en las fronteras, periféricas a ambos países, fragmentadas por la frontera geopolítica.

Esta empresa de recuperación requirió trabajo humano y apoyo financiero. Quisiera agradecer a la Fundación Ford, a Colorado College por su Premio Benezet y Becas Jackson, y al Premio de Investigación de la Universidad de California en Los Ángeles, que respaldaron distintos aspectos de mi investigación. Tengo una deuda especial con los coordinadores del Proyecto de Recuperación del Legado Literario Hispano en Estados Unidos, Teresa Marrero y Elsie Herdman-Dodge, por su estímulo constante, y al director del proyecto, Nicolás Kanellos, por su visión. Reconocimiento especial merecen los ayudantes de investigación Eleuteria Hernández y Xóchitl, de la UCLA y Alma Lomas, Katherine Eastman y Kris McNeil de Colorado College. También quisiera reconocer los valiosos comentarios y sugerencias de los profesores María Daniels y Víctor Nelson-Cisneros. Por su persistencia debemos nuestro aprecio a tres generaciones de mujeres de la familia Villegas de Magnón, las tres Leonores, quienes anhelaban compartir con un público ajeno a la familia inmediata la historia de muchas mujeres y hombres de la frontera que temporalmente abandonaron a sus familias para realizar una misión humanitaria: ayudar a los revolucionarios mexicanos en su lucha por la justicia, la liberación, la igualdad y un mejor futuro para la mayoría de su pueblo.

Clara Lomas

Notas

[1]Durante las tres décadas anteriores, críticos literarios, historiadores y bibliotecarios son quienes han realizado estudios sobre historiografía literaria, la mayoría de los cuales pertenecen al Consejo Asesor del Proyecto de Recuperación del Legado Literario Hispano en Estados Unidos: Edna Acosta-Belén, Antonia Castañeda, Rafael Chabrán, Richard Chabrán, Rodolfo Cortina, Onofre Di Stefano, José Fernández, María Herrera-Sobek, Nicolás Kanellos, Luis Leal, Francisco Lomelí, Alejandro Morales, Felipe Ortega, Genaro Padilla, Raymund Paredes, Tey Diana Rebolledo, Juan Rodríguez, Rosaura Sánchez y Charles Tatum.

[2]Herminio Ríos y Lupe Castillo, "Toward a True Chicano Bibliography: Mexican-American Newspapers: 1848–1942", *El Grito* 3 ver. (1970): 17–24.

[3]Agradezco a la historiadora texana Ruthe Winegarten, quien me dio a conocer la obra de Leonor Villegas de Magnón.

Introducción

Las mujeres revolucionarias y la prensa alternativa en la frontera

> Sólo hay una línea imaginaria entre el "México de Adentro" (México como una unidad territorial) y el "México de Afuera" [específicamente, Estados Unidos]. Es fácil cruzar esta línea, legal o ilegalmente.
>
> Américo Paredes[1]

> El papel de la mujer en el movimiento de la prensa alternativa importa porque ella pertenecía a este movimiento en ambos lados de la frontera, y en efecto, a través de su historia de vida, da un ejemplo más de cómo con frecuencia la frontera se borra al considerar la experiencia del pueblo mexicano y su respuesta a la dominación y la opresión.
>
> Inés Hernández[2]

La obra *La rebelde*, de Leonor Villegas de Magnón, ofrece un escenario en el cual las hazañas de las figuras históricas revolucionarias, como Francisco I. Madero, Venustiano Carranza y Francisco (Pancho) Villa, aparecen dramatizadas junto a un reparto de activistas de la zona fronteriza. Villegas de Magnón protagoniza a una rebelde "burguesa" cuya tarea consiste en inmortalizar al activismo en la línea de los *fronterizos*, hacerles pasar de un lugar marginal en el fondo al centro del escenario. La historia de Villegas de Magnón ofrece un ejemplo más de la lucha que por la autoridad y el poder interpretativos emprendieron las distintas facciones revolucionarias de la frontera a través de los medios más poderosos de su discurso oposicionista, la prensa alternativa.

La frontera Estados Unidos-México, en especial las ciudades de Laredo, San Antonio, El Paso y Los Ángeles, sirvieron como importantes centros para ciertas obras precursoras de la primera gran revolución del siglo XX, a la que se conoce como Revolución Mexicana. A través de varias fases entre 1910 y 1920, numerosas facciones políticas y militares lucharon primero por eliminar a Porfirio Díaz, por 34 años dictador de México, y luego por llegar al poder. Una parte significativa de esta actividad la documentaron las numerosas publicaciones de la frontera. Según José Valadez hubo en ese periodo más de 170 periódicos en español en el suroeste de Estados Unidos.[3] Algunos de éstos se fundaron mucho antes del movimiento revolucionario y la gran mayoría respaldaba a la dictadura mexicana.[4] Sin embargo, los exiliados políticos fundaron más de 30 periódicos —como Ricardo Flores Magón y los miembros del Partido Liberal Mexicano (PLM), así como los simpatizantes estadounidenses— para hacer propaganda a favor de una revolución armada.[5] Durante la segunda y más violenta fase del movimiento revolucionario, iniciada en 1913, las juntas revolucionarias lanzaron sus propias publicaciones a la vez que otros exiliados establecían sus periódicos para respaldar la "paz y armonía" o la contrarrevolución, como *La Prensa* de Ignacio Lozano, fundada en San Antonio, Texas.[6]

En forma paralela a este explosivo periodismo político, el sentimiento revolucionario registrado en cartas, memorias, autobiografías, así como a través de la tradición oral preservada en canciones y folclor habla de la desaparición de la frontera geopolítica por la acción de la gente de la frontera, como lo señalaban líneas atrás Paredes y Hernández. A pesar del cruce de fronteras de dos estados soberanos, cada uno con sus propias culturas nacionales, el lugar en la sociedad de las mexicanas en la frontera lo dictaba en gran medida la costumbre social mexicana. Al desarrollarse el movimiento revolucionario, éste suministró una fértil arena para la reaparición de un sentimiento nacional entre los mexicanos y creó el espacio para codificar de nueva cuenta el lugar de la mujer en la sociedad. El liberalismo del movimiento fortaleció la perspectiva secular, desafiando abiertamente la narración maestra de la Iglesia católica, la cual durante tanto tiempo definió el papel social de las mexicanas. Los vientos de guerra que recorrieron a México desarraigaron, atraparon y se llevaron a miles de mujeres del campo y de las clases bajas en las ciudades quienes acompañaron a sus soldados y a quienes más adelante, se conoció como soldaderas. También hubo un buen número de mujeres de clase media o alta, sobre todo, aunque no de un modo exclusivo, que activamente trataron de involucrarse en la lucha ya fuera en contra de la dirigencia anticlerical de la revolución o a favor de la lucha social en pos de objetivos revolucionarios.[7] Según Anna Macías, como señaló en su estudio germinal *Against All Odds: The Feminist Movement in Mexico to 1940*, muchas de estas mujeres "fueron criadas y educadas en las escuelas vocacionales y normales y moldeadas en el incipiente movimiento feminista de la época porfiriana".[8]

Macías señaló las siguientes seis razones fundamentales por las cuales las mexicanas enfrentaron enormes obstáculos en sus afanes por asumir la agencia, por actuar por su cuenta: 1) el problema del machismo que obligaba a las mujeres a empezar por educar "a los mexicanos a ver a las mujeres como personas y no como símbolos u objetos"; 2) la enorme influencia de la iglesia cuya jerarquía "desalentaba hasta el feminismo más moderado, negándose a aceptar el establecimiento de cualquier organización feminista que no estuviera bajo el control de la jerarquía"; 3) el desacuerdo entre las facciones feministas sobre puntos, tácticas y programas así como la alta incidencia de *burn out* entre las dirigentes; 4) "poco apoyo y estímulo de los líderes gubernamentales, en especial entre 1900 y 1934"; quienes tenían "sospechas de todas las mujeres debido a las actitudes masculinas prevalecientes" y a quienes se sentían que "no eran de fiar políticamente debido al apego a la Iglesia"; 5) "poco apoyo y mucha ridiculización de parte de la prensa", y 6) las mujeres más activas políticamente "venían de la clase media y tenían que trabajar para vivir. La mayoría eran maestras de primaria".[9] Las mexicanas de la frontera no se liberaron de estos límites morales, éticos y sociopolíticos.

Aunque la mayoría de las mujeres de la frontera no tenían capital cultural para expresarse por escrito, las que sí lo tenían fueron capaces de crear medios alternativos para así expresarse por medio de la prensa independiente en español. Villegas de Magnón fue una de estas preparadas maestras de escuela de la frontera cuyo activismo no sólo afectó las vidas de muchas mujeres en las diferentes clases sociales en ambos lados de la frontera internacional; sin embargo, mediante tal activismo, contribuyó asimismo a la erradicación de la frontera imaginaria y sus entrometidos límites socialmente impuestos. Lo que es más, los relatos escritos de Villegas de Magnón nos dan el espacio narrativo y el contexto histórico para un activismo periodístico que contribuyó a llevar asuntos de género al umbral de la conciencia colectiva de la región. Junto a los alegatos de Villegas de Magnón contra la dictadura de 34 años de Porfirio Díaz, los esfuerzos editoriales de Sara Estela Ramírez, Jovita Idar, Andrea y Teresa Villarreal, Isidra T. de Cárdenas y Blanca de Moncaleano proyectaron novedosas posturas e identidades de género.

Ramírez, las hermanas Villarreal y Cárdenas se involucraron directamente en las actividades políticas de los hermanos Flores Magón y otros miembros del PLM durante su exilio en Estados Unidos y sus numerosos encarcelamientos. En 1901, la maestra y poeta Sara Estela Ramírez fundó la publicación *La Corregidora* en Laredo. La ofreció como una herramienta para el partido, y nueve años más tarde introdujo la publicación *Aurora*.[10] Según la primera plana de *La Voz de la Mujer*, Cárdenas fundó la revista quincenal en El Paso en 1907. En ella incluyó extractos de *Revolución* del PLM en Los Ángeles para comunicar ideas revolucionarias a los lectores en El Paso y para enviar mensajes públicos a Roosevelt y a otros dirigentes nacionales a favor de la libertad de Flores Magón.[11] Andrea y Teresa Villarreal, hermanas de Antonio I. Villarreal, miembro destacado del PLM, fundaron *La Mujer Moderna* en San Antonio en 1910, y más adelante Teresa fundó el efímero periódico *El Obrero*.[12] En Laredo, de 1898 a 1914 y bajo el seudónimo de "A. V. Negra", Jovita Idar escribió sobre la discriminación que padecían los mexicanos en Estados Unidos así como sobre las luchas revolucionarias en *La Crónica*, el periódico de su padre,[13] tras cuya muerte, Idar trabajó en varios periódicos en el sur de Texas —*El Eco del Golfo* en Corpus Christi, *La Luz* en San Benito, *La Prensa* en San Antonio— y en 1916, con la ayuda de sus hermanos Clemente, Eduardo y Federico Idar, fundó el diario *Evolución*. En la década de los cuarenta del siglo XX coeditó *El Heraldo Cristiano* en San Antonio.[14]

Después de que Leonor Villegas de Magnón creó la Cruz Blanca en 1913 para suministrar ayuda médica a los revolucionarios durante la fase violenta de la revolución; su hermano Leopoldo Villegas le ayudó a financiar el diario *El Progreso* para informar a las regiones fronterizas sobre los nuevos desarrollos. Blanca de Moncaleano publicó la anarcofeminista *Pluma Roja* en Los Ángeles de 1913 a 1915.[15]

Por medio de sus empeños editoriales, la intervención de estas mujeres en la formación de organizaciones socioculturales femeninas fomentaron el crecimiento intelectual. Sara Estela Ramírez fue destacado elemento de *Regeneración* y *Concordia* antes del estallido de la revolución en 1910; Jovita Idar creó la Liga Feminista en 1911 como parte del Primer Congreso Mexicanista que organizó su familia; y en 1913 Villegas de Magnón formó Unión, Progreso y Caridad. Según Gómez-Quiñones, "el feminista Club Leona Vicario, en apariencia un grupo de educación reformista, juntaba dinero para el PLM".[16]

A la vuelta de siglo, Ramírez, las hermanas Villarreal, Villegas de Magnón, Idar y los miembros del equipo de *La Voz de la Mujer* y *Pluma Roja* eran las intelectuales orgánicas de su época que mostraban las diferentes posturas discursivas de las mujeres en el interior de sus sociedades, posturas informadas por las narraciones maestras del nacionalismo, la religión y el anarquismo. Hasta hoy no se han visto ni el trabajo de estas mujeres como editoras ni sus colaboraciones escritas. Su trabajo no ha sido reconocido en México, ya sea por sus afiliaciones políticas o por la discriminación genérica. En Estados Unidos estos factores, así como las desviaciones lingüísticas, han relegado su obra al olvido. Las historias de estas mujeres y sus empeños editoriales, sin embargo, captan la realidad de un pueblo, en el que el significado de su existencia diaria trasciende las limitaciones impuestas por las fronteras políticas nacionales.

Las fronteras del siglo XIX

Si la historia oficial de la Revolución Mexicana se ha concentrado en los intelectuales políticos y en los dirigentes militares,

La rebelde intenta destacar las aportaciones de algunas de las mujeres que ya se mencionaron, así como las de otras heroínas de la frontera. Ágiles plumazos intentan capturar los breves momentos de las vidas, hazañas, costumbres sociales, rutinas, paisajes y acontecimientos históricos, filtrados a través de la memoria de Villegas de Magnón. Irónicamente, esta autobiografía está escrita en tercera persona. Villegas de Magnón suprime, en ocasiones silencia, el "yo" para narrar la historia de "La Rebelde". En el estilo del romanticismo revolucionario, en ocasiones demasiado subido de tono y melodramático para nuestro gusto, nos enteramos de la vida de la rebelde desde su nacimiento en 1876 hasta la muerte de Venustiano Carranza en 1920. La primera cuarta parte del relato narra las transformaciones que experimentó la protagonista, a partir de la tan sensible y solitaria huérfana hasta convertirse en la valerosa mujer con una idea altruista del deber y la fidelidad.

Leonor Villegas de Magnón nació el 12 de junio de 1876 en Nuevo Laredo, Tamaulipas, con unos días de diferencia del intento de Porfirio Díaz por arrebatarle la ciudad de México a Lerdo de Tejada. El día de su nacimiento, su padre la apodó afectuosamente "La Rebelde", pues los militares que inspeccionaron el área en busca de insurgentes creyeron que el llanto de la recién nacida era el de un rebelde oculto. Más adelante, Villegas de Magnón se ganó el nombre al oponerse a la dictadura de Díaz, a las convenciones de su clase burguesa y al papel tradicional de la mujer en la sociedad.

El padre de Leonor, Joaquín Villegas, originario de Santander, España, se había instalado en Cuba en la década de los sesenta del XIX, luego en Texas en busca de fortuna en el negocio de los ranchos. Joaquín casó con Valeriana Rubio, hija de una de las familias prominentes de Matamoros, quien aportó una interesante dote. Más adelante, la fortuna de Villegas creció de los ranchos y la minería hacia el mercado de importaciones y exportaciones. Leonor, junto con sus hermanos Leopoldo y Lorenzo y su hermana Lina, fueron criados en la frontera México-Texas en el idílico mundo aristocrático creado por sus padres. La narradora en *La rebelde* explica las tareas en el rancho de Joaquín Villegas al describir la especial relación patrón-peón que documentó David Montejano en *Anglos and Mexican in the Making of Texas, 1836–1986*:

> No obstante que los mexicanos se mostraban renuentes a realizar trabajo agrícola, el trabajo en los ranchos siguió mediado por la antigua práctica del acasillamiento. Aunque el peonaje estaba formalmente prohibido, la mayoría de los hombres y de las mujeres en los ranchos de Texas buscaron un patrón que colmase las necesidades de sus vidas, que les diera trabajo y, finalmente, había lealtad hacia el rancho y sus propietarios, quienes reconocían y retribuían la idea de *noblesse oblige* del patrón.[17]

La infancia de La Rebelde está marcada profundamente por lo que ella recuerda como la noble relación de sus padres con sus trabajadores/sirvientes. Varios decenios después, tras leer una versión de esta historia que se llamó *The Lady Was a Rebel*, Seb S. Wilcox, cronista e historiador oficial de los condados de Dimmit, Jim Hogg, Webb y Zapata, comentaría en su peculiar modo sobre aquellos tiempos en una carta a Villegas de Magnón fechada el 17 de diciembre de 1951:

> Al leer su obra he visto la vida hogareña de una familia española de la aristocracia en la frontera de Texas que hasta ahora no había tenido el placer de comprender cabalmente. Y los primeros años de usted y su educación la hicieron apta para la noble empresa que usted llevó a cabo durante la revolución de Carranza.

Igualmente significativo en esta parte es la importancia que da la narradora a los vínculos espaciales, nacionales y genealógicos que sugieren la obliteración de las fronteras políticas. Leopoldo nació en Corpus Christi, Lorenzo en Cuatro Ciénegas, Coahuila, y Lina en San Antonio: "dos bajo la bandera de Estados Unidos, dos bajo la bandera de México, pero su madre dijo: —Habré de juntar las dos banderas y serán como una".[18] Sin embargo, la unidad de la familia se deshiló con la muerte prematura de la madre y cuando el padre volvió a casarse, un trauma que Leonor Villegas exploraría en su narración autobiográfica. Su nueva madrastra "americanizada", Eloise, les envió a internados y así dio comienzo la especial educación de Leonor. De 1882 a 1885 estuvo en el convento ursulino en San Antonio. En 1885 la transfirieron a la Academia de la Santa Cruz en Austin, en donde estuvo hasta 1889, obviamente para procurar la mejor educación a sus hijastros y mantenerlos lo más alejados posible de casa, Eloise envió a los niños a Nueva York. Leonor ingresó al convento del Monte de Santa Úrsula para estudiar educación. Aunque ella llegó a considerar la idea de convertirse en monja, en 1895 se graduó con honores y credenciales como educadora y regresó a Laredo con la idea de dar clases. Como señaló Wilcox, ella estaba muy bien preparada —tal vez fuera una de las mujeres con mejor preparación en Laredo— para realizar lo que su relato sugiere como su "destino". La narradora de *La Rebelde* sostiene lo siguiente:

> Ya no habló La Rebelde, se acordó que la mano que miraba el buen señor llevaba una cicatriz y pronto la escondió dando un motivo más para que el señor Múzquiz creyera que se había disgustado. No, no era eso, en esos momentos se acordaba de su madre cuyas profecías se estaban cumpliendo día a día y ya se veía ella con su bandera blanca en los campos de batalla. (95)

Los acontecimientos históricos y personales se entrelazan para reflejar una línea de la vida predestinada: la fecha de su nacimiento, su apodo, la quemadura en la mano derecha idéntica a la de Carranza, la visión de su madre. Las hazañas de su vida se negaron a considerar las fronteras nacionales.

La fase antiporfirista: el movimiento precursor y el maderismo

> Este es el conjunto de intereses comerciales que se benefician del sistema porfiriano de esclavitud y autocracia; estos intereses dedican parte importante de su gran poder a mantener en su sitio el sostén principal a cambio de los privilegios especiales que reciben. Entre estos intereses

> comerciales no son los menores los norteamericanos, quienes —me apena decirlo— son defensores tan agresivos de la fortaleza porfiriana como el mejor. De hecho, como lo mostraré en los siguientes capítulos, estos intereses norteamericanos son indudablemente la fuerza determinante en la pervivencia de la esclavitud mexicana. Así la esclavitud mexicana recae sobre nosotros en toda la acepción de la palabra. Díaz es el culpable de los horrores de Acetín y Valle Nacional; pero también nosotros somos culpables puesto que fuerzas del gobierno sobre el que se nos reconoce algún control, se emplean abiertamente, ante nuestra vista, para perpetuar un régimen del que la esclavitud y el peonaje forman parte integral.
>
> John Kenneth Turner, *México bárbaro*, 1910.

El 10 de enero de 1910, Leonor Villegas contrajo matrimonio con Adolfo Magnón y se mudó a la ciudad de México, en donde Magnón trabajaba como agente de varias compañías de barcos de vapor. Durante los siguientes nueve años, Villegas de Magnón vivió en lo que ella refirió como "el cenit de gloria y riqueza", del Porfiriato, la dictadura de Díaz. Sus orígenes de clase, su educación superior y su marido franco-estadounidense le otorgaron el capital económico y cultural que hacía falta para socializar cómodamente con la burguesía capitalina durante la dictadura. Sin embargo, su educación con las monjas ursulinas matizó el modo en el que percibió las gloriosas orden, paz y progreso porfiristas. La autobiografía nos cuenta que si bien La Rebelde "estaba fascinada con las vidas de los ricos, ella no las podía aceptar completamente, viendo las penas y la opresión de los pobres". Su ciudadanía estadounidense y la fortuna amasada por su padre durante el porfiriato, sin lugar a duda hicieron que Villegas de Magnón evaluara críticamente su propio sentido moral de responsabilidad en relación con la deplorable miseria de México. Moral, ética e ideológicamente imbuida de ideales democráticos, como los de John Kenneth Turner —y con toda seguridad como los de otros ciudadanos estadounidenses en México—, ella se sintió obligada a volverse parte de un movimiento en contra de las flagrantes injusticias del porfiriato.

En la ciudad de México, Villegas de Magnón se enteró inevitablemente de las huelgas de los trabajadores y de las subsecuentes represiones realizadas por la "pacífica mano de hierro" del porfiriato. El "progreso" estable, visible en el constante estímulo al crecimiento industrial, comercial y banquero por medio de la inversión extranjera, en ninguna medida justificaba la explotación descarada de la mayoría de la población. El descontento general y el profundo y orgánico desacuerdo nacional dio lugar a un movimiento precursor al que caracterizaron las numerosas facciones políticas: liberalismo, anarquismo, anarcosindicalismo, un movimiento agrario en retoño y el movimiento democrático de los seguidores de Francisco I. Madero. Los ideales liberales y después anarquistas y anarcosindicalistas de Ricardo Flores Magón y el PLM, ideales que fueron el armamento intelectual contra el porfiriato y que se disparó desde la prensa alternativa, resonaron con fuerza por todo el país. Desde su exilio en Estados Unidos, el programa de 1906 del PLM hizo manifiestas sus tan progresistas ideas liberales que influyeron poderosamente a intelectuales de clase media y de la clase alta. Vale la pena destacar algunas de las reformas propuestas por este programa, pues ellas fueron la base de la Constitución de 1917 y eran las ideas que respaldaba Villegas de Magnón. En lo político, el programa pugnaba por un periodo presidencial de cuatro años, la no reelección, elecciones libres y la eliminación del servicio militar obligatorio. El programa proponía además una educación pública laica, instrucción obligatoria hasta los 14 años, exigía entrenamiento manual y alza en los salarios de los maestros. Solicitaba nuevas leyes laborales que garantizaran jornadas de ocho horas, domingos de descanso, la abolición de la tienda de raya, la erradicación del trabajo infantil, el establecimiento de la jubilación así como de planes de compensación para los trabajadores y derechos laborales, más una protección especial para la población indígena. En cuanto a la política exterior, el programa prohibía la compra de tierras a los extranjeros, la inmigración china y proclamaba la importancia del establecimiento de relaciones con el resto de los países de Latinoamérica.

Pero con la ayuda de funcionarios y detectives de Estados Unidos, el puño represivo de Díaz aplastó exitosamente la oposición del PLM tanto en casa como en el exterior. En 1909 el libro titulado *La sucesión presidencial en 1910: el Partido Nacional Democrático*, escrito por el acaudalado norteño, Francisco I. Madero, empezó a circular en la ciudad de México. Poco después el nuevo partido fundó un periódico antireeleccionista y lanzó su campaña contra la inminente reelección de Díaz. Después del nacimiento de sus tres hijos, Leonor, Joaquín y Adolfo, Villegas de Magnón se involucró con los simpatizantes de Madero y la campaña antireeleccionista. Sin que su esposo tuviera noticia de sus actos, Villegas de Magnón iba frecuentemente al Café Colón, en donde Madero se reunía con sus compañeros liberales para organizar la campaña de oposición. Expuesta a las discusiones de los ideales democráticos de Madero e inspirada por ellos, Villegas de Magnón empezó a escribir y a firmar con su nombre de soltera "artículos incendiarios" en contra de la dictadura. Poco antes de que estallara el movimiento revolucionario de 1910, Villegas de Magnón se fue a la frontera con sus hijos a visitar a su padre, enfermo de gravedad. En su lecho de muerte, él le dijo que admiraba su valentía, pero le informó que la mayoría de las propiedades familiares les habían sido confiscadas por sus escritos. Éstas incluían la metalúrgica de la familia, las minas de fierro y acero en los estados de Durango, Zacatecas y Saltillo, así como sus ranchos en los alrededores del Río Bravo. Sin embargo, los primeros ensayos políticos de Villegas de Magnón sólo fueron el principio de su colaboración con la causa revolucionaria.

El 5 de junio de 1910 Díaz encarceló a Madero en San Luis Potosí y se hizo "reelegir". Madero escapó de la prisión en octubre, se fugó a Estados Unidos y dio a conocer su Plan de San Luis Potosí, en el cual declaraba nulas las elecciones y llamaba al levantamiento armado para el 20 de noviembre. Aquiles y Carmen Serdán se vieron obligados a comenzar la lucha armada en Puebla unos días antes. Las fuerzas de Pancho Villa y Pascual Orozco tomaron Ciudad Juárez en 1911. Un mes después, Díaz renunciaba y salía de México hacia su exilio en Europa. Separada de su esposo durante el primer año de la revolución, Villegas de Magnón se involucró activamente en la arena política de la región de Laredo, Texas, como miembro de la Junta Revolucionaria. Abrió su casa a los exiliados políticos y colaboró con artículos que informaban sobre los acontecimientos más recientes del movimiento revolucionario para *La Crónica* de la familia Idar, así como para *El Progreso* y *El Radical*.[19]

Una vez que Madero subió al poder en 1911, Villegas de Magnón abrió uno de los primeros *kindergarten* bilingües de la zona. Fue activo elemento en las empresas socio-culturales de la región y fundó la organización Unión, Progreso y Caridad. Cuidadosa de no ofender el ego y la sensibilidad de los hombres ni de perturbar demasiado el *status quo*, Villegas de Magnón usó su organización para pedir la extensión de las tareas domésticas de la mujer hacia la esfera pública: la educación para los niños, el embellecimiento de la ciudad, las obras de caridad, los acontecimientos culturales y sociales.

Sin embargo, del otro lado de la frontera la revolución seguía fermentándose en tanto que la rivalidad entre las distintas facciones provocó numerosas revueltas en contra de Madero. Emiliano Zapata, desde el estado de Morelos, promulgó el Plan de Ayala —en el cual reconocía a Pascual Orozco como jefe de la revolución y pugnaba por la reforma agraria así como por la redistribución de tierras para los campesinos no acasillados. Al año siguiente, Orozco se alzó en armas con su Plan de la Empacadora y también exigió reformas laborales. En 1912, Madero envió a Victoriano Huerta a derrotar a Orozco. En 1913, Félix Díaz, sobrino de Porfirio, junto con Bernardo Reyes, se fugaron de la prisión y pusieron a la ciudad de México en estado de sitio. Durante los diez días que se conocen como la Decena Trágica, Huerta traicionó a Madero al encabezar un levantamiento en contra del gobierno. Coludido con Henry Lane Wilson, embajador de Estados Unidos, y con el general Aureliano Blanquet, Huerta arrestó al presidente Madero y al vicepresidente José María Pino Suárez y los obligó a renunciar. Dos días después Madero y Pino Suárez fueron asesinados. Durante los meses siguientes, Francisco Villa,

Venustiano Carranza y Álvaro Obregón se rebelaron en contra de Huerta bajo el Plan de Guadalupe, que inició la segunda y violenta fase de la Revolución Mexicana. Carranza se autoproclamó el Primer Jefe de las Fuerzas Constitucionalistas e inició la lucha armada en contra de Huerta.

La fase violenta: el constitucionalismo y la disensión

A pesar de las primeras actividades revolucionarias de Leonor Villegas de Magnón, ella no se había propuesto ser activa participante en esta violenta etapa de la revolución, sin embargo se sentía preparada para ello desde su niñez. En la madrugada del 17 de marzo de 1913.

> La Rebelde despertó de su intranquilo sueño al oír resonar los primeros tiros en ambos Laredos. Movida por una influencia extraña a la que no prestó resistencia, se vistió precipitadamente. Con calma escribió en un sobre ya usado que encontró sobre de la mesa: "Hijitos cuando se levanten vayan a la casa de su tío, allí espérenme, volveré pronto". Eran las seis de la mañana, las calles desiertas a esas horas no la desanimaron; se dispuso a ir inmediatamente a auxiliar a los heridos.
>
> El problema que ya estaba trazado en su vida fue resuelto en pocos momentos, en los que ya estaban visualizados por aquella madre que vio a su hija enarbolando una bandera blanca, la hora había sonado y obedecía a su llamado. La Rebelde resuelta a cumplir este patriótico y piadoso deber no vaciló; sin esperar abordó un automóvil que en esos momentos pasaba por su casa al mismo tiempo que llegaba otro con un grupo de señoritas que venían huyendo de Nuevo Laredo para escapar de las balas, diciéndole que toda la población de Nuevo Laredo estaba ya cruzando el puente para el lado americano.
>
> La Rebelde les hizo ver en el acto que era necesario regresar, se bajaron de su coche para abordar el de La Rebelde. (60–61)

Así comenzó el trabajo del grupo que se convertiría en la Cruz Blanca. La participación de ellas en el afán revolucionario, no obstante, sería la parte más significativa en la vida de Villegas de Magnón. En efecto, los tres últimos cuartos de su narración autobiográfica se leen como una compilación de sus memorias de 1913 a 1920, concentrándose ampliamente en la labor de la Cruz Blanca del 17 de marzo de 1913 en Laredo hasta el 14 de septiembre de 1914, cuando la Cruz Blanca entró triunfalmente a la ciudad de México, como parte de las fuerzas constitucionalistas.

La narradora de *La Rebelde* con frecuencia trae a colación para el lector que no pretende escribir una historia oficial de los acontecimientos, sino únicamente lo que ella vio. Vale la pena citar extensamente la única "versión oficial" que hasta ahora pude localizar en la que se incluye a Villegas de Magnón como protagonista de la lucha revolucionaria. En *Laredo and the Rio Grande Frontier*, el historiador J.B. Wilkinson ofrece una relación paralela de los acontecimientos de 1914. Las fuerzas revolucionarias constitucionalistas atacaron el 1 de enero a un Nuevo Laredo parapetado por los federales, un asalto al régimen contrarrevolucionario de Huerta. Villegas de Magnón comenzó así a hacer uso de todos sus recursos: su herencia, sus contactos sociales y familiares y todos los medios que tenía a su alcance para crear un grupo de socorro médico integrado por mujeres y hombres que al poco tiempo se conocería como la Cruz Blanca. Wilkinson escribe:

> El coronel cerró el puente hacia Nuevo Laredo durante e inmediatamente después de la batalla. Hizo esto para evitar el paso de los espías, el contrabando de parque y mirones. El cónsul de Estados Unidos en Nuevo Laredo protestó y el general Bliss urgió al coronel para que rescindiera su orden. El puente volvió a abrirse el 5 de enero. Para entonces los derrotados constitucionalistas habían pasado a Nuevo Laredo, como González probablemente reportara, o se habían dispersado, lo cual es más probable, hacia una posición opuesta a San Ygnacio.
>
> Más de un centenar de carranzistas [*sic*] heridos se fugaron hacia la ribera izquierda del río, en donde les atendió originalmente la Cruz Roja. Luego se les hospedó en la casa y cochera rentados de la señora Magnón, cuyo

marido se identificaba con la revolución reyista, y en una escuela que ella dirigía. A fin de mes, el número de soldados refugiados se redujo a unos 50; los demás se habían recuperado lo suficiente para dejar el "hospital" de la señora Magnón y perderse entre la población de Laredo, presumiblemente para hallar el modo de reintegrarse al pequeño ejército del general González.

El 16 de enero, el teniente A.H. Jones iba a internar, muy veladamente, a los heridos que seguían al cuidado de la señora Magnón. El doctor Lowry era el médico encargado. El teniente se encontró con que el doctor estaba dispuesto a colaborar y a entregar esos hombres al ejército. La señora Magnón, dama formidable, se opuso a este movimiento. Lo más que Jones pudo hacer fue montar una guardia. Pero a éstos no les visitaba nadie y los guardias se aburrían y se compenetraron tanto con los heridos que al rato eran indistinguibles. Jones informó que la señora Magnón aumentó la confusión al hacer que las visitas intercambiaran ropas con los presos, haciendo que los presos posaran como asistentes, y demás. Diez o quince se fugaron por su propio pie. Pero los heridos más graves no lograron aprovechar la confusión creada por la señora Magnón y Jones al fin trasladó a 37 hombres al custodio del Fuerte McIntosh.

La señora Magnón no dejó las cosas ahí. Contrató a un abogado. Éste alegó que los hombres no eran beligerantes que hubieran escapado del campo de batalla para rendirse a un tercero, sino heridos a quienes los amigos trasladaron del otro lado del río por seguridad, una distinción sin mucha diferencia. El abogado amenazó con tener un auto de *habeas corpus* obsequiado por el presidente Wilson. La señora Magnón hizo un esfuerzo personal por interesar al gobernador Colquitt de Texas, quien no podría haber ayudado mucho de haber querido hacerlo, pero la señora Magnón dijo con femenina vehemencia que el gobernador se había negado a ayudar porque él no estaba con la causa constitucionalista. Al senador Morris Shepart de Texas se le convenció de que escribiera al Departamento de Guerra, el cual insistía en que el internamiento era un asunto del Departamento de Estado. William Jennings Bryan seguía siendo secretario de Estado, y cuando este asunto llegó a su atención, la señora Magnón ya había ganado el caso. Bryan no se

> molestó en investigar; se apresuró a complacer a la señora y ordenó la liberación de los carrancistas internados. Al parecer nadie se tomó la molestia de preguntarles si querían o no regresar al ejército de González, y el ejército de Estados Unidos quedó sin duda satisfecho de haber arreglado su guerra con la señora Magnón en los términos que fueran.[20]

La interpretación que ofrece Wilkinson de estos acontecimientos revela su actitud desdeñosa hacia la protagonista de *La rebelde*. Más aún, entrega un punto de comparación excepcional para ver la propia narración de Villegas de Magnón.

Después de estos acontecimientos, el trabajo de la Cruz Blanca llegó a oídos de uno de los generales de Carranza, Pablo González, quien al poco tiempo le pediría a Villegas de Magnón que dirigiera oficialmente el grupo de ayuda médica que viajaba con las fuerzas constitucionalistas. En una carta fechada el 25 de febrero de 1914, incluida en el viejo baúl, Villegas de Magnón dice mucho de las políticas de género y de facciones que ella juiciosamente "silenció", las cuales no incluyó o atenuó en su narración. Ella sostiene que trabaja para el periódico *El Radical* y menciona los nombres de los llamados "revolucionarios" que en efecto están sacando tajada de la venta de armas. La carta descubre además la razón por la cual se separaron ella y su esposo:

> Trabajo con dificultades pues mi marido es de distinta opinión, por eso vivo separada y estoy resuelta de no ir a México hasta que triunfe la revolución, ni aceptar ni un centavo de él hasta que cambie de opinión.

La narradora de la versión en inglés, *The Rebel,* explica a medias la relación con su marido cuando La Rebelde y la primera brigada de la Cruz Blanca abandonaron familias y casas en Laredo y se dirigieron a El Paso para cruzar la frontera hacia Ciudad Juárez:

> Cuando La Rebelde fue a participar la noticia de su partida a su hermano, éste protestó enérgicamente, le pareció mal que abandonara a sus pequeños hijos; al fin le prometió

> cuidárselos. Se fue un poco contrariada . . . adoraba a sus hijos pero dominada por una fuerza indefinida, obedecía a un empuje tremendo que parecía de vida o muerte.
>
> Allá en la capital de México estaba su esposo, sin saber ella cuál era su actitud política o qué pensaría él de la peligrosa misión que ella había de desempeñar. Aún no se tomaba la plaza de Nuevo Laredo, pero allí quedaba la brigada que había de pasar y ayudar a los leales.
>
> Se fue sin conocer al general González o al doctor Agustín Garza González, pero en el corazón de todos los habitantes de Laredo había sembrado el amor, el respeto hacia ellos y todos los que combatían a su lado. (93)

A través de su relato de la actuación de la Cruz Blanca en la etapa revolucionaria, la narradora descubre los numerosos esfuerzos de los cuerpos médicos por unificar, armonizar y pacificar al de otro modo multitudinario, caótico, destructivo huracán revolucionario. Al presentar una versión romántica de Venustiano Carranza como "México en persona", la narración se concentra en la facción constitucionalista de la lucha revolucionaria. En consecuencia, las disensiones de otros dirigentes revolucionarios —como Villa, Zapata, Orozco y Felipe Ángeles— son vistas con antipatía a través de la mirada de una intensa y fiel constitucionalista. *La rebelde* ofrece un recuento detallado de los acontecimientos históricos que rodearon la etapa violenta de la revolución.

La rebelde concluye de un modo bastante abrupto, con un elogio a Carranza y con las siguientes líneas:

> La Rebelde no pretende hacer un panegírico o alabar la grandiosa obra redentora de este personaje, pues eso lo harán las plumas más autorizadas que la de ella. Sólo desea rendir humildemente un débil pero sincero tributo a su memoria.
>
> "¡Duerme en paz, valiente luchador!"
>
> Muchas compañeras han muerto y quizá no se les haya hecho justicia; si así es, que este débil esfuerzo inmortalice a las que fueron ejemplo para la patria y que siempre haya almas puras y leales que sepan vivir y morir por ella. (198)

Así concluyó la obra de la Cruz Blanca y ese capítulo de la vida de Villegas de Magnón. Sin embargo, su activismo distaba mucho de haber acabado en ese episodio.

La posrevolución: silenciar el yo

> En las chozas, en los templos, en los palacios, en los campos de batalla, pides esa limosna [de amistad sincera] y nada encuentras, ¿y por qué? ¿Tan sólo por el delito de ser mujer?
>
> Leonor Villegas de Magnón, de su poema titulado "Soy una triste peregrina".

Durante la segunda mitad de su vida, Leonor Villegas de Magnón realizó varios proyectos que pasan inadvertidos, silenciados en su narración autobiográfica, pero que revelaron su correspondencia y los recortes de periódicos que se salvaron del viejo baúl en la casa vacante de Magnón. Ella pasó sus años posrevolucionarios produciendo varias versiones de su relato, intentando publicarlas, asegurando los medios económicos para vivir ella y su familia, y participando en actividades de gobierno tanto en Estados Unidos como en México. Cinco medallas que reconocen su participación en la revolución, junto con numerosos recortes de periódico, dan cuenta no sólo del activismo de Villegas de Magnón durante la década de los cincuenta sino también amplio reconocimiento de sus propios logros personales.

Una vez agotada su abundante herencia en la tarea revolucionaria, al comienzo de la década de los veinte Villegas de Magnón fue brevemente mantenida por su hermano Leopoldo, en lo que volvía a montar su *kindergarten*. Durante la década de los treinta, Villegas de Magnón trabajó también para la División de Mujeres del Comité Ejecutivo Demócrata de Texas. En 1940, en apurada situación económica, Villegas de Magnón volvió a la ciudad de México para pedir trabajo con el Bloque de Veteranos Revolucionarios del Sindicato Único de Trabajadores de la Secretaría de la Economía Nacional. Poco después formó parte del Club Internacional de Mujeres. Junto con otras mujeres que asimismo participaron en la lucha revolucionaria, cabildeó por décadas para lograr el reconocimiento oficial como veteranas de la revolución. En 1946 dejó su cómodo puesto en la Secretaría Nacional de Estadística en la ciudad de México para irse de voluntaria a trabajar a su propia parcela en Rancherías Camargo, Tamaulipas. Dos años sin éxito aumentaron su crédito y los apuros financieros de la familia; desilusionada con el fracaso de los programas agrícolas volvió a Laredo. Su último deber, lo dice en su relato, era "tratar de hacer justicia a las valiosas enfermeras y a los bravos hombres que tan patrióticamente defendieron la patria" narrando sus hazañas heroicas, para que no fueran relegadas al olvido. Villegas de Magnón murió antes de recibir una pensión como veterana y a los tres días de haber hecho el último intento de que le publicaran su relato.

La correspondencia de Villegas de Magnón narra las tremendas dificultades de tal empresa. Más de 26 cartas de rechazo de numerosas casas editoriales de Estados Unidos y México sugieren que el sólo intento de publicar *The Rebel* y *La rebelde* se convirtió en empresa mayor entre 1920 y 1955. Su hija, Leonor Grubbs, continuó sus esfuerzos a lo largo de la década de los ochenta. Dos cartas de funcionarios mexicanos sitúan cronológicamente estas cartas entre 1919 y 1959. Una carta de Carranza, fechada el 9 de febrero de 1919, sugiere la posibilidad de que ella hubiera escrito la versión en español de este relato antes de 1920:

> No puede el gobierno facilitar a Ud. la cantidad que me dice para la edición del libro que desea Ud. publicar. Pero puede editarlo aquí en los talleres del gobierno que hacen trabajos buenos como los que se hacen en ese país. Si regresa a éste hablaré con Ud. sobre el asunto.

Una carta de Antonio Díaz Soto y Gama, miembro destacado del Instituto de Estudios Históricos de la Revolución Mexicana, dirigida a la señora Grubbs, fechada el 9 de julio de 1959, trata de justificar los motivos por los que el referido instituto rechazaba *La rebelde*:

> Ya di cuenta al Patronato de Estudios sobre la Revolución con las memorias de la señora madre de usted y excelente amiga mía.
>
> Las encontró el Patronato muy interesantes, pero a la vez estimó que la forma novelada que esas memorias revisten, no da lugar a su publicación por el Patronato, que sólo publica historias o crónicas de la Revolución.
>
> Pedí yo, en tal virtud, que la copia de esas memorias pasase a manos del Sr. Gral. Urquizo, a fin de que éste hiciese lo posible por que aquellas sean publicadas por la agrupación oficial de veteranos de la Revolución, a quienes seguramente inspirarán interés por la justicia que se hace a las esforzadas integrantes de la Cruz Blanca Constitucionalista.
>
> El Gral. Urquizo aceptó la comisión y de su resultado daré cuentas a usted oportunamente.

Aunque estas dos cartas parecían prometedoras, ninguna comportó resultados concretos. Las otras cartas de rechazo provienen de editoriales como Simon and Schuster, McMillan, Harper and Brothers, P. J. Kennedy and Sons —todas de Nueva York— y The Bruce Publishing Company de Milwaukee, Wisconsin.

¿Por qué motivo Villegas de Magnón no logró dar a conocer su relato a su público en México y en Estados Unidos entre 1920 y 1955? Sin duda una mujer de su clase, educación e innegables recursos debía haberlo logrado. ¿Por qué sus distintos privilegios no le dieron la satisfacción de ver sus manuscritos transformados en un libro? Los papeles que hasta ahora se han localizado de Villegas de Magnón sugieren una respuesta: la diversa respuesta de quienes leyeron la obra en manuscrito. Más específicamente, quisiera sugerir que las numerosas lecturas —de la de los amigos y compañeros revolucionarios hasta la de los detallistas escritores y editores profesionales, hasta las propias lecturas que ella hizo de sus textos, de su vida y época— otorgaron una evaluación crítica que de manera significativa selló el destino de su relato. Las siguientes partes contextualizan estas lecturas en el interior de dos diferentes tradiciones "literarias" nacionales: las memorias posrevolucionarias mexicanas y la tradición de la escritura de autobiografías en el mundo de habla inglesa. Yo digo que varios procesos de marginación colocaron el relato de Villegas de Magnón en fronteras precarias, en particular en la situación marginal de las autobiografías de mujeres. El género de autobiografía/memoria encarceló el relato de Villegas de Magnón en una forma narrativa que históricamente era privilegio de la autoridad, autoría y discurso masculinos, y que ignoraba o devaluaba esas mismas cualidades femeninas.

Memorias reconstruidas / El yo (re)construido

> La suya [la de la mujer que escribe su autobiografía] es todo el tiempo una capitulación siempre compleja, precaria en última instancia, abierta a elementos subversivos tanto fuera como adentro del texto. Aunque su "vida" revalida figuras y apoya la jerarquía de valores que conforman a la cultura patriarcal, el escrito no deja de ser la historia de una mujer. No importa qué tan conscientemente rinda tributo el texto a la vida del hombre, no importa qué tan ferozmente afirme su paternidad narrativa, el testimonio de la vida y el texto está expuesto a desaparecer de la historia pues, por un lado, es un relato "nofemenino", y por otro no es más que el mundo "inferior" de la mujer.
>
> Sidonie Smith, *A Poetics of Women's Autobiography*

Sidonie Smith captura en este párrafo la complejidad, fragilidad y exposición de los testimonios de vida de las mujeres, de sus luchas en la historia por asir las ambivalencias, las contradicciones, lo subversivo y las traiciones inherentes en el hecho de volver públicos tales testimonios en el interior de una cultura patriarcal. Leonor Villegas de Magnón se enfrentó a estos riesgos. Numerosas rupturas en sus relatos sugieren sutilmente, o descubren de manera abierta, las rupturas en su vida, el lugar de los sujetos —en relación a la clase, la nacionalidad, el género, las creencias religiosas— y las posturas ideológicas —en relación a las alianzas políticas. Al aspirar a volver pública la historia de una mujer que se rebeló, por tenue o ardiente que fuera tal rebelión, contra sus orígenes de clase, su educación religiosa, las expectativas familiares, las filas políticas y las costumbres sociales patriarcales, Villegas de Magnón revela la multiplicidad de los yo vinculados a su contexto sociohistórico. Ella describe a una rebelde que subsecuentemente escapa al destino normal de una burguesa de la frontera a través de sus propios medios. Irónicamente, como medio para encontrar un público para su relato autobiográfico, ella vuelve a la dama que había hecho a un lado. Doblemente irónico resulta el hecho de que ella no lograra llegar a su público durante su vida.

Para darle forma escrita a sus anécdotas, recuerdos, a sus hazañas históricas o heroicas, a sus empresas, a sus más preciados relatos y a sus cuentos de amor, Villegas de Magnón ingresó inevitablemente al proceso comunicativo que exigía una conciencia, clara o intuitiva, de su yo como escritora, de su texto narrativo como un medio de comunicación único y de sus lectores potenciales como receptores de una parte ignorada de la historia.

La escritura de vida en México: la revolución, catalizadora de memorias

> —Ve de inmediato con el general Herrera —dijo [Federico] Idar rápidamente. Tenía el fuego y la temeridad de un comanche. Para él un deber patriótico era una obligación moral— . Dile al general que lo están traicionando.
>
> —¿Pero me creerá? —insistió ella—. Yo no soy más que una mujer en el servicio del hospital. (*The Rebel,* 203)

Como Leonor Villegas de Magnón experimentó el borrón de la Cruz Blanca, y sintió que se la diluía en el folclor —siguiendo el destino de la imagen de la revolucionaria que se transformó en la mitificada "soldadera", "Adelita", "Marieta"—, ella trató infatigablemente de reinscribir la imagen "real" en la memoria histórica a través de la primera versión de su relato, *La rebelde.*[21] El retrato que Villegas de Magnón ofrece de "las mujeres rebeldes" salidas de diferentes clases sociales —desde las compañeras de soldados del campo, sin recursos, a maestras, periodistas, propagandistas, impresoras, empleadas del telégrafo, enfermeras de clase media, hasta burguesas de sociedad— subvierte el texto social mexicano. Igual de subversivo es su propio autorretrato como una mujer independiente, inteligente y franca en extremo. Al hacer esto, como lo explica Claudia Schaefer, ella era una amenaza para el *status quo*:

> Hasta las mujeres que participaron en la misma revolución fueron mitificadas por la sociedad. Las soldaderas, por ejemplo, se convirtieron en la imagen de las mujeres que recibían órdenes fielmente, concebían y daban a luz en el campo de batalla y seguían a sus hombres sin dudar y colaborando en cualquier lugar [. . .]. Si una mujer se rebelaba, y no dependía de otros, ni en su interpretación ni en el control de la realidad social, y por lo tanto era una amenaza para el *status quo*. Esto fue particularmente cierto en los días álgidos que siguieron a la revolución de 1910 cuando los hombres —políticos, filósofos, dirigentes militares— forjaban los mecanismos de poder y retenían el monopolio de todas las verdades del discurso social.[22]

Al solicitar entre las décadas de los veinte y cincuenta al gobierno mexicano y a la industria editorial que se le diera la forma de libro a los actos y experiencias de las mujeres "verdaderas" en el teatro de la revolución, Villegas de Magnón parece que estuvo sola. Al asumir la autoría y la autoridad para cambiar la imagen de la mujer de objeto a sujeto, desafió abiertamente los códigos de género sociales mexicanos. Villegas de Magnón desgarró el "doble corsé" del que habla la historiadora Carmen Ramos en su estudio sobre las "señoritas porfirianas" de 1880–1910:

> La mujer porfiriana, sobre todo la burguesa, estaba presionada por un doble corsé, el físico, que afinaba su talle hasta hacerle perder la espontaneidad y la libertad de movimiento, y el más opresivo corsé de una moralidad rígida [. . .][23]

Lo que es más, dice Ramos, los parámetros de la moral y de la inmoralidad femenina eran establecidos por el juicio masculino:

> A la mujer burguesa se le predica y exige sumisión, abnegación, desinterés por el mundo de la política, de las cuestiones sociales, aislamiento absoluto de todo lo que vaya más allá del ámbito doméstico, reducto desde donde dirige a un ejército de sirvientes que mantienen inmaculado el sagrado recinto del hogar. Ese hogar se entiende como un ámbito especial, intocable, a donde no llegan las tensiones, un espacio reservado exclusivamente para la vida familiar, totalmente desligada del mundo social. Más allá del hogar, fuera de éste y desconectado de él, está el ámbito de la vida pública, del mundo de los negocios y las grandes decisiones, el mundo de los varones. Los ámbitos de lo público y lo privado quedan así claramente divididos para cada sexo.[24]

El relato de Villegas de Magnón muestra una imagen muy distinta. Una maestra de escuela de Monterrey, María de Jesús González, se convierte en una espía de la revolución, luego le pide al Primer Jefe Carranza que le dé un cargo en las filas de su ejército. María de Jesús cuenta su propia historia:

> [. . .] con la esperanza de tener una audiencia con el Primer Jefe [. . .] me preparé muy cuidadosamente [. . .] Comencé con un montón de información relativa a la batalla de Matamoros, Nuevo Laredo, y la Cruz Blanca [. . .] —Quiero una comisión en el ejército —le dije—. Quiero estar en la caballería [. . .] Lentamente me dijo: —Vamos a pensar muy cuidadosamente de qué modo nos puede ser usted de mayor utilidad. Regrese otro día. Entonces yo pensé que muy fácilmente podría pasar por mi hermano, vestida con la ropa de un soldado [. . .] fue a una peluquería. —Quiero que me corte el pelo como hombre. El impresionado peluquero hizo lo suyo. Fue un corte de pelo perfecto. Le di una buena propina.

La narración muestra a una protagonista culta, firme en sus determinaciones, que desafía a los hombres que intentan hacerla seguir las órdenes.

> El señor Múzquiz le dijo a La Rebelde que al día siguiente tenía que enviar a alguien del equipo médico con una tar-

> jeta para el Primer Jefe diciendo que la Cruz Roja Constitucionalista estaba a sus órdenes.
>
> —Señor Múzquiz —dijo ella dándole unas palmadas sobre la mano derecha en la que él sostenía su tenedor—. Usted no me conoce. Yo soy una rebelde sensata. Nadie, hasta ahora, me ha dado una orden. Mi padre, mi marido y mi hermano siempre me dejaron hacer lo que yo quise.

Ella también aconseja, casi regaña, a los dirigentes revolucionarios. Al darse cuenta de que Carranza trata mal a uno de sus oficiales, La Rebelde trata de defenderlo. Carranza no ve bien que ella se inmiscuya y ella le contesta:

> —Discuta lo que quiera pero no me va a hacer dudar. Usted necesita muchos amigos. El ejército sin usted no puede lograr nada. Usted es su patrón de esperanza. Pero usted no puede hacer nada sin sus seguidores. Ya no hay marcha atrás sino hasta que usted logre la paz y así la justicia para los millones de oprimidos.

Que Villegas de Magnón subvirtiera tanto el texto narrativo como el social sin duda alarmó a sus potenciales editores en México.

Las fronteras genéricas agravaron aún más los límites de género literario. Las tres formas narrativas predominantes que se emplearon para publicar el significado y la esencia históricas de la Revolución Mexicana —la narración histórica, la novela y las memorias personales— privilegiaron invariablemente a protagonistas varones. Los estudiosos de los escritos de vida mexicanos señalan que sólo cuatro mujeres han recibido atención crítica por narraciones autobiográficas centradas en la revolución.[25] La bien conocida Nellie Campobello ha recibido la atención de la crítica por sus líricas memorias sobre la crueldad y violencia de la revolución narradas desde la perspectiva inocente de un testigo infantil en su *Cartucho: Relatos de la lucha en el norte de México* (1960) y *Las manos de mamá* (1960).[26] Menos conocidas son las memorias de Consuelo Peña de Villarreal, *La Revolución en el Norte* (1968), cuyo híbrido texto asume más la voz de un historiador que la de un escritor de memorias; Sara Aguilar Belden de Garza, *Una ciudad y dos familias* (1970), entrega un retrato costumbrista de una aristócrata de Monterrey que recuerda el papel de la familia en la revolución, y la autobiografía oral de Luz Jiménez, *De Porfirio Díaz a Zapata: memoria náhuatl de Milpa Alta*, compilada por Fernando Horcasitas del recuerdo náhuatl de Luz Jiménez y publicadas en 1974, cuya historia se concentra más en su pueblo que en la propia imagen de la narradora.[27] Es importante señalar que estas cuatro memorias se publicaron después de la muerte de Villegas de Magnón.

El crítico y bibliógrafo Richard Woods sostiene que aunque la escritura autorreferente es casi una anomalía en el mundo del habla hispana, la Revolución Mexicana sirvió como catalizador para la producción de tal tipo de escritura en México. En un periodo de 450 años, Woods localizó más de 325 escritos de vida publicados, desde las crónicas de la conquista hasta los testimonios recientes. Más de 20% de éstos dramatizaron los tumultuosos acontecimientos alrededor de la revolución y su impacto en las vidas de los autores.

Los papeles de Villegas de Magnón revelan la sostenida relación que ella mantuvo con numerosos autores los cuales leyeron su versión en español. Un repaso a estas narraciones sugiere además que al dar fielmente forma a su obra, Villegas de Magnón se plegó a las convenciones de lo que emergía como el canon de las memorias mexicanas. Al definir a la escritura autobiográfica mexicana como memoria, el estudio bibliográfico de Woods describe las más notables características del género en el contexto mexicano:

> Al hablar de la autobiografía mexicana, nos referimos automáticamente a la memoria, sin lugar a dudas la forma predilecta para la escritura de vidas [. . .] Las memorias son simplemente el registro de un fragmento de años en una vida. Por lo general éstas serán lo que el autor perciba como años significativos en los que él participó en un acontecimiento histórico o su cercanía a la celebridad o frecuentemente, como ocurre en México, una justificación sobre los actos personales y una refutación a los enemigos.

> Tales memorias adolecen de la formalidad y de la cabalidad de la autobiografía propiamente dicha. Por ejemplo, la Revolución mexicana ha sido el mayor catalizador de memorias. Lo que es más, la memoria, en lugar de ser un intenso autoexamen, es generalmente un reflejo de acontecimientos exteriores a la propia vida. El autor, al evocar una acción en la que él participó, acaso logre distanciarse de eso que a veces adquiere más el papel del historiador que del escritor de autobiografías.[28]
>
> Como lo que caracteriza a la memoria es el estar en el mundo más que el transformarse en el mundo, rara vez aparece retratado en la memoria el yo como una personalidad en desarrollo, más el objeto de la autobiografía propiamente dicha. El creador, acaso preocupado egoístamente porque su desempeño en un acontecimiento histórico quede registrado, encuentra en la memoria con su limitado autorretrato el vehículo natural.[29]

Las versiones en inglés y en español de la autobiografía de Villegas de Magnón, *The Rebel* y *La rebelde*, encajan bien en estas descripciones genéricas. El examen de algunas de las peculiares estrategias narrativas de Villegas de Magnón a la luz de las memorias que sí se publicaron en 1920 y 1955 revelan que tanto en la forma como en el contenido su texto se amolda, más que desafía, a las convenciones autobiográficas.

Escritas casi todas ellas por profesionales como periodistas, abogados, diplomáticos, políticos y doctores, la mayor parte de las narraciones está escrita en un estilo distanciado, altamente profesional, documental, semejante al que ofrece el narrador omnisciente en *La rebelde*. Desde fuera, la voz narrativa establece un distanciamiento interno, "una conexión articulada, una tensión, entre identidad y diferencia" a través del uso de la tercera persona.[30] Philippe Lejeune señala que con esta transposición de un código a otro

> el autobiógrafo [en tercera persona] autentifica su propio discurso en lugar de asumirlo directamente; el autobiógrafo baja un escalón y, de hecho, se divide a sí mismo hasta convertirse en un narrador doble. Se tiene la sensación de que nos habla en una traducción simultánea.[31]

Con la construcción de un "testigo ficticio", Villegas de Magnón crea un distanciamiento interno el cual a la vez expresa la confrontación personal. A lo largo de todo el manuscrito en español, el sujeto aparece como la niña, la joven dama o La Rebelde. Nunca se usa su nombre propio. Es este "otro", el que se rebela en contra de la ideología de su clase burguesa, en contra de las fronteras colocadas por la sociedad en relación al papel de la mujer.

Al igual que las memorias publicadas por Ediciones Botas como *Mi labor en servicio de México* (1934) de Toribio Esquivel Obregón, *Recuerdo que . . . visiones de la Revolución* (1934) de Francisco L. Urquizo, *Contra Villa: relatos de la campaña, 1914–915* (1935) de Manuel González, *Mi vida revolucionaria* (1937) de Félix Fulgencio Palavicini y *Mi actuación política después de la decena trágica* (1939) de Querido Moheno, *La rebelde* interpola una cantidad impresionante de documentos: correspondencia y telegramas de militares, transcripciones de discursos y una gran cantidad de fotografías. La Cruz Blanca contó con un fotógrafo oficial, Eustacio Montoya, quien se encargó de documentar visualmente todo el trabajo de ellos. Es evidente que La Rebelde sabía muy bien el valor de las fotografías como historia, y, como avaro capitalista, sabía del valor de volverlas su propiedad privada: "Montoya —a cada rato le decía La Rebelde a Montoya— las fotografías son historia, y usted no debe dejar que nadie tenga un negativo o vender las fotografías. Las fotografías son mi propiedad personal. Yo pagué por los materiales" (*The Rebel*, 120).

Al igual que las *Memorias públicas (1909–1913)* (1933) de Manuel Vázquez Gómez y *Con Carranza: episodios de la revolución constitucionalista, 1913–1914* (1933) de Manuel González, *La rebelde* incluyó extensas listas de nombres y tributos a las luminarias políticas que rodeaban al equipo de la Cruz Blanca. Sin embargo, a diferencia de estas otras memorias el foco de Villegas de Magnón fueron los nombres de las mujeres de las diferentes brigadas de la Cruz Blanca así como las viñetas de mujeres que se volvieron espías, mujeres oficiales militares vestidas de hombres y valerosas heroínas. Aunque la estructura temporal es la del discurso cronológico tradicional,

Villegas de Magnón interrumpe la narración cronológica para recordarle al lector su objetivo al contar esta historia. Tras un recuento detallado del viaje de las fuerzas revolucionarias y la Cruz Blanca al enfrentarse a las tropas federales desde la zona fronteriza hasta México, Villegas de Magnón corta la narración en tercera persona, se incluye a sí misma en primera persona con un reclamo a favor de lo que la historia oficial niega. Cuando la narración describe los acontecimientos del cumpleaños 38 de La Rebelde, el 12 de junio de 1914, en lo que La Rebelde se encuentra sumida en "vagas reflexiones melancólicas", ofendida por la ingratitud mostrada hacia el trabajo de la Cruz Blanca, la ruptura pone de manifiesto lo siguiente:

> ¿Qué acaso ha habido al pie de la tumba de los mártires Madero o Carranza, quien se acuerde de mencionar la colaboración y la parte vital del ejército, que era la cruz misma que las mujeres cargaban cuando los grandes oradores recuerdan los actos de valientes héroes y sus hazañas? ¿Dónde están esas mujeres heroínas, sufridas, que jamás encontraron en los hospitales de sangre a las esposas de algún general? En el extranjero esperando el toque del clarín para ponerse en marcha hacia la gloria. Por eso precisamente escribo esto, para glorificar a la mujer patriota, abnegada y buena.
>
> [. . .] Todas ellas habían probado su lealtad y su eficacia, no dudaba La Rebelde que en su corazón jamás habría traición, por eso cada una se convertía en jefe ya probado y aprobado. (151–152)

La Rebelde entendió que la alianza nacional de los ciudadanos de Estados Unidos era cuestionada continuamente. Su narración era para señalar sus hazañas como actos de una justicia social internacional que no conocía las fronteras nacionales. Para ella todos los participantes de la frontera, no obstante su género, eran tan importantes como cualquiera. Las continuas interrupciones realizadas por la narradora en el relato protestan francamente en contra de las calculadas omisiones de la historia oficial:

> [. . .] la historia se ha encargado de relatar los hechos, pero se ha olvidado del importante papel de los pueblos de Laredo, Texas, Nuevo Laredo, Tamaulipas y otros pueblos fronterizos que en esos momentos se unieron en un fraternal acuerdo. (52)

La narración incluye extensas listas con los nombres de los fronterizos y de sus logros, como los de Clemente y Federico Idar, los hermanos de Jovita Idar, concentrándose en su trabajo y en su activismo político.

> Clemente M. Idar, viril periodista y orador, poseedor de una fuerza moral que caracterizó todos sus hechos, llegó siendo joven a hacerse de fama internacional en sus esfuerzos en pro del trabajador mexicano en Estados Unidos. En aquel tiempo fue un infatigable propagandista del maderismo y más tarde del constitucionalismo a cuya obra redentora dio las primicias y el fuego de su juventud. Más tarde lo encontramos como el único líder obrerista de origen latino que ha logrado distinguirse en estas labores en Estados Unidos. Organizador general de la Federación Americana del Trabajo, Clemente Idar levantó el obrerismo latino como ningún campeón lo había hecho. Su magnética oratoria y sus notables trabajos de organización le valieron para conquistar la amistad de Samuel Gompers, presidente de la Federación de Trabajo Americana y William Green, dirigente de trabajo de Estados Unidos, a quienes muchas veces representó en importantes trabajos obreros. Su fervor fue tan grande que sus últimas palabras en el lecho de dolor fueron una invocación de sus doctrinas de civismo y fraternidad. Ante su cámara mortuoria Idar recibió el tributo de miles de obreros que desfilaron ante su féretro con la cabeza inclinada, derramando lágrimas mientras se despedían de su campeón en aras del deber fraternal.
>
> Más tarde su hermano Federico, quien había recorrido los países de la América Latina sembrando las mismas ideas y ya siendo senador, sacrificó su vida defendiendo los ideales de los ferrocarrileros por lo cual fue asesinado en plena capital. (52–53)

La narración pasa entonces a la siguiente denuncia del desprecio mexicano hacia los ciudadanos estadounidenses de ascendencia mexicana:

> Éstos son ejemplos de los llamados "pochos" que tanto desprecian en la capital pero que guardan en ambos puños fuertemente apretados el honor y el decoro internacional de una psicología incomprensible y grandiosa. De ellos se servía La Rebelde y ellos fueron su inspiración. (54)

Así, a través del modo discursivo de las memorias la narradora entrega listas con los nombres de aquellos cuyas vidas como dirigentes obreros, políticos y revolucionarios estuvieron dedicadas al cambio social. Como tal, *La rebelde* destaca por ser uno de los pocos documentos producidos entre 1910 y 1920 que desafía los estereotipos de los texanos-mexicanos en las sociedades dominantes de México y Estados Unidos.

Las memorias que más se parecen a las narraciones de Villegas de Magnón son las que escribió Urquizo, uno de lo lectores de *La rebelde*. *Recuerdo que . . .* es sumamente impersonal, da prioridad al detalle y a la anécdota, y básicamente personaliza las memorias a través de la presencia del narrador. Si bien la explícita admiración hacia Carranza tanto de la obra de Urquizo como la de Villegas de Magnón funciona como uno de los motores principales de sus memorias, la intención en ambos no es la de ofrecer una historia organizada de los acontecimientos ni ofrecer versiones partidistas o aproximaciones ideológicas a la revolución. La narradora de *La rebelde* parece sugerir que como una "embajadora de la buena voluntad", la Cruz Blanca realizó una misión magnánima más allá de las disputas políticas mundanas, los divisivos conflictos de personalidad y la agitación fratricida, un reclamo que podría haberse leído como algo bastante inocente.

Al igual que la gran mayoría de los escritores mexicanos de memorias, Villegas de Magnón no explota conscientemente el género de las memorias por sus posibilidades estéticas. Notable excepción a esta práctica son *El águila y la serpiente* (1929) de Martín Luis Guzmán, considerada una de las novelas autobiográficas más finas, y los *Apuntes de un lugareño* de José Rubén Romero, apreciado por su picaresco estilo humorístico. A diferencia de casi todas las memorias, estas dos obras autobiográficas son apreciadas por su unidad formal, la sensación de redondez así como por su naturaleza introspectiva, explorativa. Curiosamente, las estrategias narrativas empleadas por Villegas de Magnón en la primera cuarta parte de su relato interpolan los procesos íntimos de autoafirmación empleados por estos escritores.

Villegas de Magnón parece escudriñar los episodios de la infancia de La Rebelde para revisar si la educación religiosa recibida en los internados católicos en San Antonio y Nueva York a los que le envió su madrastra, o su soledad, o tal vez el materialismo de la esposa de su padre fueron las fuerzas que la motivaron a rebelarse en contra de su clase social burguesa. Directa e indirectamente expuesta a los ideales de los cabecillas revolucionarios en la ciudad de México y en la frontera, la narración parece preguntar si fue una idea altruista de la justicia la que llevó a La Rebelde a reconocer el reclamo del explotado. Su propia vida, razonaba La Rebelde, le había dado varios motivos significativos. Desde muy temprano su madre supo intuitivamente la vocación de La Rebelde "'mira niña tú lleva la bandera blanca', dándole una toalla blanca. 'En la guerra hay mujeres que llevan banderas blancas, curan a los soldados heridos; tú vas en medio de los dos abanderados'" (23). El pronunciamiento de Carranza determinó aún más el destino de Villegas de Magnón ("En su capacidad como presidente de la Cruz Blanca le permitiré observar los pasajes silenciosos de mi vida. Más adelante usted tendrá el privilegio de informar sobre actos relativos a mí y a mi revuelta que serán desconocidos para otros"). Villegas de Magnón cerró *La rebelde* expresando un motivo más: su deseo de rendir homenaje a sus enfermeras. Sin embargo, estas pesquisas y motivos no aparecen expresados directamente en la revelación de los pensamientos de La Rebelde. Más bien se "articulan" con la descripción de sus actos.

En lugar de revelar a un yo introspectivo que reflexiona, pondera y arriba al autoconocimiento, la narradora crea una persona que actúa. El foco de la narración está en los mismos acontecimientos, incidentes y experiencias. La concepción que la narradora tiene de la "palabra" parece seguir el concepto hebraico bíblico de *davhar*, el cual no sólo significa "palabra" sino también "hazaña". Como explica Harold Bloom:

> *Davhar* significa a la vez "palabra", "cosa" y "acto", y el significado de su raíz incluye la noción de destacar algo que inicialmente estaba oculto. He aquí la palabra como un acto moral, una palabra verdadera que es al mismo tiempo un objeto o cosa y un acto o hazaña. Una palabra no un acto o cosa es por tanto una mentira, algo que estaba disminuido y que no se veía. En contraste con esta palabra dinámica, *logos* es un concepto intelectual, cuyo significado en la raíz supone reunión, acomodo, poner-en-orden. El concepto de *davhar* es: hablar, actuar, ser. El concepto de *logos* es: hablar, reconocer, pensar. *Logos* organiza y vuelve razonable el contexto del discurso, pero en su acepción más profunda no tiene que ver con la función del habla. *Davhar*, al destacar lo que se encuentra oculto en el yo, tiene que ver con . . . sacar a la luz una palabra, una cosa, una hazaña.[32]

Lo que se encuentra oculto en el yo, desde la perspectiva de la narradora de *La rebelde*, es la idea de misión moral, deber, responsabilidad de destacar las hazañas de las mujeres y de los hombres de la frontera que han sido silenciadas por los historiadores oficiales. Sin embargo, la palabra de Villegas de Magnón no quiere únicamente reunir, acomodar y mostrar una relación intelectual de sus actos. Más bien su narración se concentra en los actos y en los acontecimientos que ella trata que hablen por sí mismos. A veces, sin embargo, sobre todo al aludir a los "bandidos", "indios" y "sirvientes", esa narración omnisciente no puede suprimir las desviaciones de clase de la autora.

Al compararla con las memorias mexicanas que sí se publicaron, es evidente que Villegas de Magnón acomodó su texto de suerte que se amoldara al protocolo que se le exigía. Con su subversión de supuestos sobre el género y la nacionalidad opuestos al discurso dominante, por ambivalente y ambiguo que sea, su texto podía haberse pasado por alto como un sospechoso texto femenino. Además de cuestionar, éste desafiaba a los arquetipos femeninos comunes que mostraron las formas narrativas de la Revolución Mexicana: la belleza como de muñeca, la madre y esposa subyugadas y la prostituta, así como la condescendencia de México hacia los fronterizos.[33]

Actos de traducción: la comercialización de escritos autobiográficos en Estados Unidos

Aunque las versiones en inglés y en español de la obra de Leonor Villegas de Magnón cuentan el mismo relato, la comparación entre ambas versiones muestra ideas sobre los lectores a los que ella pensaba se dirigía. En la versión en español lo más importante era relacionar acontecimientos y mencionar nombres. El lector supuesto estaría al tanto del acontecimiento histórico. En cambio, en la ampliada versión en inglés el detalle se vuelve importante; el lector "extranjero" necesita frases explicativas. La primera cuarta parte de la narración aborda las costumbres, sus hábitos culinarios y antecedentes históricos mexicanos tradicionales de la frontera.

Consciente de su "tarea histórica", Villegas de Magnón se apropia del discurso dominante y "vende" su producto. La carta que con fecha de 26 de septiembre de 1953 envió a sus editores en Estados Unidos dice lo siguiente:

> Estimado Señor:
>
> ¿Estaría usted interesado en un ms. sobre la vida en un México en transformación, del de Díaz 1876–1920, cuando emergía un nuevo México? [El manuscrito abarca] aproximadamente 100,000 palabras. La historia verdadera [*The Rebel was a Lady*] sigue la vida de la acaudalada hija de un comerciante español.
>
> Los primeros siete u ocho capítulos describen la vida a ambos lados de la frontera del Río Grande, en donde la "política del buen vecino" se practicaba de un modo crudo y en donde ya existía desde hacía un siglo.
>
> *Land of Mañana* [Tierra del mañana] es cosa del pasado, hoy es la tierra del futuro. Con el paso de los años La Rebelde entra a formar parte de la agitación contra el dictador Díaz y finalmente funda la Cruz Blanca, la organización de enfermeras carrancista. La Rebelde y su brigada

> acompañan a las fuerzas de Venustiano Carranza durante la revolución hasta su triunfo en 1916. Luego ella observa desesperanzadamente la desintegración del poder de Carranza y su caída.
>
> Una de las enfermeras [fue] "Adelita", quien se convertiría en la modelo que inspiró la canción del mismo nombre, la famosa canción de marcha y lucha de la revolución. De la misma fuente de inspiración, la Cruz Blanca, surgieron más adelante "La Marrieta" [*sic*] y "La Valentina", igualmente populares y estímulo de actos de valor.
>
> El impredecible Villa atraviesa el drama ambulante de La Rebelde, lo mismo que el general Felipe Ángeles, el general Pablo González, el ex presidente Abelardo Rodríguez y muchos otros veteranos prominentes.
>
> La Rebelde presenta nuevas e íntimas imágenes del presidente Carranza durante la revuelta civil en México.
>
> Si se desea hay telegramas, cartas para acompañar el texto.
>
> Suya,
> Leonor Villegas de Magnón
>
> LV/iba

Irónicamente, en el contexto de Estados Unidos Villegas de Magnón trata de colocar su relato capitalizando imágenes femeninas populares, no críticas, de la Revolución Mexicana. ¿Fue ésta una maniobra desesperada de su parte por "vender" su relato? ¿Fue una descarada manipulación del discurso genérico?

La siguiente carta indica el tipo de respuestas de rechazo que recibió Villegas de Magnón. El 29 de octubre de 1951, Orrin Keepnews, editor asociado de Simon and Schuster, contestó la solicitud de publicación enviada por Villegas de Magnón, comentando:

> Me apena informarle que no nos entusiasmó lo suficiente el material para garantizar que lo publicaremos.
>
> Sin lugar a dudas este material abunda en colorido e importancia. Pero el relato de usted es básicamente una descripción detallada de una situación histórica por la cual el público que compra libros en este país no tiene un

> interés profundo e inmediato, y dudamos que cuente con un amplio atractivo.
>
> Esto no significa que sintamos que no valga la pena publicar este material, sino simplemente que creemos que comparativamente es muy limitado en lo que respecta a su mercado potencial para adaptarlo a nuestro catálogo. A nosotros nos interesan, y estamos mejor preparados para manejar, los libros que cuentan con un público general potencialmente muy amplio, y nuestros editores no creen que el relato de usted embone con esa descripción.

Sin embargo, Villegas de Magnón no se iba a quedar callada ante semejante lectura y rechazo de su obra. El 25 de noviembre de 1951 contestó:

> Su respuesta del 29 de octubre de 1951 se ha vuelto un impenetrable guión de conocimiento. Me encanta el modo en el que usted alienta mis esperanzas y luego de pronto me lanza contra un mundo sin fondo de caos y de ideas derrocadas.
>
> Seguiré en mi noble trabajo en el Río Grande más como un punto de unión que como una división.
>
> Nos hacemos falta unos a otros. El hemisferio tiene que estar unido moral y espiritualmente. Cuando sea y como podamos añadir hasta el eslabón más pequeño a esa cadena de ideas con las que estamos comprometidos. Quisiera que contáramos con más almas valientes como las que colaboraron conmigo durante los días de la trágica lucha civil en México.
>
> Como no hay una ley que prohíba la sensación de placer en la realización del deber personal, usted ocupará un lugar muy especial en mi alma. Gracias por el manuscrito, el cual regresó en perfecto estado.

La respuesta de Villegas de Magnón a la señorita Jean Holloway, editora de la Imprenta de la Universidad de Texas (26 de enero de 1952) es también ejemplo de la constante defensa de su propio trabajo:

> No, mi relato no es una joya de la literatura, fue escrito

velozmente, pero lo quiero conservar tal como está del mismo modo que quiero que llegue a ciertos lectores ansiosos de la actualidad.

No abordé asuntos desagradables como el del 22 de febrero de hace 39 años cuando en la embajada de Estados Unidos el señor Wilson y Huerta brindaban por la génesis de la Revolución Mexicana exactamente en el momento en el que asesinaban a Madero. Con un tenue sollozo los latinoamericanos celebran actualmente el nacimiento de Washington cuando pudo ser para nosotros un buen recuerdo. Mi manuscrito no es más que una sinopsis de lo que yo experimenté. [. . .]

La secuela del relato debería ser el Mártir del Apocalipsis o el Renacimiento de la Nación Mexicana. [. . .]

Espero con ansiedad la aparición de *Genesis under Madero* del doctor Charles C. Cumberland de manera que tendré el placer de presentárselo al siguiente presidente, Adolfo Cortines [*sic*] quien es mi amigo como lo fue el Pres. F. I. Madero. [. . .]

Continuaré con mi labor de hacer del Río Grande un punto de unión más que una línea divisoria. [. . .][34]

Esta carta sugiere el deseo de Villegas de Magnón de llegar a un público amplio, tal vez la nueva generación de lectores de clase media quienes no necesariamente estarían interesados en leer una joya de la literatura pero que sí habrían leído una versión personalizada de la historia, muy en la tradición mexicana. Sin lugar a dudas, ella era muy consciente de la severidad y del significado de evadir cualquier observación o análisis críticos sobre las relaciones entre Estados Unidos y México.

Pero una carta de otro editor es evidencia del hecho de que Villegas de Magnón reescribió sustancialmente el texto, expandiéndolo y, lo que es más importante, resumiéndolo según la recomendación de sus lectores:

Nuestro manuscrito necesita ser muy editado: la eliminación de una buena cantidad de asuntos meramente locales, en particular nombres y personajes que no tendrían una fuerza especial en el relato para un público nacional. Simplifique, resuma, creo que el manuscrito tendrá más fuerza.

Evidentemente que por consejos como el anterior Villegas de Magnón eliminó muchas secciones relativas a los fronterizos en la versión en inglés, *The Rebel*, incluyendo aquellas que se citaron antes sobre los hermanos Idar y los pochos. Estas respuestas y sugerencias, de hecho requisitos, provenientes de los lectores de Villegas de Magnón estaban informados por el contexto de Estados Unidos. Los criterios de valor sobre la escritura autobiográfica han cambiado dramáticamente en las cuatro última décadas, lo cual ha permitido la aparición de nuevas lecturas que no estaban a la mano en la época de la señora Villegas de Magnón.

"Ficciones críticas" de la escritura de autobiografías: el contexto cultural de Estados Unidos

Desde que Leonor Villegas de Magnón escribió la versión en inglés de su obra durante la década de los cuarenta y hasta los años cincuenta, los estudios críticos sobre la escritura de autobiografías han desarrollado sus definiciones genéricas basándose en teorías del yo. En diferentes momentos históricos, las lecturas de las autobiografías han dado lugar a distintas definiciones y criterios para evaluar la eficacia de cualquier narración autobiográfica. Desde la década de los cuarenta, varias teorías del yo han centrado su análisis indistintamente desde "la factibilidad [la búsqueda de la verdad] hasta la psicología [la búsqueda del "verdadero yo"] hasta la textualidad [la búsqueda de los diversos significados de un texto]".[35] Un recuento de varias generaciones de las prácticas críticas de las autobiografías revela tradiciones críticas que han destacado o bien el *autos* (yo), el *bios* (vida) o la *graphia* (escritura) del escritor de autobiografías.[36] Inevitablemente, las prácticas críticas de cualquier generación estarán profundamente influidas por los supuestos filosóficos de la época. La siguiente discusión sucinta de estas aproximaciones críticas tratará de señalar, en términos muy generales, la apropiación de los supuestos filosóficos determinados históricamente que han adoptado los lectores/evaluadores de los escritos autobiográficos, una apropiación que tiene implicaciones tanto para la escritura como para la lectura de los proyectos de autorrepresentación femenina. Yo sostengo que las lecturas realizadas por los editores de Estados Unidos estuvieron tocados en distinta medida por los supuestos filosóficos y teóricos de dos generaciones de críticos que buscaron la "verdad" y el "verdadero yo" en la autobiografía de Villegas de Magnón y que evidentemente no quedaron satisfechos con lo que ahí encontraron. Es más, yo sugiero que una nueva tercera generación de lectores/críticos ahora tienen a su disposición otros supuestos que nos permitirán acercarnos a la lectura de *The Rebel* de otra manera, haciéndole nuevas preguntas, en busca de nuevas respuestas.

Los teóricos de la crítica social han empleado términos de la periodización histórica como los de las épocas "modernas" y "posmodernas", en general, para referirse a los periodos que se encuentran aproximadamente entre 1475 y 1875 como la época "moderna" y a partir de 1875 como la época "posmoderna" de la historia occidental. A la modernidad la han caracterizado los valores tradicionales del protestantismo, el victorianismo, la ilustración, el racionalismo y el humanismo. Caracterizada por "abarcar desde el proyecto filosófico de Descartes, pasando por la Ilustración, hasta la teoría social de Comte, Marx, Weber y otros",[37] buena parte de la teoría de la modernidad se ha caracterizado por su foco en la individualidad, la noción de la naturaleza humana inmutable, por la pureza, la unidad, así como una confianza ciega en la ciencia, el arte, la razón, los absolutos éticos y las certezas. En defensa de un sujeto racional y unificado, la filosofía moderna exigió entrar a la verdad absoluta y a la objetividad. Ideológicamente, sus bases para el conocimiento se fundaban en una "metafísica binaria": sujeto/objeto, realidad/apariencia, habla/escritura, voz/silencio, hombre/mujer, razón/naturaleza, racionalidad/instinto, público/privado, hecho/ficción; etcétera, la cual construyó una jerarquía de valores, destacando en cada caso la "superioridad" del primero de los términos sobre el segundo.

Tanto la primera como la segunda generación de críticos literarios puestos a valorar los escritos de autorrepresentación durante las décadas de los cuarenta y sesenta se apropiaron de muchos de estos valores modernos para validar al género autobiográfico en el interior del canon literario aceptado. A través del proceso de legitimización genérica, el cual privilegió un sujeto racional y unificado con una voz sincera, factual, eminente y pública, se hizo evidente que el yo "universal" al que definían las formaciones económicas, sociopolíticas y culturales de la época moderna era de hecho un yo masculino. Sugiero que algunos de los siguientes supuestos teóricos de la primera y segunda generaciones de críticos informaron a los editores/lectores de *The Rebel* durante los años cuarenta y cincuenta.

Una primera generación de críticos colocó el valor superior en las implicaciones morales del *bios*, la cualidad de las experiencias vividas por el autor, y la "sinceridad", la veracidad biográfica, de la narración. La importancia estaba en el significado cultural de las "personalidades individuales", la "autoestima de la voluntad política", y el "perfil intelectual revelado en el estilo de una persona importante", así como en "la relación del autor con su obra y con su público" la cual sería "siempre representativa de la época del autor", para "capturar el espíritu de su tiempo".[38] En consecuencia, la valoración histórica del individuo, el modelo ideal, la formación del yo, independencia, distinción, vida pública, voz pública y el discurso público del yo en el proyecto autobiográfico privilegiaron al discurso masculino negando o ignorando a las mujeres que escribían autobiografías.

La preocupación con el *autos*, la autorrepresentación de la siguiente generación de críticos les llevó a legitimizar el significado psicológico de asuntos como la identidad, el yo, su definición, su creación y su autenticidad. Al someter el "acto autobiográfico" al análisis literario metódico, estos críticos revelaron a un sujeto capaz de ser "hecho y rehecho según criterios como la naturalidad, la originalidad, la esencialidad, la continuidad, la integridad y el significado".[39] Basándose en ideologías universales del yo y en ideas metafísicas, esencialistas, del yo y de la individualidad, estos estudios siguieron privilegiando a la autoridad masculina.

En vista de la pluralidad, a menudo conflictiva, de las posiciones posmodernas, no podemos hablar de una teoría posmoderna unificada. Sin embargo, seleccionaré algunos conceptos claves que han adoptado los críticos que permitirán observar las posturas teóricas de la siguiente generación de los lectores de autobiografías y las cuales pueden ser útiles en nuestras actuales lecturas tanto de *La rebelde* como de *The Rebel*. Según algunos teóricos sociales, el posmodernismo se opone a ciertos aspectos opresivos de la modernidad y de lo moderno y "clama por nuevas categorías, modos de pensar y de escribir, y valores y políticas para superar las deficiencias de los discursos y de las prácticas modernas".[40] Numerosos teóricos literarios posmodernos celebran la ruptura de la tradición literaria y cultural y la subsecuente distinción de arte alto y bajo; los críticos piden una nueva crítica posmoderna que "abandone el formalismo, el realismo, las pretensiones de los sabiondos, a favor del análisis de la respuesta subjetiva del lector en el interior de un contexto psicológico, social e histórico".[41] Los críticos posmodernos aprecian el eclecticismo, el pastiche, la discontinuidad, la fragmentación, la diferencia, lo lúdico y la novedad. Estos críticos también enfatizan la "arbitraria y convencional naturaleza de todo lo social: el lenguaje, la cultura, la práctica, la subjetividad y la sociedad misma".[42] Ellos dan primacía a la "teoría del discurso" la cual sostiene que "el significado no sólo es dado, sino que es una construcción social que se realiza a través de numerosas instituciones y prácticas".[43] La teorización posmoderna de la relación íntima entre el conocimiento, las múltiples formas del poder y la dominación ha abierto útiles posibilidades analíticas al estudio de las mujeres, en general, y la subjetividad femenina, en particular.

Así, esta tercera y más reciente generación de críticos literarios de los escritos de autorrepresentación emplean ciertos supuestos teóricos del posmodernismo para ir más allá de la valorización genérica de representación del yo. Ya no hay rígidas, "universales" clasificaciones genéricas que se "impongan" a las lecturas de los escritos autobiográficos. Lo que es más, al texto autobiográfico se le puede abordar como un artificio narrativo. El desarrollo de nuevos paradigmas teóricos en los campos del psicoanálisis y la lingüística durante las dos últimas décadas ha impuesto desafíos "tanto al concepto de un sujeto parlante como a la creencia en la transparencia del lenguaje".[44]

> [Éstos] han destrozado las certidumbres epistemológicas y la legitimidad ontológica de lo que los teóricos franceses llaman "narraciones maestras" de occidente, entre ellas la autobiografía. Como nociones de un emisor autoritario, se rechazan la intención, la verdad, el significado y la integridad genérica, las viejas preocupaciones de los críticos de la autobiografía —la naturaleza de su verdad, la emergencia de su estructura formal, la lucha con la identidad, hasta el supuesto de un yo motivador— son desplazadas por una nueva preocupación por la graphia, "la cuidadosa prueba de las fuerzas de significación en pugna en el interior del texto mismo".[45]

La expansión de los estudios sobre la mujer en las décadas recientes no sólo ha tenido una enorme influencia sino que también ha estigmatizado los debates teóricos sobre el *status* del yo y sobre la naturaleza del lenguaje y de la representación del yo. Las cambiantes configuraciones culturales han llevado a los críticos interesados en el sujeto femenino a aclarar y cuestionar los sistemas de valoración existentes de la escritura del yo. Ellos "exploran las numerosas 'líneas' que han implementado las mujeres para hablar de sí mismas para sí mismas y para sus lectores, superando las limitaciones de las fronteras tradicionales".[46] Sumamente críticas ante las prácticas de exclusión, las académicas feministas promueven la inclusión de escritos antes "ilegítimos", "marginales", "femeninos", como cartas, diarios, memorias, etcétera. Los críticos textuales, interesados en la escritura, en el texto cambian su foco hacia el "lector" de la autobiografía para examinar tanto al lector "ficticio" implícito de la escritura autobiográfica como al autor que "relee las convenciones literarias y culturales de su época.[47] El "yo" creado por el autor de un relato de vida se convierte en una construcción retórica.

Aquellos críticos influidos por los supuestos psicoanalíticos escrutinan a los "sujetos en proceso" —tanto al autor como al lector— y examinan la multiplicidad e inestabilidad de los "yo". La narración autobiográfica es vista tanto como "una manera de leer" y como "una manera de escribir".[48]

Es precisamente este nuevo momento del discurso crítico, caracterizado por las nuevas aproximaciones en la evaluación de los escritos autobiográficos, el que ha creado el espacio a partir del cual nuevas lecturas de *La rebelde* nos pueden llevar más allá de un comentario ilustrativo sobre las convenciones literarias y culturales, así como de las "ficciones críticas" de las lecturas de *The Rebel* de los años cuarenta y cincuenta que testimoniaron la "invendibilidad" de la vida de Villegas de Magnón tanto en México como en Estados Unidos. Entre las múltiples posibilidades nuevas, ahora podemos plantear preguntas como las siguientes para evaluar el significado de estos textos: ¿qué valor damos ahora al proyecto de representación del yo de una burguesa mexicana que fue educada en los conventos ursulinos de Estados Unidos, que donó toda su herencia a causas humanitarias, altruistas a ambos lados de la frontera entre México y Estados Unidos? ¿Por qué motivo sus fragmentarias narraciones autobiográficas, contradictorias, en ambos idiomas o en uno de ellos, importan para nuestra comprensión de las voces de género que intentan trascender las fronteras nacionales, de clase y religiosas? ¿Por qué motivo es una contribución importante a nuestra idea de la narración histórica/ficticia la manera de emplear el lenguaje de Villegas de Magnón para atrapar un momento de crisis política y social al revelar "inconscientemente" una lucha por definir su propia subjetividad? Teniendo a la vista nuestros contextos históricos, sociales y psicológicos, ¿cómo respondemos a una relación genérica "informal", "novelizada", de la primera revolución de este siglo? ¿Cómo intenta Villegas de Magnón construir un nuevo significado en relación con la Revolución Mexicana? ¿Qué luces arroja Villegas de Magnón sobre la relación entre conocimiento, poder y dominación? Ante las múltiples formas de documentación de representación del yo —múltiples versiones de autobiografías en dos idiomas, gran cantidad de imágenes de su yo y de su vida, correspondencia, telegramas, etcétera— que Villegas de Magnón legó a la posteridad, ¿cómo puede el lector (re)construir la "lectura" realizada por ella sobre su propio contexto social?

En el interior de este nuevo espacio podemos deshebrar "las fuerzas de significaciones en conflicto dentro del texto mismo", como sugería la crítica Bárbara Johnson, para explorar no sólo la integridad y la unidad del texto, sino también sus rupturas, fragmentos, silencios, contradicciones, ambivalencias y ambigüedades. Estas diferentes lecturas delinean nuevas conjeturas sobre la multiplicidad de las fronteras —históricas, lingüísticas, geográficas, culturales, políticas, así como las de clase, nacionalidad y género— que cruzó la gente de las zonas fronterizas. Desenterrar, recuperar y preservar relatos como el de *La rebelde*, junto con otras narraciones en sus múltiples formas orales o escritas, nos permitirá reconstruir históricamente nuestras comunidades latinas y evaluar críticamente nuestra herencia cultural.

Notas

[1]Américo Paredes, "El folklore de los grupos de origen mexicano en Estados Unidos", en *Folklore Americano* (Lima, Perú) 14 (1964): 146–163; traducido al inglés por Kathleen Lamb y reimpreso como *The Folk Base of Chicano Literature*. Mi cita proviene de la página 7 en la versión en inglés.

[2]Inés Hernández, "Sara Estela Ramírez: The Early Twentieth Century Texas Mexican Poet", tesis doctoral, Universidad de Houston, 1984, 112.

[3]"Más de cuatrocientos periódicos en español se han editado en Estados Unidos", *La Prensa* [San Antonio, Texas] 13 de febrero de 1934: 9–11.

[4]Richard Griswold del Castillo, "The Mexican Revolution and the Spanish-Language Press in the Borderlands", *Journalist History* 4.2 ver. (1977): 42–47.

[5]Dirk Raat, *Revoltosos: Mexico's Rebels in the United States, 1903–1923*, (College Station, TX: Texas A&M UP, 1981): 38.

[6]Luis Leal, "The Spanish Language Press: Function and Use", *The Americas Review* 17.3–4 inv. (1989): 157–162. Dennis J. Parle, "The Novels of the Mexican Revolution Published by the Casa Editorial Lozano", *The Americas Review* 17.3–4 inv. (1989): 163–168.

[7]Véase Anna Macías, *Against All Odds: The Feminist Movement in Mexico to 1940*, (Westport, CT: Greenwood P, 1982) 26–57.

[8]Macías. 25.

[9]Macías. XIII–XV.

[10]Véase el excelente estudio de Inés Hernández de una de estas prominentes figuras, "Sara Estela Ramírez: The Early Twentieth Century Texas Mexican Poet". Esta tesis destaca como uno de los primeros estudios amplios sobre una escritora mexicano norteamericana de principios de siglo.

[11]En Dirk Raat, *Revoltosos: Mexico's Rebels in the United States, 1903-1923, op. cit.*, p. 33. Raat cita la existencia de este periódico. Yo localicé algunos números en el Instituto Internacional de Historia Social en Ámsterdam y en la Biblioteca Bancroft en la Universidad de California en Berkeley: 5, 28 de julio (1907), 7, 11 de agosto (1907), 9, 6 de septiembre (1907) y 13, 27 de octubre (1907); y las examiné brevemente en "Mexican Precursors of Chicano Feminist Writing", en Cordelia Candelaria (ed.), *Multi-Ethnic Literature in the United States*, (Boulder, CO: U of Colorado P, 1989) 21–34.

[12]Tanto Juan Gómez-Quiñones en *Sembradores: Ricardo Flores Magón y el Partido Liberal Mexicano: a Eulogy and Critique*, (Chicago: Chicano Studies Center Publications, University of Chicago, 1973), y Dirk Raat, en *Revoltosos: Mexico's Rebels in the United States, 1903–1923*, citan el trabajo de estas mujeres. En "The Articulation of Gender in the Mexicano Borderlands", publicado en *Recovering the U.S. Hispanic Literary Heritage*, Vol. I (Houston, Texas, Arte Público Press: 1993) 293–308, yo estu-

dio un número de *El Obrero*. Sobre Andrea Villarreal se ha escrito muy poco salvo referencias a ella como una de las hermanas de Antonio Villarreal, elemento del PLM. Con su hermana Teresa, Andrea trabajó para liberar a los miembros de la junta del PLM cuando se les encarceló durante su exilio en Estados Unidos. Gracias a sus habilidades oratorias el *San Antonio Light and Gazette* se refieren a ella como la Juana de Arco mexicana en el artículo "Women Will Plead Cause of Refugees" (18 de agosto 1909, p. 1). El artículo es un anuncio de una manifestación en la cual Andrea y Mother Jones iban a hablar a favor de los miembros encarcelados del PLM. Así comienza la columna:

> El poder de la oratoria de la mujer será usado en el esfuerzo por obtener la libertad para Tomás Sarabia y José Rangel, supuestos revolucionarios mexicanos, encarcelados actualmente aquí. Andrea Villarreal, la "Juana de Arco" mexicana, será la oradora junto con la famosa Mother Jones en las manifestaciones de la "libertad" que se llevarán a cabo en la vieja carpa teatral en East Houston Street, a partir de la tarde del sábado.

En *Antonio I. Villarreal: vida de un gran mexicano*, (Monterrey, Nuevo León: Impresora Monterrey, 1959) 17–18, Fortunato Lozano, el biógrafo de Antonio Villarreal, escribió lo siguiente sobre la importancia de la involucración de Andrea en la tarea revolucionaria:

> En esos días [los del frustrado levantamiento de Las Vacas, hoy Villa Acuña, Coahuila, en 1908] y no obstante la férrea preponderancia del gobierno porfiriano aun en el territorio estadounidense, la intrépida hermana de Villarreal, la entonces señorita Andrea de propio apellido (hoy Vda. de Heredia), había llegado desde San Antonio, Texas, al pueblo ribereño de Del Río con un buen bagaje de armas y parque; y mientras tanto, animaba a los hombres del lugar con fogosos discursos, preparándolos para la acción.

[13]Véase el excelente análisis realizado por José Limón sobre el activismo político de la familia Idar en "El Primer Congreso Mexicanista de 1911: Precursor to Contemporary Chicanismo", *Aztlán* 5 (1974): 85–117.

[14]Carta de Jovita López (sobrina de Jovita Idar) a Clara Lomas, 4 de abril de 1989.

[15]Una nota de agradecimiento para Rafael Chabrán quien me hizo ver la existencia de *Pluma Roja*. En "The Articulation of Gender in the Mexican Borderlands", ofrezco un breve estudio de varios números de *Pluma Roja*.

[16]Juan Gómez-Quiñones, *Sembradores*, 40.

[17]David Montejano, *Anglos and Mexicans in the Making of Texas, 1836–1986* (Austin: University of Texas Press, 1987): 78–79.

[18]Esto lo observa también la señora Bessie Lindheim en sus "Comments on *The Lady Was a Rebel*", presentado en la Conferencia de la Sociedad Histórica de Laredo el 8 de mayo de 1970, Laredo, Texas; cito sus comentarios.

[19]Entre sus artículos están los siguientes: "Evolución mexicana", *La Crónica* 7 sep (1911): 1; "Adelanto de los mexicanos de Texas", *La Crónica* 19

sep (1911): 4; "Cuentas de la Cruz Blanca Local", *El Radical* 5 mar (1914): s/n; "Justas aclaraciones", *El Progreso* 11 jun (1915): s/p.

[20]J. B. Wilkinson, *Laredo and the Rio Grande Frontier* (Austin: Jenkins Publishing Co., 1975): 387–389.

[21]Véase María Herrera-Sobek, *The Mexican Corrido: A Feminist Analysis* (Bloomington e Indianapolis: Indiana University Press) 1990.

[22]Claudia Scheafer, *Textured Lives: Women, Art, and Representation in Modern Mexico* (Tucson: The University of Arizona Press, 1992) 6–7.

[23]Carmen Ramos, "Señoritas porfirianas: mujer e ideología en el México progresista, 1880–1910", *Presencia y transparencia: la mujer en la historia de México* (México: El Colegio de México, 1987) 150–151.

[24]*Ibid.* Ramos. 150–151.

[25]Richard Donovon Woods, comp., *Mexican Autobiography/La autobiografía mexicana: An Annotated Bibliography/Una bibliografía razonada*, trad. Josefina Cruz-Meléndez (Nueva York: Greenwood Press, 1988); Raymundo Ramos, *Memorias y autobiografías de escritores mexicanos* (México: UNAM, 1967). El libro de Woods fue una guía valiosísima para los escritos de vida mexicanos.

[26]Los dos libros los publicó la Compañía General de Ediciones en 1960.

[27]Consuelo Peña de Villarreal, *La Revolución en el norte* (Puebla: Editorial Periodística e Impresora de Puebla, 1968); Sara Aguilar Belden de Garza, *Una ciudad y dos familias* (México: Editorial Jus, 1970); y Luz Jiménez, *De Porfirio Díaz a Zapata: memoria náhuatl de Milpa Alta*, comp. y trad. Fernando Horcasitas (México: Instituto de Investigaciones Históricas, UNAM, 1974).

[28]Woods, *Mexican Autobiography* XIII.

[29]Richard Woods, "An Overview of Mexican Autobiography", *Auto/Biography Studies* 3 ver. (1988): 13–14.

[30]Philippe Lejeune, "Autobiography in the Third Person", *New Literary History* 9. 1 otoño (1977): 32–35.

[31]*Ibid.*, p. 35.

[32]Harold Bloom, *A Map of Misreading* (Nueva York: Oxford University Press, 1975) 42–43. La cita proviene de Douglas Atkins, *Reading Deconstruction, Deconstructive Reading* (Lexington, Kentucky: The University Press of Kentucky, 1983) 43–44.

[33]Margarita Peña, "Santa: un arquetipo de prostituta", *Entrelíneas. Textos de humanidades* (México: UNAM, 1983) 98–100.

[34]La Imprenta de la Universidad de Texas publicó el libro de Cumberland, *Mexican Revolution: Genesis under Madero* en 1952.

[35]William C. Spengemann, *The Forms of Autobiography: Episodes in the History of Literary Genre* (New Heaven y Londres: Yale University Press, 1980) 189.

[36]Véase Sidonie Smith, *A Poetics of Women's Autobiography*, (Bloomington: Indiana Univ. Press, 1987) cap. 1. El esquema expuesto se deriva de la sucinta revisión realizada por Smith de esta tradición crítica relacionada con la autobiografía.

[37]Steven Best y Douglas Kellner, *Postmodern Theory: Critical Interrogations* (Nueva York: The Guilford Press, 1991) 4.

[38]Véase George Misch, *A History of Autobiography in Antiquity*, trad de E. W. Dickes (Cambridge: Harvard University Press, 1951) 12–14; y Karl Joachim Weintraub, *The Value of the Individual: Self and Circumstance in Autobiography* (Chicago: University de Chicago Press, 1978).

[39]Francis R. Hart, "Notes on the Anatomy of Modern Autobiography", *New Literary History* 1 (1970): 492. Véase también: Margaret Bottrall, *Every Man a Phoenix: Studies in Seventeenth-Century Autobiography* (Chester Springs: Defour, 1958); Paul Delany, *British Autobiography in the Seventeenth-Century* (Londres: Routledge & Kegan Paul, 1969); William L. Howarth, "Some Principles of Autobiography", *New Literary History* 5 (1974): 363–381; Roy Pascal, *Design and Truth in Autobiography* (Cambridge: Harvard University Press, 1960); y William C. Spengemann, *The Forms of Autobiography: Episodes in the History of a Literary Genre* (New Heaven y Londres: Yale University Press, 1980).

[40]Best y Kellner, 20.

[41]*Ibid.*, p 11; Best y Kellnerll; véase también Leslie Fiedler, *The Collected Essays of Leslie Fiedler*, vol. ii (Nueva York: Stein and Day, 1971) 379–400; e Ihab Hassan, *The Postmodern Turn: Essays in Postmodern Theory and Culture* (Columbus: Ohio State Univ. Press, 1987).

[42]Best y Kellner, 20.

[43]*Ibid.*, Best y Kellner, 26.

[44]Sidonie Smith, *A Poetics of Women's Autobiography, loc. cit.*, p. 6.

[45]*Ibid.* Smith cita a Bárbara Johnson, *The Critical Difference: Essays in the Contemporary Rethoric of Reading* (Baltimore: Johns Hopkins University Press, 1980) 5.

[46]Véase el prólogo de Germaine Brée a Bella Brodzki y Celeste Schenck eds., *Life/Lines: Theorizing Women's Autobiography* (Ithaca: Cornell University Press, 1988) IX–XII.

[47]Véase Nelly Furman, "Textual Feminism", *Women and Language in Literature and Society*, eds. Sally McConnel-Ginet, Ruth Border y Nelly Furman (Nueva York: Praeger, 1980) 49–50.

[48]Véase Nancy K. Miller, "Women's Autobiography in France: For a Dialectics of Identification", *Women and Language in Literature and Society*, 271.

La rebelde

Leonor Villegas de Magnón

Prefacio

Tras los largos años de una vida tempestuosa, en la quietud de mi corazón, con el latido rítmico de mi pulso, he oído el firme mandato que mi honroso amigo Venustiano Carranza una vez me hizo: escriba mucho sobre la Revolución.

Esta es la historia de miles de personas a quienes yo debo justicia y a quienes yo honro, algunas todavía sirven a su gobierno, luchando silenciosamente y esperando la realización de los sueños de Carranza.

Aquí hago un sincero y verdadero esfuerzo por presentar la lucha por la paz y por la armonía que tomó lugar en México durante los años de 1910 a 1920.

Las aguas turbulentas y amenazadoras del Río Grande han sido amansadas. La línea divisoria se ha convertido en fuente de vida que nutre a dos naciones hermanas, México y Estados Unidos, destinadas a ser amigas.

La Rebelde

Capítulo I: El rebelde es mujer

El Río Bravo o sea el Río Grande que marca los linderos entre dos poderosas naciones, México y Estados Unidos, suele estar en un silencio profundo.

Pasan los años y las aguas van bajando hasta dejar descubiertos los hondos barrancos de ambos lados del río, invitando así a los incautos a poblar sus orillas, a fincar y sembrar.

Por capricho de la naturaleza o sea que a Neptuno, Dios de las Aguas, se le antoje divertirse; despierta al río de su tranquilo sueño y lo transforma en gigantesca culebra. Suben las aguas y en su amenazadora corriente lleva a su encuentro todo, ganado, aves, cosechas, reptiles, puentes y casas. Nada escapa a las enfurecidas aguas haciendo así un contraste burlesco al espantoso letargo de tantos años.

En esa noche como en muchas otras, los agudos silbidos de las sirenas anunciaban el peligro.

Guardias civiles bien montados en briosos caballos corrían de pueblo en pueblo dando aviso a los habitantes. A cada instante se oían gritos y gemidos, porque en aquella noche a que me refiero, aún no había métodos modernos para dar a conocer anticipadamente desastres que amenazaban a las poblaciones.

La obscuridad de la noche se hacía más imponente, por los relámpagos y truenos que acompañaban a la tempestad. El viento azotaba a los árboles y se estremecían las paredes de las casas. Los pobres que moraban a las orillas del río hacían esfuerzos para salvar lo que poseían. Silenciosamente se movían cargados de humilde menaje de casa y enseres. Mujeres con sus niños amarrados a las espaldas con rebozos, las manos así libres sujetaban con gruesa cuerda sus pocos animales. Cada quien hacía esfuerzo para arrebatar del peligro lo suyo. Los hombres arreaban sus bestias a toda prisa a los barrancos más altos donde aún no llegaba el agua. Apenas alcanzaban a subir y oían gritos de sus compañeros.

"¡Más arriba!" "Más arriba". "Ahí les alcanza el agua".

Los mozos y servidumbre de los ricos andaban como

siluetas vigilando la condición de la corriente y avisando a sus amos hasta dónde subían las aguas del Bravo.

Aprovechando la intranquilidad de los habitantes los bandos revolucionarios que militaban al calor de los entonces rebeldes, Juárez y Porfirio Díaz, saqueaban las casas que quedaban abandonadas con sus puertas abiertas.

Era el día 12 de junio de 1876; poco antes había entrado triunfante a la capital de la República Mexicana, Don Porfirio Díaz, habiendo derrocado al gobierno del presidente Lerdo de Tejada y proclamado el Plan de Tuxtepec.

Los aún dispersos revolucionarios llegaron a la residencia de un poderoso capitalista tocando vigorosamente el zaguán, ordenando que lo abrieran.

Gritos y más gritos. "Abra usted este zaguán".

El jefe de la casa, hombre honrado y prudente, mandó al mozo que atendiera al llamado.

A pesar del intenso calor que hacía en esos meses el pobre mozo temblaba, no de frío sino de miedo, y el zaguán que abría tantas veces al día con facilidad, esa noche no obedecía a sus débiles esfuerzos.

Le fue imposible abrirlo, entonces el amo llevando un farol en la mano, con la otra abrió el portón con violencia. El mozo se escondió detrás de su amo murmurando:

"¿Pero qué hace, señor? Esos son bandidos".

El precoz indito ya adivinaba el motivo de la visita.

Levantando el farol muy alto, para ver mejor a los intrusos dijo el señor en voz baja, "síganme". Los condujo a las bodegas: en esos días había descargado una gran cantidad de licores traídos de España, él era español de Santander. Los huéspedes intrusos probaron todos los vinos, algunos más curiosos, se atrevieron a inspeccionar la casa. La familia vivía cerca del comercio para la comodidad del amo y mejor vigilar sus intereses.

Una puerta cerrada les llamó la atención porque se oían voces dentro del cuarto. "Abra esta puerta señor" dijo el más atrevido y volteando hacia sus compañeros, hizo ademán para que tomaran las armas y enseguida ordenó: "Abra usted esta puerta".

La rebelde

Sin vacilar, levantando el farol que llevaba en la mano para alumbrar, abrió la puerta en los momentos precisos en que chillaba una niña.

Afuera, la naturaleza se rebelaba furiosa, amenazaba destruir la casa, ya las aguas del río llegaban a las orillas de la pared, mientras dentro de aquel hogar azotado por el viento, amenazado por las aguas se desarrollaba la majestuosa tempestad maternal que daba a luz a una niña.

Los rebeldes conmovidos bajaron la vista, alzaron sus armas y no faltó entre ellos quien se santiguara. "Perdón señor" murmuraron y silenciosamente desfilaron por el patio a la bodega para seguir saboreando el rico vino.

Por segunda vez se venía abajo el zaguán. "Abran esta puerta", gritaron los recién llegados al mando del enfurecido comandante. Eran los federales quienes andaban en busca de los rebeldes.

Al oír los gritos y golpes del zaguán, los rebeldes brincaron la tapia del traspatio escapándose por otra puerta.

Apretando la mano en que llevaba el farol, el amo con paso firme se dirigió al zaguán. No había entonces luz eléctrica y los faroles siempre estaban listos. En la noche cada uno portaba su farol.

Levantando su luz para alumbrar mejor a sus nuevos huéspedes, abrió el amo la puerta muy despacio, con calma en voz baja les dijo, "pasen".

Empujándose uno al otro ansioso de encontrar víctimas sobre quienes descargar su ira, llegaron hasta muy adentro.

"Aquí hay rebeldes" dijo el comandante viendo que el señor protegía una puerta.

"Sí señor", contestó el amo. "Aquí escondo al único rebelde que hay en esta casa". Viose obligado a abrir la puerta; la niña una vez más con su llanto infantil, interrumpió el silencio de ese sagrado recinto.

"¡Es una niña!" dijeron todos, disculpándose, cerraron la puerta.

"Dispense usted, don Joaquín, sabíamos que usted era hombre honrado", dijo el comandante "¡pero qué quiere usted, hay tanta alarma en el pueblo!"

Sin perder tiempo el señor, que estaba impaciente por ver a la niña, los invitó a tomar una copa a la vez que hacía señas de silencio. Los condujo a las mismas bodegas donde momentos antes habían bebido sus enemigos. Llenaron sus copas de escogidos vinos y brindaron, dándole la bien venida a la recién nacida.

Brindaron también por la salud de doña Valeriana, madre de la niña. "Brindemos también por las madres mexicanas de las orillas del Río Bravo, del pueblo de Matamoros", dijo uno de ellos, quien deseaba quedar bien con el dueño de los buenos vinos. Todos contestaron "¡que Viva!", saboreando hasta la última gota.

Salieron agradecidos y contentos y más aún, sin ganas de perseguir a ningún rebelde. A la salida los federales se encontraron a los mozos que llegaban con la buena noticia de que ya no subía el río.

Don Joaquín personalmente revisaba todas las puertas y ventanas, asegurándolas contra la fuerza del viento, que parecía destruir la casa. Al tiempo que se ocupaba de hacer esto, repasaba en su mente otra escena un año atrás cuando su primer hijo había nacido en Corpus Christi también a las orillas del mar y cuando las olas azotaban con asombrosa violencia las rocas que sostenían la casa. En carrera fugaz evocaba las horas en que había nacido su primogénito en Estados Unidos, tierra americana, hoy, bajo iguales circunstancias, nació su hija en suelo mexicano y la movía diciendo "¿quién podrá más, él o ella?"

Allá en su lecho de alegría, contemplaba la piadosa madre a su hija y acariciándola decía en secreto: "bandera mexicana será la tuya la envolveré junto con la americana que es la de mi hijo, tu hermano, las dos haciendo una sola".

La bandera española, bajo la cual había nacido el padre de sus hijos, la veía muy lejos, más allá de los mares. En un dulce sueño cerró sus ojos llenos de lágrimas. Jamás conoció la tierra de su esposo.

Capítulo II: La vida en el Rancho San Francisco

Pasaron los años y reinaba en ese hogar la felicidad, don Joaquín prosperaba, tenía grandes almacenes llenos de cosechas levantadas en su propio rancho, "San Francisco", donde había mucho ganado mayor y menor. Allá pasaba la familia largas temporadas; los niños estaban pendientes de la hora de la ordeña, seguían a los mozos llevando cada uno su copa para beber leche recién ordeñada. Buscaban huevos en los corrales y gallineros, correteaban a las gallinas y se subían en los burros y caballos mansos. Siempre juntos, siempre haciendo cuentos y queriendo todo lo que era del rancho, lo que era silvestre, lo que olía a pastura. Sabían lo que comían los animales y cuándo comían.

La madre se ocupaba de hacer flores para la iglesia: grandes ramos muy tiesos y muy pálidos. Luego descansaba e iba con los niños a los montes a buscar tunas y pitahayas, a veces encontraban nidos de pajaritos que les era prohibido molestar.

Una tarde los niños esperaban con impaciencia a la mamá, porque era la hora del paseo; había llovido, los sapos, las ranas y las mariposas brindaban una tarde interesante. La niña fue corriendo al cuarto de su mamá en busca de ella. "Ya voy hijita, he tardado un poco", contestó levantándose de su asiento, cayó al suelo una hermosa rosa natural que servía de modelo. La recogió la niña, hiriendo su pequeño dedo una espina.

La niña exclamó "¡Ay! mamá ¿por qué me ha hecho daño esta rosa tan bonita? las tuyas no hacen eso".

Visualizó en ese instante el corazón de hija traspasado por crueles espinas de ingratitud. La mamá, suspirando, contestó con dulces y sencillas palabras: "son espinas que llevan las rosas, todas llevan espinas; así es la vida buena y cruel, a veces estamos muy contentos y luego nos pasa algo que nos pone tristes; pero las rosas que ofrecemos a Dios en nuestros altares no llevan esas espinas, sólo lo bueno es para Él". Mientras tanto curaba el pequeño dedito y luego salieron al paseo.

Los pensamientos de esa madre volaron hacia México y con mucha razón, pues ese hermoso país de flores y mujeres rendía en su corazón un tributo de admiración a la humanidad y a la naturaleza.

Al caer el sol se recogían en el patio de la casa, cenaban carne asada, agujitas, frijoles y mucha leche. Más tarde doña Valeriana sacaba su guitarra; al primer acorde de su suave mano, se juntaban los mayordomos quienes venían a dar cuenta de su día de trabajo. El amo los esperaba con palabras cariñosas.

"¿Qué tal amigo has aumentado tu capital?"

Además de pagarles sus sueldos, les daba ganancias de la cría y cada quien iba siendo dueño de tierra y ganado. Así también manejaba sus negocios en el pueblo. Cada año se repartían las ganancias y todos los empleados iban adquiriendo su casa propia y tenían capital al separarse.

Llegaba la temporada de la trasquila: los pastores preparaban las enramadas. Se cortaban largas ramas de los montes, ramas que iban tejiendo con habilidad asombrosa. Haciendo techos, luego formando un costado de círculo para encerrar a los animales que deberían trasquilar y marcar.

Una de esas tardes y muchas otras, los niños subían a la cerca a ver marcar el ganado. Primero llegaba el ganado chico o menor. Numerosos pastores esperaban bajo esa enramada donde recibían sus ovejas. Delantales de cuero y tijeras bien afiladas, un bote de ungüento negro "tecole" y una brocha de algodón, que acomodaban en sus bolsas, pues a la mejor se les pasaban las tijeras hiriendo al pobre animal. Hacían lo posible porque cicatrizaran pronto, les dolía verlos sufrir.

Antes de salir el sol cantaban los pastores el "Alabado" y muchas otras canciones. Los pastores cantaban cosas raras que ellos mismos inventaban para animar la soledad de los densos montes y de las noches oscuras.

Cuando brillaba la luna, eran otros cantos más alegres y románticos. Doña Valeriana los oía, se sentaba en una tapia cerca del corral y con guitarra entonaba esa música extraña que fascinaba a sus hijitos.

Después el ganado grande o mayor corría la misma suerte que aquellos otros. Llegaban los vaqueros con miles de reses, ellos también tenían su canto misterioso que sólo ellos entendían. Pero ¡no! porque al oír su canto sonoro los animales obedecían las rítmicas entonaciones movilizándose en compacta formación: eran nobles bestias que así disciplinadas fácilmente se manejaban llevando por delante su cabresto. Pasaban los meses de junio, julio y agosto en esa faena.

Los niños veían aquella operación encantados, gritaban cuando amarraban las patas de los borreguitos mientras otros pastores los sujetaban para marcarlos.

La niña veía aquel fierro rojo marcar una "V", la primera letra de su apellido. Pasaba las noches sin dormir temblando pero nada decía de lo que sentía al ver aquel fierro rojo acercarse a los pobres animales. Le parecía cruel, aquella "V" se grababa en su mente. Platicaba con su hermanito para quien no había secretos, a los dos les parecía mal aquello pero el niño de cuatro años explicaba a la tierna hermanita que era necesario hacerlo. "Los bandidos se robarían los ganados de mi papacito si no estuvieran marcados". La niña que adoraba a su padre, tan joven, tan gallardo, se acallaba pero no se conformaba con esa explicación. Ahí en ese vasto campo de cielo y tierra, aprendieron los niños a amar a Dios en su infinita grandeza.

Los animales ya cicatrizados volvían al campo, los mozos empacaban aquella lana en grandes pacas llevándolas al pueblo en carretas tiradas por bueyes y los amos regresaban al pueblo para volver el año entrante.

Doña Valeriana, que montaba bien, acompañaba a su esposo haciendo los últimos recorridos de inspección. En sus viajes acariciaba a su hermosa yegua y algo de tristeza invadía su alma. A nadie le contaba su pesar, era joven, sólo tenía veinticuatro años. En esa época las esposas asumían la responsabilidad del matrimonio al igual que los esposos. Adoraba a su joven y guapo compañero sin mostrárselo, sus ojos negros brillaban cuando lo veía, pero el control de su pasión acortaba su vida. No era correcto al parecer de su austero esposo que derramara lágrimas ni risas.

Había un único objeto en esas vidas: acumular una fortuna para proteger a aquellos niños, educarlos y legarles mucho.

Aquel lirio pálido con labios rojos, esbelta y resuelta pedía a la Virgen paciencia y valor para cumplir con su deber de madre.

Cuando más alegre estaba sentía de pronto que le invadía una tristeza, corría a su recámara, miraba a la imagen querida y decía a la Virgen:

"Madre mía, si uno de los dos ha de morir, que sea yo y no él". Las ambiciones de su esposo no las sentía a su alcance.

Fue la última vez que los niños y su madre estuvieron en ese rancho, había peligro, porque frecuentemente merodeaba la gente de don Catarino y se llevaba los mejores caballos y ganado.

En el rancho se quedaban honrados mayordomos; a Severo Pérez, el más valiente y de mayor confianza se le daba el manejo de sus intereses.

Capítulo III: "V" es para Villegas

Una vez más se hallaban en su casa en la ciudad de Nuevo Laredo, allí continuaba la vida cotidiana de ricos hacendados. Bailes y tertulias, meriendas y fiestas religiosas. La vida de un pueblo es agitada por el contacto de familias conocidas y amistades de una vida.

Doña Valeriana a quien le gustaba el baile y la música, esperaba las invitaciones con marcado placer. Cuando llegaban esos sobrecitos los acariciaba, los besaba a solas, esperando que fueran del agrado de su esposo sin atreverse a decírselo. Las colocaba de mil modos, ya en el tocador donde mejor las podría ver y luego las quitaba.

"¡No! aquí no, en la sala recargada en la lámpara".

Allí su amo y señor podría verlas mejor cuando tomaba su café y fumaba su buen puro, después de la comida o de la cena. Si a él no le parecía agradable esa invitación, la depositaba sobre la mesa sin hacer alguna observación, y ella aceptaba en silencio su orden y jamás se acordaba de ese baile.

Cuando era del agrado de su esposo como haciendo un gran favor decía: "Hay que cumplir con esta gente". Desde ese momento soñaba su esposa en su traje. ¿Cómo gustar mejor a su esposo?

Él no bailaba, la llevaba y gozaba viéndola bailar; los amigos lo invitaban a jugar el ajedrez y dominó. Perdía y quedaba muy contento, cuando se le hacía tarde, doña Valeriana con timidez se acercaba al juego y le decía a su esposo en voz baja: "Ya es tarde, ¿nos iremos?" Y él sin vacilación alguna, contestaba: "¡Bien lo dices; hace tiempo que deberíamos estar en casa!"

Se estremecía la joven y frágil esposa; un frío invadía su alma después de ese severo reproche. Sin darse cuenta de sus palabras, don Joaquín la miraba con admiración.

"Pero Valeriana, qué hermosa eres, mujercita. Cada día te pones más bonita; qué bien te ves con ese traje. Vamos, vamos al salón a despedirnos". La tomaba del brazo con galantería, se despedían de cada uno de los allí reunidos. Como en un dulce sueño doña Valeriana hacía graciosas caravanas. Era la admiración de la juventud con esos encajes de Madrid; esas sedas que crujían al menor movimiento, esas trenzas que adornaban su cabeza recogidas con peinetas españolas y alhajas de París. En el corazón de todos dejaba el perfume de su alma.

Así llegaba a casa en su coche, los lacayos con librea portaban la señorial "V" de los Villegas; marca conocida por los hacendados de Texas y Tamaulipas pues para ellos no había linderos, lo mismo era un lado del río que el otro. Grabada en el alma de aquellos chiquillos estaba esa "V", la veían muy bonita en los adornos de la casa y de la puerta pero roja cuando la acercaban a los queridos animales.

Mientras los papás gozaban del baile, Julia acostaba a los niños y les contaba cuentos de indios, porque ellos no dormían hasta que llegaban sus papás.

A la niña le parecía un príncipe encantador y poderoso ese papá, y le decía a su hermanito: "Así, así va a ser mi príncipe igualito a mi papá", y el niño le retobaba: "Cállate, mi madre es más hermosa; se parece a la Virgencita de Guadalupe, y mira como reza".

Ya habían llegado los papás y la mamá sin quitarse sus lujos besaba a sus hijitos y luego se arrodillaba piadosamente ante la Virgen. Rezaba muy aprisa y daba gracias a Dios por los momentos felices que había gozado. Don Joaquín paseaba con orgullo por los largos corredores en busca de su esposa; al encontrarla rezando exclamaba: "Pero ¡hija mía! primero bailas y luego rezas".

No era tanto el baile como la música que fascinaba a esa joven. Sentía que su alma flotaba en el espacio, una dulzura invadía su ser y luego al recordar aquella danza, se dormía.

Una noche don Joaquín llegó a la casa después de un largo viaje al rancho, le dijo a su esposa: "Valeriana, ¿tienes valor de ir conmigo a un prolongado viaje? Tenemos que llevar mucho dinero; hay que pagar y también hacer compras de frijol y chile. Hay peligro en el viaje pero también aquí lo hay; no me atrevo a dejarte a pesar de que el viaje es bastante arriesgado".

Doña Valeriana era una santa, ella sólo pensaba en complacer a su esposo, por lo que contestó: "Así lo haremos", díjole sumisa. Para ella, mil veces la muerte al lado de su adorado esposo.

Al siguiente día se puso a ordenar el viaje. Estaba delicada de salud y consultó a su madre, rogándole que la acompañara y cuidara a su hijito, que ella cuidaría a la niña, "La Rebelde" como le había sobrepuesto.

Los ricos amos, como ya he dicho, vestían a su servidumbre de librea, distintivo de la casa; sus guardias y retaguardias y las avanzadas hacían una pintoresca caravana.

Llegó el día de la salida, la diligencia de la familia iría por delante. En bulliciosos caballos iban cuatro mozos vestidos de charros y galoneados sombreros; otros cuatro charros a cada lado de los coches. Y más atrás, para proteger aquel convoy, otros tantos jinetes a la retaguardia. En el coche del amo, junto a él, doña Valeriana; en medio de los dos, la niña "Rebelde"; don Joaquín maneja cuatro hermosas yeguas con guarniciones tan nuevas, que rechinaba. En el asiento de atrás iba la mamá grande con el niño.

Usaban las señoras faldas muy almidonadas y llenas de olanes; unas mantillas bordadas en los hombros sujetas al apretado corpiño con un broche de oro. Mangas plegadas y abultadas. Peinados altos, trenzas en forma de corona que daban luces de santidad.

Las esposas no hablaban ni preguntaban nada; en silencio obedecían; más bien formaban parte del gran plan divino de esos matrimonios antiguos, donde el hombre era amo y señor; pero exigía comodidades, dispensaba finas atenciones y delicadas palabras, escasa y amena conversación. Cuando así hablaba parecía que Dios mismo abría el cielo para que la noble esposa tuviera una ráfaga de luz, pues ellos todo lo sabían, todo lo podían. Así eran las cándidas esposas de esos tiempos y así de adinerados y varoniles eran los hombres, quienes unían el espíritu y la materia en una luna de miel eterna.

Ya había dispuesto doña Valeriana el viaje, mas no antes de arrodillar a su pequeña familia ante un Cristo traído de París. A un lado de esta bella imagen colgaba orgulloso e imponente el retrato del Santo Papa. Todos rezaban con devoción, pero la niña Rebelde miraba con asombro la imagen de ese Papa. Le tenía miedo porque cuando querían saber la verdad de algún daño cometido en la casa, la mamá grande se subía sobre una mesita que con gran esfuerzo se arrimaba a la pared inclinándose para subirse; así veía la niña los diminutos pies de su abuelita cubiertos con una cascada de encajes; le encantaba ver a la mamá grande fatigarse, pero luego se ponía triste cuando el Papa le acusaba. La abuelita ya parada de puntitas sobre la mesa escondía una mano detrás del cuadro y en secreto preguntaba:

"¿Quién había quebrado las tijeras o quién era culpable de algún otro daño?" Nombraba al hermanito y enseguida la niña movía la cabeza al Papa.

"Ves, te acusa". Y castigaban a la niña; por eso la niña no lo quería al Santo Señor. En esa hora angustiosa en que arrodillados rezaban, la niña miraba al Papa para ver si aprobaba el viaje. El Santo Señor nada decía, la mamá lloraba mucho. Ya se anunciaba la llegada de otro niño y temía trastornos de ese viaje, sin tener valor de comunicárselo a su querido esposo.

Dispuesta ya la caravana, primero la diligencia de los amos, en seguida la del doctor, su esposa y su hijo. Eran compadres; el hijito había nacido el mismo día que La Rebelde y se querían mucho. Pepe se llamaba el niño, era corajudo, pelirrojo y muy blanco.

En formación, a corta distancia, seguían los carros de la servidumbre. El viaje se tardaría meses. Julia dirigía la cocina por ser la de más confianza, ya que Pancho estaba siempre cerca del amo. Julia era una indita que había criado doña Valeriana; sabía los gustos y modos de la casa y ambos criados adoraban a los niños. La misma noche, antes de emprender el viaje, doña Valeriana los había casado. Julia y Pancho se acercaron a su ama y con mil disculpas arrodillándose ante ella le confesaron su amor. Pancho miraba su sombrero galoneado, le daba vueltas y más vueltas entre sus manos; Julia con su pañuelo rojo hecho nudo, se tallaba los ojos; al fin dijeron:

"Mire niña; tanto nos queremos mi Julia y yo . . . échenos la bendición . . . nos queremos casar, suspiró Pancho".

Y Julia, entre sollozos, secundaba la súplica. "Es verdad que Pancho es muy valiente. ¿Pero si los indios nos encuentran y nos llevan? Es mejor casarme, así tendrá mi hombre más valor para defenderme".

"Dice bien", contestó la santa señora, enternecida ante tan sencilla razón.

"Pancho, anda y avisa al padre. Dile que tu ama le pide que adornen el altar como a ella le gusta". Una bata azul pálida con anchos listones en la cintura y moños en la cabeza sujetando las trenzas. Un largo velo y un rosario llevó Julia al altar, y Pancho el mejor traje de charro que su amo le compró.

Hincados ante el altar, en espera del señor cura, quien pronto los uniría, platicaban quedito, "Pero qué buena es mi ama, hasta las flores que ella misma hace, adornan el altar. Mira Pancho ¿no hueles el perfume que hace doña Valeriana?, está regado en las alfombras de la iglesia".

Pancho con orgullo observaba y luego señalando su traje, "Julia cómo brillan los botones de mi charrera", la codeaba; mira tú que 'V' más bonita en cada botón; acuérdate que también los bueyes y los animales del Rancho tienen esa marca".

"No seas así, Pancho, mira, hombre, acordándote de esas cosas, has de rezar que llega el padre". Así platicaban en el día de boda y siguieron sus comentarios en el viaje.

Listos los coches del amo, el del doctor; un poco más atrás las carretas con provisiones y útiles de cocina; luego la servidumbre. En el trayecto tenían que acampar; las distancias eran largas y muy expuesto el viaje.

A la madrugada salió el convoy; caminaron millas y millas de camino árido, entre mezquites y montes de nopales y huizaches. Era en el mes de octubre; ya soplaban vientos fríos y caprichosos. A medida que se iban internando cambiaba el paisaje. Pintaban en el horizonte los picos de las montañas y los cerros grises de Nuevo León.

La niña preguntaba: "¿cuándo llegaremos a esas montañas?" El viaje parecía interminable. Buscaban los caminos más enredados y lejos de los pueblos para desorientar a los asalta caminos que bien podían ser indios o bandidos. En la noche formaban un círculo los coches y guayines; en el centro ponían la hoguera. Los guardianes y mozos daban vueltas vigilando al improvisado campo.

En noches serenas, dormían fuera al aire libre; pero dentro de este fortín. Se sentaban alrededor de la fogata, contaban cuentos de bandidos y de aparecidos. Al acostarse daban gracias a Dios; de eso se encargaba doña Valeriana; rezaban el rosario y luego a dormir. En los coches preparaban camas para los niños y los amos. Los mozos se ocupaban de llenar las ánforas y los barriles de agua fresca y otros juntaban pastura para los caballos.

Una tarde, al caer el sol, iban muy despacio y despreocupados, cuando de pronto vieron una polvadera y siluetas que se dibujaban en el horizonte bajo los últimos rayos de sol. "¡Los indios!", gritaron los guardias; efectivamente la polvadera aumentaba y muchos indios se acercaban. Don Joaquín, sereno y valiente, ordenó que ninguno sacara armas. Paró el convoy y dejando caer las riendas de los caballos en manos de su esposa, se bajó del coche. Abrió los brazos y vio en la dirección en que se adelantaban los indios. El jefe de ellos venía primero, los rayos del sol bañaban el cuerpo entero del amo y brillaban los adornos de su traje charro y sombrero galoneado. Les gustó a los indios quienes obedeciendo las órdenes de su jefe, se alinearon atrás mientras que él avanzaba. Don Joaquín con amable sonrisa se quitó el sombrero y se lo aventó al indio que lo capoteó y lo examinó detenidamente.

Doña Valeriana, asustada, apretaba las riendas de los caballos; se había caído de sus manos el rosario de rubí que estaba repasando, la niña (Rebelde), lo recogió y apretándolo en la mano se fue bajando del coche para estar más cerca de su papacito.

Nadie se dio cuenta pues el momento era apremiante, sólo Dios podría salvarlos; todos estaban asustados.

El indio examinó el sombrero del jefe y mientras don Joaquín le daba la bienvenida, sacaba de su bolsillo piezas de oro y plata. La niña, inadvertida, se acercó al caballo, brioso animal de sangre y raza. Apenas alcanzaba a tocar las tehuas de gamuza bordadas de chaquira que llevaba el indio. Le habían fascinado y atraído las cuentas de colores y con un dedito las repasaba y las acariciaba. Aquellas cosquillas y atrevimientos de la niña le agradaba al indio quien dejó acariciar sin molestar a la criatura.

Cuando el indio vio la mirada de espanto en la cara pálida de la madre, y palidecer al señor, con un movimiento rápido se bajó del caballo, cogió a la niña en sus brazos y siguió negociando con el señor. La niña con su puño cerrado le daba golpecitos a los adornos de plumas que llevaba el indio en la cabeza; éste, tomándole la mano, trató de abrirla para que cogiera las plumas y algo rojo brilló entre sus dedos; algo como gotas de sangre cayendo sobre su brazo; eran aquellas cuentas de rubí y el Cristo tan vivo y tan hermoso. El indio cogió el rosario en sus manos y acercándose a doña Valeriana le entregó a la niña; besó el rosario y le dijo: "Mi mamá tener uno como este". La niña extendió la mano para recobrar el rosario, el indio se lo puso en la palma y luego se la besó con reverencia, también besó la mano de la señora. ¿Acaso en esos momentos se acordó el indio de su madre? ¿Acaso la madre en algún monte rezaba por su hijo?

Se retiraron don Joaquín y el indio y se fueron hasta donde los esperaba su gente. Desde ahí ordeno don Joaquín a los mozos que llevaran barriles de vino y regalos. Los indios acordaron retirarse y acampar al otro lado del arroyo quedándose adonde estaba el convoy de don Joaquín, seguros de que esos salvajes los respetarían.

Muy noche se oían los cantos rítmicos y monótonos de los indios y el tum, tum de los tambores pacíficos y amigables. También cantaban los vaqueros y los charros, los dedos temblorosos de doña Valeriana tocaban la guitarra y los acompañaba. Por la mañana no había ni huellas de esos indios comanches, se habían ido a otros pastos. Por muchos días platicaron de esta aventura y ya Pancho y Julia traían sus plumas de lindos colores adornando sus cabezas, regalos que los indios obsequiaron en cambio de otras cosas. Era necesario acercarse rápidamente al primer pueblo. Debido al susto y la angustia causada por el encuentro de los indios la buena esposa estaba indispuesta.

Capítulo IV: Dos manos se queman

Avanzaban los guardias para explorar el camino, llegaron pronto con la buena noticia de que ahí cerca estaba Cuatro Ciénegas. Se apuraron a avisar a los amigos de don Joaquín, que llegaba con su familia a ese pueblo e hicieran preparativos para recibirlos. Un joven matrimonio que ese día festejaba su boda y luego salían para Nueva York a pasar su luna de miel, brindó su nido de amor a los recién llegados. Ahí se acomodaron en ese señorial palacio descansando después de largo viaje. Era ya el mes de diciembre, en el pueblo se hablaba de las fiestas de la Purísima y de la Virgen de Guadalupe.

Doña Valeriana portaba un lienzo al óleo, pintura de un gran maestro que el cónsul mexicano en Texas, Plutarco Ornelas, le había regalado, cuando La Rebelde cumplió un año. En su casa de Laredo esa Virgen de Guadalupe ocupaba el lugar de honor en la recámara de Doña Valeriana y para llevárselo mejor lo había quitado de su marco y enrollado en finos y perfumados paños. En unos cuantos días esa Virgen estaba clavada cerca de su cama, donde ella la pudiera ver; personalmente llevó a cabo este deseo; ella misma lo clavó fatigándose demasiado; esa noche se sintió muy enferma.

En la sala había una inmensa chimenea donde chirriaban los gruesos leños que ardían día y noche. Un mozo se encargaba de eso, los trozos de pino perfumaban el ambiente. Alrededor del fuego sentados haciendo círculo, a la luz de la lumbre platicaban los mayores; los chiquillos esperaban el anunciado niño. La cigüeña buscaba dónde depositar a ese bebé que había de nacer en la histórica ciudad de Cuatro Ciénegas.

El doctor y su ayudante corrían a la cocina llevando vasijas de agua y toda la servidumbre revoloteaba como alegres pájaros. Los niños no se querían acostar y para consentirlos y tenerlos quietos, Julia les asaba castañas en las brasas.

La Rebelde, ya cansada, se subió al regazo de su madrina, la esposa del doctor y madre de Pepe. Desde ahí miraba la lumbre atentamente, le gustaban los cuadros y figuras que se formaban, lenguas de fuego que parecían devorarse una a la otra. De pronto la niña vio a Pepe con una navaja ancha de ranchero acercarse al fuego; en las brasas colocó la punta del acero por largo rato, luego la sacó, la levantó para verla. El fierro estaba rojo transparente, la niña vio aquel fierro rojo y se estremeció, se acordó de aquellos pobres animales que marcaban en el rancho con aquella "V" donde dejaba honda marca.

El niño se acercó y deliberadamente puso el fierro ardiente en la pequeña mano izquierda de la niña. Ella era muy gorda y el fierro se quedó prendido, gritó la niña al mismo tiempo que anunciaba su llegada el recién nacido. Un ángel más bendijo este hogar, todo era alegría.

Terminada la sesión del doctor al lado de la madre, fue a curar la enorme llaga que aquel fierro había hecho en la diminuta mano. En eso tocaron la puerta violentamente. Un mozo traía un recado urgente para el doctor. ¡Por favor doctor! es urgente que vaya a la casa del señor Carranza. Allí también se había quemado la mano izquierda con un fierro el joven Venustiano Carranza.

A su regreso el doctor platicó a la familia diciéndoles: "Qué casualidad que los dos hayan sufrido quemaduras en la misma mano". Continuó diciendo que así lo había observado el joven Carranza quien había dicho: "Algún día esa niña y yo estaremos envueltos en grandes acontecimientos" (visualizó el gran estadista en ese momento los acontecimientos de 1913 y cómo se verificó su profecía se relatará más adelante). Con la llegada del niño (Lorenzo le pusieron) y la preocupación de la salud de doña Valeriana, nadie se fijó en lo que dijo el doctor.

La mamá grande curaba la herida de la niña diariamente con hojas de malva, lavados de agua hervida y remedios caseros. Pronto la herida empezó a cicatrizar dejando una marca en forma de "V". Cuando doña Valeriana vio la quemadura en la mano de su hijita, suspiró y le dijo: "Esa quemada la llevarás toda tu vida, no sé por qué habrías de sufrir así".

Con los ojos llenos de lágrimas, La Rebelde besaba a su mamá diciéndole: "Mamacita, así quemaban a los animalitos en el rancho de papá para que no se perdieran y supieran los demás rancheros que eran nuestros, ¿ya ves?, yo no me puedo perder nunca, soy de mi papacito".

En ese pueblo, en aquella casa hermosa pasaron los meses de diciembre y enero, paseándose por San Buenaventura, donde fueron recibidos en la casa del señor Menchaca y familia, paseándose también por Nadadores, Monclova, Abasolo y Saltillo. Don Joaquín se alejaba a los pueblos de más allá para hacer compras.

Dos años tardaron en regresar a su pueblo Nuevo Laredo; el cansancio del viaje y la fatiga habían destrozado la delicada salud de la buena Valeriana; a su regreso no pudo esa madre cariñosa y bella gozar de su adorado hogar; fue necesario que siguiera a San Antonio en busca de reposo y buenos médicos.

En San Antonio, cerca de la estación de ferrocarril, encontró la familia un bonito chalet y allí vivieron. Don Joaquín hacía frecuentes viajes a Nuevo Laredo y también a muchos puntos de Texas, pues sus negocios se iban extendiendo. Don Plutarco Ornelas, Cónsul de México en San Antonio era el mejor amigo de ellos, aunque tenían otros ricos e influyentes, dada la posición social de la familia. El cónsul Ornelas era también un gran médico, se daba cuenta de la salud de doña Valeriana, y un día dijo a don Joaquín: "Hay que cuidar mucho a su esposa, está muy débil y pronto llegará otro niño". Se alarmó don Joaquín y obligó a su esposa a quedarse en cama.

Para tenerla más contenta y distraída colocaron la cama cerca de una ventana desde donde podía ver el jardín, los árboles y la gente que pasaba. En el jardín correteaban los tres niños, les gustaba jugar a los "soldados". Julia y Pancho a menudo les contaban del tiempo del Imperio y la Conquista de los españoles.

El niño enarbolaba orgullosamente la bandera de las barras y las estrellas, decía Pancho al niño: "Tú lleva esa porque aquí naciste, yo voy como ayudante tuyo, tú, Rebelde, lleva la mexicana, esa es la tuya"; el niño más pequeño que había nacido en Cuatro Ciénagas, la peleaba diciendo: "tú eres mujer, dame a mí esa bandera". Como era el consentido de

Julia, ella lo apoyaba, "dame esa bandera", se la arrebataba a la niña, dándosela Julia a su consentido.

La mamá, desde la cama, asomando la cabeza por la ventana les decía: "Niños ya no peleen, mira niña tú lleva la bandera blanca", dándole una toalla blanca. "En la guerra hay mujeres que llevan banderas blancas, curan a los soldados heridos; tú vas en medio de los dos abanderados". Así jugaban hasta cansarse. Qué visión tan clara la de esta madre; a través del horizonte veía a su hija portando una bandera. Quién sabe si así lo soñó en sus noches de intranquilidad. Luego decía: ¡que vivan siempre unidos! Y así llegó el día en que las dos banderas flotaban juntas en los hogares ante inesperados acontecimientos mundiales.

Al otro lado de la calle había una casa sombría sin alquilar; le daba tristeza ver ese caserón y doña Valeriana suspiraba y pedía a Dios que pronto fuera habitada.

Pocos días pasaron y una mañana se cumplieron sus deseos; contenta le platicaba a todos. "Miren, ya no está la casa vieja sola; he visto llegar a una familia; ya está instalada, hay luces en las noches". Se informó que la familia había llegado de Jamaica; que el papá, un anciano era de Barcelona y la mamá de Suiza. Eran once de familia, todos grandes, el más pequeño tenía 20 años. Se veían apurados, entraban y salían de la casa durante el día, con frecuencia.

Doña Valeriana llamó a su esposo y le dijo: "Mira Joaquín, es preciso que vayas a hacer una visita a esa familia, ofrécete a sus órdenes y avísales que yo soy una inválida que por eso no puedo cumplir con ellos". Así lo hizo el señor y se enteró que salían tanto porque todos buscaban trabajo. Era urgente que ayudaran a sus ancianos padres. Con sus buenas relaciones, don Joaquín pronto acomodó a la hija mayor en la Escuela Superior del Gobierno, otra en una botica y a dos hermanos les abrió un pequeño comercio de abarrotes que después creció y fue un gran almacén. A las hijas que quedaron en la casa les consiguió clases de inglés, francés, español y traducciones.

Doña Valeriana vestía a los dos niños por las tardes y los mandaba a preguntar cómo estaban los señores: "Dice mi mamá que cómo están, que cuándo la van a ver". Era el recado que invariablemente llevaban. Cumplida la orden ni un momento más se quedaban, porque esa visita le chocaba a La Rebelde.

Se vio grave doña Valeriana y hubo juntas de médicos. Todo aquello era un torbellino, nadie se daba cuenta de los niños, que deberían de estar al cuidado de la abuelita; pero ella también estaba alarmada; sarandeándose con sus enagüitas muy anchas y con sus mangas recogidas, ayudaba a los médicos.

Sin que nadie la apercibiera, aprovechando el vaivén de la familia, La Rebelde se había escondido debajo de la cama de su mamá. Desde su rincón presenció lo que su vista pudo observar. La mamá se quejaba y los médicos no le quitaban sus dolores, esto enfurecía a la niña, que se vengaba pinchando los pies y las piernas de los médicos y a todos los que se acercaban a la cama.

Tan preocupados estaban por la gravedad del caso, que los ofendidos sólo movían los pies y se iban de un lado de la cama al otro. La Rebelde se asustó cuando oyó el llanto de una nueva hermanita, "esa sí no la voy a querer", decía a solas. "Hizo gritar a mi mamá"; aquello le parecía espantoso. Al fin todos se fueron del cuarto y reinaba el silencio. La Rebelde asomó la cabeza para estar segura de que nadie la observaba, a gatas salió de su escondite, se acercó a la cabecera de la cama parándose de puntitas, besó a su mamá sacando de su bolsillo un quinto (que días antes le había dado su papá), haciéndole un cariño le dijo: "ya no llores mamacita".

Apurada entró la mamá grande, y cogiéndola de la mano la reprochó: "pero muchacha, ¿dónde has estado?" "¡Allí!", apuntando debajo de la cama, "allí estaba para que no mataran a mi mamá ¿y tú, abuelita dónde estabas?"

Cenaron los niños y después de conocer al nuevo miembro de la familia se fueron a acostar; platicaron antes de dormir. Los hermanitos dijeron que la iban a querer mucho. La Rebelde pensaba "yo también la voy a querer cuando sane mi mamá".

El señor Plutarco Ornelas fue el padrino y Adelita la hermana de doña Valeriana fue la madrina. Ese mismo día el padrino tuvo que salir a México obedeciendo órdenes del ministro de Relaciones. No volvió a ver más a su comadre, quien se agravó de manera rápida, la devoraba la fiebre.

Con la misma clarividencia que había visto a su hija La Rebelde llevando algún día una bandera blanca en sus manos, otra vez esa intuición preparaba el camino para la futura madre de sus hijos y veía otra instalada en su lugar. Nada le decía al esposo pues era natural que contrajera otro matrimonio. Ella misma, conociendo la gravedad de su mal, dispuso con firmeza que llevaran a los niños mayores, es decir el niño y La Rebelde, a casa de las vecinas, allí se podían educar y los cuidarían hasta que ella sanara. Pocas esperanzas tenía de volver a verlos; con estoica resignación se despidió de ellos. Quizás en el corazón de la madre ya había sospechas del porvenir de sus hijos.

Luego ordenó que a ella la llevaran a su casa en Nuevo Laredo, los dos chiquillos al cuidado de la mamá grande se irían con ella. Al llegar a Laredo quisieron sus familiares retardar el viaje, había una tempestad terrible, era difícil cruzar el río, no había puentes para los transeúntes. Alquilaron una lancha, colocaron una camilla en un coche y así cruzaron el río. Cuando pasaban doña Valeriana les recordó diciendo: "Así estaba la noche cuando nació mi hija, le dicen La Rebelde pero es muy noble"; enseguida se acordó de que habían quedado sus dos hijitos en San Antonio y dijo con voz temblorosa "nunca los volveré a ver".

Con muchos contratiempos y dificultades, llegaron a la casa. Pocos días duró en su querido hogar, su hermana Adelita de 18 años y su mamá velaban con ternura y devoción. Las tres juntas rezaban el rosario que entre los dedos afilados movía doña Valeriana, con sus cuentas de rubí. Era aquel que el indio había besado. Cuando ya no pudo pronunciar las palabras, arrancó una hebra de su blanco chal y amarró la última cuenta pensando más luego continuar su oración.

La voz se iba apagando, cogió la mano de su esposo, quien se estremeció de dolor al oír sus palabras. "Júrame que cuidarás a mis hijitos".

Besándola cariñosamente le contestó: "¡Sí, mi adorada esposa!" bañando en lágrimas la manecita que estrechaba en las suyas, al mismo tiempo que ella exhalaba el último suspiro.

El entierro fue memorable, las flores que entre sus hábiles manos se habían convertido en cariñosas ofrendas para los altares cubrieron ese día su ataúd haciendo de él un verdadero vergel; cada una de esas flores conocían el secreto de su abnegada vida. Desde la puerta de la casa hasta el cementerio fueron andando los amigos, muchos pobres a quienes ella había auxiliado. Julia y Pancho lloraban sin cesar. En el Panteón de Nuevo Laredo descanse en Paz esa Santa Madre de 28 años de edad. "Madre ejemplar y virtuosa".

Capítulo V: El segundo matrimonio para Don Joaquín

Pasaron dos años y durante ese tiempo permaneció cerrado el hogar sagrado de doña Valeriana. De vez en cuando don Joaquín se atrevía a entrar, y con honda tristeza acariciaba la guitarra que enmudeció para siempre.

¡La silla de montar y el traje! Qué recuerdos le traían de los días en que la fiel esposa lo acompañaba en sus recorridos por el rancho! Le parecía oír su voz suave y melodiosa que le decía: "Ten cuidado Joaquín allí viene ese toro bravo, vamos más allá", luego: "Cuídate, mira que puede salir una víbora".

El desconsolado esposo se apretaba la cabeza con las manos, creía volverse loco. Seguía la voz suave y veía como en un sueño a su adorada esposa. "Mira, ya es tarde querido esposo, regresaremos"; agitando las riendas de su yegua se encaminaban en silencio al rancho. La veía desmontar ágilmente y correr a besar a sus hijitos, platicarles todo lo que había visto. Bañado en un sudor frío, tembloroso salía apresuradamente el triste esposo, ya no podía vivir en esa casa, había arreglado una pieza como dormitorio en su oficina, donde recibía a sus amistades y desahogaba sus penas entre buenos vinos y amigos que llegaban después de abandonar sus despachos.

Cumplía ya dos años este drama de su vida. Sus hijitos más pequeños estaban al cuidado de la suegra y los dos mayores se habían quedado en San Antonio a cargo de la familia de don Ramón. Allí se estaban educando, repartía grandes cantidades de dinero entre ambas casas para que nada les faltara. Era padre cariñoso pues así lo había prometido a su adorada esposa.

Una noche llegaron los amigos como de costumbre y lo encontraron sumido en la más grande tristeza; pasaban los días y no se consolaba, le dijeron: "Don Joaquín, ¿por qué no se casa usted? así tendrá un nuevo hogar para sus hijitos y todos juntos aliviarán su dolor". Guardó silencio un rato, pensando ¿acaso debo formarles un feliz hogar a mis cuatro hijos?

Tan buena le pareció la idea que consultando su reloj les dijo: "Pues amigos me parece buena la sugerencia, tengo dos horas para tomar pasaje en el tren que sale para San Antonio, las voy a emplear en alistarme e ir a visitar a mis hijitos".

La misma noche que llegó a San Antonio se dirigió a casa de don Ramón; la familia estaba reunida en la sala, los niños cerca de la chimenea asaban castañas en las brazas como lo hacía Julia aquella noche en Cuatro Ciénagas cuando aún vivía su querida madre. Faltaban pocos días para la Nochebuena, ya el árbol de Navidad estaba listo y adornado, sólo esperaban la víspera para colocar los juguetes, a los niños les decían: "pídanle a Santa Claus lo que más quieran", y ellos contestaban: "Queremos que Santa Claus nos traiga a papacito y mamacita". Los mayores enmudecían pues sabían que a la madre jamás volverían a verla, luego los chiquillos se acordaban de sus fieles sirvientes. También querían ver a Pancho y a Julia, quienes estaban con abuelita cuidando a los más pequeños.

Qué sorpresa cuando los niños vieron al padre entrar, corrieron a besarlo preguntándole por su mamá suponiendo que si no lo acompañaba era porque ya se iban con él a verla. El papá creyó oportuno el momento para desengañarlos, los cogió en sus brazos y tiernamente les dijo: "a su mamá jamás la verán porque se fue al cielo".

El niño, que adoraba a su madre, se apresuró a decir, sollozando: "¿Ya no la veremos nunca más?" "¡Nunca!" dijo tristemente el padre y les rogó que fueran a acostarse. Lloraron mucho, los hermanitos se preguntaban cosas difíciles de explicar, se hincaron a rezar, ya no sabían qué pedirle a Dios ni a Santa Claus, el mundo estaba al revés.

La niña, viendo en una sillita cerca de la cama la ropa doblada que se habían de poner al día siguiente, se fijó en la camisita de su hermanito, era una que le disgustaba ponerse, porque sus compañeros se burlaban de las muchas estrellitas que tenía. La Rebelde se aprovechó de la presencia de su padre y contrariada cogió la camisita y unas tijeras que estaban a la mano; se escondió debajo de la cama con mucha agilidad y fue cortando cada estrella de la camisita hasta dejarla sin ninguna. Satisfecha de su obra, salió de su escondite y levantando las demás ropas colocó allí la camisa. El sueño los rindió. Nada los consolaba, la vida de esa casa no había sido muy feliz y esperaban que algún día vendrían por ellos.

Esa noche, cuando salieron los niños del cuarto, don Joaquín se dirigió a don Ramón diciéndole: "Ya no es posible que yo viva solo, necesito recoger a mi familia, he pensado que como usted es hombre bueno y tiene varias hijas que quizá le convendría, y a mí también, darme una de ellas en matrimonio, la que usted elija". Así, a sangre fría como quien cierra un contrato con lacre rojo, grabó la "V" de su apellido, cumpliéndose así el presentimiento de doña Valeriana.

Lo pensó largamente don Ramón, seguramente repasaba las virtudes de cada una de sus cuatro hijas y al fin dijo: "Joaquín, te daré a Eloísa, la mayor, ella es buena y cariñosa y la que más quiero". En el cuarto contiguo escuchaban las hijas esa conversación, la mamá doña Rosalía tejía nerviosamente sin levantar la vista, las hijas atentas para más bien oír aquella sentencia, esperaban ansiosas la elección del padre.

Así, deliberadamente, sin romance alguno, se verificó ese compromiso, como si fuera uno de tantos negocios. Muy bien, dijo don Joaquín, ya mis hijos han vivido en esta casa dos años y le tendrán cariño, no sufrirán.

Llamó don Ramón a Eloísa, quien saliéndose prudentemente del cuarto los dejó solos. Don Ramón entró al cuarto contiguo y le dijo lacónicamente: "Eloísa se casa con Joaquín". Doña Rosalía, madre que nunca había tenido más voluntad que la de su marido, con los labios secos contestó: "Muy bien Ramón". Se estremeció ligeramente y se fue apresurada a su recámara. Rezaba esa madre por su hija, que no había conocido el amor, temía por ella y pedía a Dios le diera fuerzas para soportar aquello.

Esa noche, 22 de diciembre se arregló el casamiento. Dejó don Joaquín las talegas de oro para las donas y demás gastos y les dijo al despedirse: "¡Que sea pronto! Lo más pronto posible, a más tardar el 10 de enero tengo que regresar, hay negocios urgentes que me esperan".

Al día siguiente, por la tarde, don Joaquín llevó a pasear a sus dos hijitos, ellos ignoraban los acontecimientos. Cuando se acercaba la boda los llevó su papá al parque de San Pedro, allí merendaron. Les contó que pronto tendrían otra mamá y entonces irían a su casa en Laredo, mientras se portaran bien y les prometió mil y una cosas. Los niños estaban inconsolables, nada les divertía, el sueño único de esos años era esperar que vinieran a llevárselos, sueño que no se realizaba.

La novia doña Eloísa, estaba bien dispuesta para cumplir con su deber de madre y siempre había soñado en tener hijos, en honor a la verdad, pensaba cumplir bien con su misión. Mientras que preparaban su *trousseau* no faltó quien, por envidia o ignorancia la aconsejara mal. Ya la modista, ya las amigas le decían: "Pero Eloísa, ¿cómo vas a casarte con un viudo que tiene cuatro hijos? Mira que el matrimonio en sí es bastante difícil sin agregarle algo más".

"Vas a sufrir mucho" le decían otras. "Mira, te van a llevar a un país que no conoces, siquiera fuera el lado americano. ¿Qué sabes tú de México?"

Así, poco a poco se le fue llenando el alma de soberbia, comenzó a pensar que tenían razón. Empezó a idear mil modos de aliviar su mal. La noche de la boda le dijo a don Joaquín: "No me atrevo a preguntarte cuáles son tus planes respecto a los dos niños que tenemos aquí, pero me parece que siendo joven y sin experiencia creo que debemos dejar a éstos en un lugar seguro mientras que me vayan conociendo los dos más pequeños". Pensó un momento don Joaquín y luego dijo: ¡No me parece mala idea! A don Joaquín le preocupaban los negocios que desde hacía 15 días había abandonado y como Eloísa era seria, de esmerada educación, exquisito trato social, pensó que era justo lo que la novia le pedía.

La boda fue solemne y magnífica; después de la ceremonia partieron los novios al hotel Menger que en ese tiempo era el mejor y más lujoso de San Antonio. Después de algunos días visitaron los colegios para ver cuál era el más conveniente. La novia no era católica, pero discretamente aconsejaba que la niña estaría bien en el convento de las Ursulinas y el niño en el colegio de los jesuitas de nombre Colegio de Santa María.

Prudentemente aconsejaba para no perder terreno. Realizó su obra sin contrariedades, aquellos niños que nunca se habían separado fueron lujosamente equipados y religiosamente encerrados cada uno en sus respectivos colegios, en donde permanecieron tres años; de vez en cuando se visitaban, siempre bajo la vigilancia de los religiosos.

Fueron los recién casados a despedirse de la familia de don Ramón; aquel padre modesto y severo, vio con asombro la manera magistral en que Eloísa hacía las cosas. Ella disponía y don Joaquín obedecía.

Llegaron a Nuevo Laredo, como el matrimonio se había efectuado con tanta prisa, le pareció a don Joaquín lo más natural del mundo llevar a su esposa a la casa, la misma casa donde todavía se encontraban objetos sagrados de la finada Valeriana. En silencio abrió la puerta para que pasara doña Eloísa, quien al ver aquello se fue de espaldas, enfurecida dijo: "¿Cómo es posible que yo siendo novia entre a esta casa donde hay vivos recuerdos de la difunta?" y corrió con la guitarra al cuarto de los criados. "¡Mira!" gritó estrujando el traje de montar. Se fue al patio; don Joaquín estupefacto vio aquel sacrilegio.

Con rapidez asombrosa recordó el noviazgo de Valeriana, cuando él pasaba en su brioso caballo por las tardes a enamorarla, ella sentada en el balcón tocando su guitarra, luego por la noche las serenatas y los juramentos de amor.

Con el alma adolorida, pero con firmeza vio intensamente a doña Eloísa y con sangre fría le dijo: "Es que no pensaba casarme todavía". Esas pocas palabras acertadas, hicieron palidecer a doña Eloísa, quien temía perder el cariño de su esposo.

"Te suplico me dispenses, he sido imprudente, te he hecho sufrir". Con voz suave veló sus celos hábilmente y con dulces palabras pedía mil perdones.

Aprovechó don Joaquín esos instantes de ternura para recordarle que dentro de unos momentos llegarían los niñitos; los dos pequeños ya estaban avisados de su llegada y no era conveniente que se dieran cuenta del desorden en la casa. Llamaría a los mozos y demás servidumbre para que pronto se arreglara la casa como mejor le gustara. Don Joaquín fue a su despacho y doña Eloísa puso manos a la obra. Volteó la casa al revés. Todo lo que era de la santa madre fue amontonado en el cuarto al fondo del patio. Más tarde vino la abuelita sigilosamente y en carros de la tienda se llevó esos objetos sagrados de su querida hija para conservárselos a los nietos.

Cuando Julia y Pancho supieron que ya los niños iban a venir a vivir al lado de su madrastra, fueron con el amo y protestaron enérgicamente. "Pero, señor, dicen que la nueva ama es protestante y americana".

"¿Y qué?" dijo don Joaquín, "es buena y será cariñosa con mis hijos. A ustedes para que no sufran, les voy a ayudar, quiero que vivan felices y que se mantengan solos".

Les mandó un saco de azúcar y nueces, canela, harina, camotes para que hicieran dulces y los vendieran, les compró cajas que ellos adornaron con papeles de colores y amarraron tiras del mismo papel a la punta de un palito y con esa cola espantaban las moscas. Se paraban a vender sus dulces uno en cada esquina de la calle donde vivían los niños para poder verlos diariamente.

La casa de don Joaquín estaba en la calle principal, estos viejos servidores vigilaban a los pequeños niños; cuando podían se acercaban a la reja y les obsequiaban dulces, por supuesto a escondidas. En la noche le daban cuenta a la abuelita de sus nietos y la confortaban. La niña tenía dos años y el niño cuatro, los había mimado la abuelita durante dos años y no querían quedarse allí. Esto disgustaba a la madrastra, quien pensaba quererlos como si fueran suyos. ¿Cómo dominaría la situación? se preguntaba mil veces al día. Poco a poco fue ideando un plan. "Hay que alejarlos de la antigua familia, hay que formarles un nuevo ambiente".

Doña Eloísa había nacido en Nueva Orleáns, era netamente americana en sus costumbres, allí había vivido, allí se había educado, ése era el nuevo ambiente que iría formando alrededor de esta familia.

Llegaba don Joaquín de sus largos y solitarios viajes del precioso rancho, con su corazón adolorido por los recuerdos que allí hacía su fiel Valeriana. Allá recordaba los días en que recorrían juntos los bosques y los criaderos; hoy aun casado, sus hijos permanecían lejos de él y se ponía triste.

A doña Eloísa no le gustaba el rancho ni la soledad. Ella era muy culta, profesora de idiomas y talento musical, aunque no ambicionaba la agitada vida social, sí suspiraba por tener un centro culto donde discutir los ramos del saber. Cada vez que llegaba su esposo tenía una queja preparada; con arte y maña, esperaba el momento propicio para convencer a don Joaquín que deberían irse a vivir al lado americano, dejar su rancho y emprender negocios más extensos; relacionarse con casas comerciales en Nueva York y otras grandes metrópolis del extranjero; era necesario romper relaciones con sus amigos de México.

Poco a poco convenció a don Joaquín de que su negocio no tenía límite, que rápidamente iba creciendo. Al año de casados repartió circulares avisando a sus amigos y clientes que la casa comercial J. Villegas se trasladaba al lado americano. En la calle de Farragut esquina con Flores hizo construir un gran almacén en cuyos altos o planta superior lujosamente acondicionada vivía la familia.

Julia y Pancho se dieron cuenta del traslado de esa querida familia, los mozos del almacén les platicaron lo que ocurría, los mismo niños les secreteaban a las rejas. "Te digo Julia que ya nos vamos" decía la niña de cuatro años.

El niño agregaba: "Nos vamos pero nunca nos olvidaremos de nuestra querida abuelita, diles que nos van hacer americanos. ¿Dime Julia qué es americano?"

"Yo tampoco lo sé pero ha de ser cosa buena si el amo así lo quiere" contestaba Julia llorando.

Ya no volvieron; se despidieron de los niños, que también se quedaron llorando. En vano esperaban a sus fieles sirvientes.

Sin decirle nada a don Joaquín, Julia y Pancho se habían trasladado al lado americano a las orillas del Río Bravo o sea el Río Grande, encontraron una casita, alquilaron una esquife y llevaron el loro que tanto quería doña Valeriana. Ahí sentados esperaban ver pasar en poderosa lancha al amo y su esposa. Julia y Pancho se sentaban a la orilla del río viendo la salida del sol cuyos rayos primeramente besaban la querida tierra de México; más tarde el triste oscurecer, mientras que la luna otra vez descubría con su suave luz las siluetas de la catedral de Nuevo Laredo y demás edificios. Cuál sería la sorpresa de doña Eloísa al asomarse al balcón y ver a Julia y a Pancho en guardia, con sus pintorescos trajes y cajas de dulces estacionados en cada esquina de la calle viendo la casa en espera de ver a los niños.

En esos días llegó a Laredo por primera vez un circo; Julia, Pancho y los niños no habían visto tanto esplendor de galones y jinetes de pintados y dorados carros alegóricos donde encerraban a los leones y otras fieras, más atrás los elefantes. Cuando los niños no se asomaban a los balcones a ver a sus fieles servidores ellos les escribían en un papelito reclamándoselos, lo tiraban envuelto en un dulce duro y pesado: "Si no se asoman, le vamos a decir al amo que los mande lejos a las Nueva Yorkas en carro alegórico". Estos dulceros eran figuras conocidas por el pueblo; los deliciosos dulces a veces provocaban a doña Eloísa y poco a poco se fueron haciendo amigos.

Un día desaparecieron los niños, era tiempo que fuesen al colegio con sus otros dos hermanos; Julia acusaba a Pancho llorando y le decía: "¿ves cómo ya se fueron?; tú bien decías que se irían en un carro alegórico". (Así calificaban ellos al tren.) Fueron los dos a preguntarle a don Joaquín que a dónde estaban los niños. "Ya vendrán, les dijo muy triste".

Se consultaban catálogos de Nueva York, San Luis Missouri o Chicago para hacer pedidos de alfombras, muebles y tapices. Plomeros y electricistas llegaron de Nueva York para encargarse de las instalaciones sanitarias y eléctricas. Doña Eloísa había viajado mucho y tenía buen criterio, así que pasó algunos años divertida en el arreglo de aquella mansión. Don Joaquín estaba muy complacido porque a cada rato ella le decía: "Nada les faltará a tus hijos cuando vengan a su casa".

Los dos hijos mayores que se habían quedado tres años en San Antonio y ya los habían mandado más lejos a terminar su educación en Nueva York, las niñas en el convento de Bedford Park y los niños en la Universidad de Fordham.

La rebelde

La táctica de doña Eloísa fue intachablemente dirigida, nunca se opuso a los extravagantes despilfarros de los hijos en buenos colegios, lo que le permitía prolongar su luna de miel al lado de su esposo. Reinaba soberana, a don Joaquín le agradaba la preocupación de ella por ver a los hijos graduados y diplomados en los grandes centros de enseñanza.

Cuando vio en peligro su bienestar, amenazado por la quebrantada salud del hijo menor, habiendo el médico ordenado cambio de clima, por temor a que regresara al hogar sugirió inmediatamente la idea de mandarlo a Suiza, allí había buenos colegios y notables médicos. En Zurich terminó su carrera comercial, llegó a dominar cuatro idiomas y cuatro instrumentos musicales.

Doña Eloísa estaba resuelta a no recibir ningún hijo que no regresara con título profesional. Con rapidez pasaron los años, La Rebelde había terminado sus estudios, exámenes brillantes, medalla, diploma y corona de laurel. Entre los muchos regalos, había un inmenso cesto de rosas que le había obsequiado un joven judío, hijo de un joyero muy renombrado en Nueva York; superada por la casa Tiffany & Co., la joyería se denominaba "Frankfield" surtía a los ricos hacendados y comerciantes de Texas.

Tan hermosas eran las rosas en este cesto que fue el regalo que más le gustó a La Rebelde, las acariciaba, acordándose en esos momentos de las rosas que en su infancia hacía su madre para ofrecerle a Dios. Sumida en esa recordación como en un sueño oía la voz de la superiora que pronunciaba su nombre, era su turno para acercarse a recibir su diploma. El ilustrísimo señor arzobispo Michael Augustine Corrigan de Nueva York, la había de coronar y colocar en la cabeza la corona de laureles. Cuando lo hizo ese reverendo señor le dijo: "Has venido desde muy lejos, tienes grandes honores, muchas flores te han obsequiado, acuérdate que cada rosa lleva espinas; así es la vida hermosa y llena de vicisitudes", suspiró el arzobispo.

La Rebelde, impresionada por esos suspiros, se preguntaba: "¿Por qué suspira este santo señor a quien todo mundo le rinde veneración y homenaje?" Se acordó instantáneamente La Rebelde de aquel Papa injusto que la acusaba cuando era pequeñita; aquel de la mirada severa. Sentía dejar el colegio donde espiritualmente se había fortificado, había días en que la madre superiora amenazaba expulsarla por rebelde e indisciplinada. ¿Pero cómo hacer eso? No podía deshacerse de esa niña discretamente, pues era para ellos un río de plata. Poco a poco le fueron inculcando la buena idea de hacerse religiosa, ya que podía aportar buena dote. La Rebelde no rechazaba la idea, pensaba ir a su casa por una temporada y luego volvería, ésa fue la impresión que dejó en el alma de la superiora.

El hermano, allá en el plantel, recibía honores de abogado y La Rebelde de profesora. Llegó el día en que irían a conocer su hogar. Doña Eloísa había hecho muchos preparativos para darles la bienvenida, a cada momento instruía a la servidumbre sobre el modo de servir y atender a cada uno de los miembros de esa casa. Los hijos de don Joaquín llegarían de una gran metrópoli y en su recibimiento no habría motivos de quejas. Con esmero se pulía la madrastra, quien para los niños era mamá. Eran tan pequeños cuando murió su madre que le tenían mucho cariño y respeto, se suponía que así eran todas las mamás.

Doña Eloísa, que no era del todo mala, pensaba ya en conquistarse el cariño de estos jóvenes, primero logró hacerse del corazón de su esposo. Tan hábilmente procedía en sus planes que cada día tenía su esposo nuevos motivos para quererla. Se preocupaba por su salud, por sus negocios, por sus hijos . . . ¿que más podía desear ese buen señor?

Qué felices eran aquellos jóvenes cuando llegaron a su casa, encontraron un salón de billar, un cuarto oscuro a propósito para revelar fotografías, otro con rifles y aparatos para cazar patos, una buena biblioteca y las bodegas llenas de finos vinos; el padre deseaba que no faltara diversión para que no se alejaran del hogar, ansioso de tenerlos siempre cerca.

Por lo pronto, la llegada de los hijos ya grandes había agradado a doña Eloísa, mas como todos cariñosamente le decían mamá, suspiraba por la dicha de ser en verdad madre y se proponía hacerlo. La mesa era excelente, el servicio inmejorable, ella era una cumplida y verdadera ama de casa. Cuando notó en su esposo extremado cariño para sus hijos, lo que amenazaba destronarla, propuso un viaje. Discurrió que era necesario que las jóvenes viajaran, deberían conocer el mundo, en otras palabras casarlas cuanto antes. Acordaron poner al frente de los negocios a los dos hijos y los padres se llevarían a las hijas a Europa, doña Eloísa se proponía a dirigir el matrimonio.

Durante 14 años esos cuatro hijos habían vivido en Estados Unidos, no conocían más patria ni más bandera que las barras y las estrellas. El padre, por ruego de la esposa, había tomado la ciudadanía americana, automáticamente los niños que eran menores de edad asumían esa ciudadanía. No pensaba en consultar su opinión, ni las leyes que violaban.

En aquella cajita que conservaba doña Damianita, la madre de doña Valeriana y abuela de los niños —quien se la había dado antes de morir—, se guardaban las tres banderas: la española, destinada a desaparecer, la americana, que reinaba en la actualidad, y la mexicana en reserva de izarse en cualquier momento, porque La Rebelde se sublevaría a la menor provocación.

En su alma llevaba el recuerdo y los cantos de la tierra de su madre, no se borraba la hermosa cara de la Virgen Guadalupana; pero su hermano, en cuyo corazón las arenas de Corpus Christi y los cálidos vientos habían dejado hondas raíces, que en sus juegos infantiles se había cuadrado ante la marcial figura del Tío Samuel, y que además en los colegios militares en donde se había educado con estricta disciplina había visto izar la bandera de las barras y las estrellas, al amanecer y caer el sol, desde luego era suya esa bandera. La Rebelde tenía grabada en el alma la figura del cura Hidalgo sosteniendo el estandarte de la Virgen de Guadalupe; ésta era su bandera.

Capítulo VI: Adolfo entra en la vida de La Rebelde

Llegó el día del proyectado viaje a Europa; la familia se embarcó en Nueva York en el vapor francés *La Quitain*. Fue una travesía notable porque en ese barco viajaban conocidos personajes: Emma Calvé, soprano dramática, los hermanos Jean y Edouard de Reszke, tenor y bajo cantante, Pol Henri Plancon, bajo cantante, Emma Eames, soprano, Leopoldo Frégoli, transformista italiano, el Conde Lebengeff, pianista, y otros artistas de la compañía del Metropolitan de Nueva York, quienes iban a la exposición de París. Entre los prominentes viajeros también iba el reputado geólogo mexicano José Guadalupe Aguilera.

Acompañaban a la familia, pues meses antes se habían puesto de acuerdo, los esposos Agustín Maíz, de Monterrey, el señor Garde y su esposa, de Torreón, el señor Marte y su esposa, de Saltillo y don Felipe Muriedes y su hija Manuelita de San Luis Potosí, todos millonarios españoles que después de visitar París se irían unos meses cada uno a sus pueblos a visitar a sus familiares.

Después de ocho meses en Francia, conocieron París y las poblaciones cercanas visitando los grandes centros culturales, la ópera, los grandes almacenes, el Louvre, el Bosque de Boulogne, el Palacio de Versalles con su Petit Trianon, los salones lujosamente tapizados de las consentidas damas de los reyes de Francia. Todo le fascinaba a La Rebelde quien más tarde y a través de los años tuvo que agregar en esa cajita de tesoros otra bandera, la francesa, pues estaba destinada a casarse con un descendiente de francés.

Habiéndose surtido de buena ropa, alhajas y recuerdos, partieron para Italia, luego España: Barcelona, Valladolid, Valencia, Astorga, Palencia, Salamanca, León, Santander, Bilbao y Madrid. Ahí tenían casa con los Quintana, primos de don Joaquín y por Renedo en la aldea de Carandia donde había un famoso puente colgante, maravillosa idea arquitectónica. En esa aldea vivían las hermanas de don Joaquín; a doña Eloísa no le agradaba que le mencionaran la aldea pues buen dinero le costaba a su esposo, que desde en vida de doña Valeriana mandaba grandes cantidades de dinero para sostener la iglesia y la escuela de su pueblo. El padre Alejo, primo de los Villegas, era el capellán de ese lugar, así lo hacían todos los españoles ricos (indianos, como les decían), ayudando cada quien de esa manera a su pueblo.

Cuál sería la sorpresa de doña Eloísa al llegar al pueblo repicaban las campanas de la iglesia, de las escuelas, a todo vuelo Carandía salió en traje de gala a recibir al bienhechor del pueblo.

En las puertas de la casa esculpido en piedra se lucía un escudo, y decía doña Eloísa, quien a pesar de ser americana gustaba de los títulos ¿entonces son de la nobleza? La madre de su esposo era hija del conde Pacheco y el padre don Lorenzo había ocupado el puesto de alcalde en su pueblo hasta la muerte.

El misterioso alcalde todas las tardes, al ponerse el sol, subía a la montaña despacito y allí en el punto más alto, se abría de brazos viendo la puesta de ese sol que pronto alumbraría a las Américas, donde estaba su hijo querido, el primogénito Joaquín; bendecía a él y a las Américas, lo mismo era para aquel padre español México o Estados Unidos, los dos eran un mismo país para él, allá se encontraba su hijo que jamás volvió a ver.

"Quiá", decía doña Vicenta, con vehemencia cuando el esposo llegaba de la oración de cada día, y agregaba: "Ya volverá nuestro hijo con mucho dinero y nos iremos a las Américas". Así fue; llegó el hijo, pero sólo a su madre encontró, porque había muerto su padre. A su regreso trajo a su madre dejando allá a sus hermanas ya casadas y con familia.

Quedaba el recuerdo de ese buen alcalde de su pueblo, los mejores toros eran de ellos y cada año en la Feria de Torrela Vega premiaban su ganado. Retratos de bestias finas colgaban en las paredes de su comedor. No le gustaba a doña Eloísa lo de los toros porque le recordaban el rancho y temía que en su esposo reviviera el interés casi olvidado. Un año prolongaron su visita en España, la mayor parte del tiempo en Madrid, donde llegaron a tiempo para las fiestas de la coronación del Rey Alfonso XIII; estuvieron cerca de él durante esa ceremonia pues los amigos de don Joaquín dispensaron grandes atenciones y desde un palco que sólo la nobleza ocupaba presenciaron la coronación, vio de cerca a la madre reina María Cristina y sus dos queridas hijas. La abuela doña Vicenta Pacheco de Villegas les había mostrado retratos de ellos, que conservaba en un precioso álbum.

Alejado de la familia se desvaneció del alma de doña Eloísa el temor de que su querido esposo pudiera o tuviera deseos de quedarse a vivir en su tierra natal, de la cual estaba desligado, obedeciendo desde hace años los suaves consejos de doña Eloísa para que adoptara América como su patria.

Llegó el día de despedirse de su familia; satisfecho don Joaquín de su viaje, llevaba a su querida madre, quien al llegar a América optó por no vivir con ellos sino mejor con su otro hijo Quintín quien era socio de la casa comercial y se había casado con una muchacha cubana, hija del doctor Antonio González, famoso en La Habana, Cuba; doña Eloísa era protestante y americana por cuyos motivos no le caía en gracia a doña Vicenta Pacheco de Villegas, ni a doña Eloísa le gustaba la idea de tener a su suegra en casa, pues ya le parecía bastante carga los cuatro hijos.

Era urgente llegar a Texas; en España había cerrado don Joaquín grandes contratos de garbanzos y lana, en cambio tenía que mandar a México maíz. Ese año escaseó el grano en México, no bastaban los trenes de carga para surtir la demanda, la compañía ferroviaria se veía apurada para trasladar a diario ese producto. En ese tiempo amasó don Joaquín una gran fortuna, los trenes despachados a México regresaban con frijol y chile que rápidamente se vendía.

La Rebelde a su regreso ya no pensaba en internarse en el convento, pues toda la idea de hacerse monja había desaparecido de su mente. A nadie le había contado que el mismo día que regresó del colegio al bajarse del tren en la estación del ferrocarril en Laredo, Texas, había visto un joven guapo, indiferente pues a ella no la conocía, ni caso le hizo cuando la vio, sólo a don Joaquín saludó respetuosamente.

Tanto le gustó a La Rebelde ese joven buen mozo, serio y gentil, que se dijo resueltamente: "con éste me caso". Y así fue, durante algunos años no se habían visto, sabían que se querían, habían cruzado algunas cartas, el joven vivía en la capital de México, y sabiendo que ya estaban de regreso del famoso viaje que tanto le había disgustado por parecerle muy largo, temió que quizá allá encontraría La Rebelde otro pretendiente.

Avisado ya del regreso de la familia, el joven se propuso ir a pedir a la novia, le habló a don Joaquín entregándole cartas que llevaba de amigos españoles de don Joaquín, Antonio Basagoite, Adolfo Prieto y Ángel Álvarez, también cartas de su jefe diciéndole que si le era favorable a su hija, deseaba casarse pronto, porque tendría que estar de regreso en México a más tardar el día 13 de enero de 1901. Había llegado el 20 de diciembre y se aproximaba la Nochebuena, que coincidía con la misma fecha en que don Joaquín había ido a San Antonio a pedir a doña Eloísa veinte años atrás. Ésta no perdió tiempo, mayor era su alegría cuando supo que el mismo día del casamiento saldrían para México. Se reformó la casa, en menos tiempo en que se escribe. Todo nuevo: mantelería, cuchillería, cristalería, ya que todo se le quedaría a ella.

El mayor del pueblo, Don Anacleto Vidaurri y su divina esposa Eustacia Sánchez, que era la envidia de la sociedad fronteriza, serían los padrinos de lazo, cuatro damas de honor con sus chamberlanes. Los empleados de la casa comercial Villegas que en frac recibían a los invitados en la puerta de la catedral de San Agustín, siendo el padrino el alcalde del pueblo, todas las autoridades estaban de gala, la policía de guante blanco y polainas. Dos bandas de música de ambos Laredos, el comercio en atención de don Joaquín cerró sus puertas, en fin, todo era atenciones.

Se lució doña Eloísa, entró a la iglesia de brazo del hijo mayor, Leopoldo, quien años después fue alcalde de su pueblo y más tarde juez civil. La Rebelde, muy despreocupada iba del brazo de su adorado padre, todo le parecía extraño, nada había tenido que ver con aquellos arreglos, todo se lo habían preparado, sus tres hermanos le habían arreglado sus baúles, su ropa y sus regalos.

Su prometido era guapísimo, sus padrinos también y ella adoraba la belleza de toda la humanidad, decía con orgullo: "Yo soy la única fea".

Al cruzar el umbral de la catedral de San Agustín, del brazo de su querido padre, La Rebelde se dio cuenta de que allí en unos cuantos momentos rendiría su alma al hombre de su destino, a quien apenas conocía. En el semblante de su padre se revelaba el dolor y la tristeza; ella era su hija consentida. Momentos antes de salir de su hogar la había colmado de bendiciones y de regalos. Al entregar a la novia a su futuro esposo, que impaciente la esperaba al pie del altar, se vio turbado.

Ambos se arrodillaron ante el altar lleno de flores y luces; aquello le parecía un sueño a La Rebelde, quien transportaba su alma al convento donde tantas veces oraba ante la imagen de un divino Cristo; le había prometido que a Él y sólo a Él le rendiría su cuerpo y su alma. Miraba al Cristo pendiente de la cruz: ¿acaso era traición lo que estaba haciendo? Sentía sus rodillas apoyadas en suaves cojines, recordando que ella los había bordado en el colegio. Tenían flores de la pasión; ¡Con cuánto esmero había matizado cada hilo de seda para que siendo perfecta la obra fuera digna de las rodillas del señor obispo Pedro Verdaguer, vicario apostólico de esa Diócesis y primo de don Joaquín. En esos diseños se perfilaban las espinas que acompañaban a las flores de la pasión y otra vez recordó al señor obispo Corrigan de Nueva York, que tan solemnemente le había dicho: "Tantas rosas, todas llevan muchas espinas". Se acordó de las rosas sin espinas que hacía su querida madre. Volvió los ojos al Cristo y con humildad juró hacer feliz y obedecer al compañero de su vida, repetía las palabras del sacerdote como en un sueño. Y luego, al pie del altar, el joven esposo juró a su prometida la dicha inefable de ser amada sin rival. El amor puro y santo de esa promesa mantuvo vivo el fuego de un cariño eterno que fue coronado por el fruto sacrosanto de esa unión inundando de dicha ese hogar: tres hijos.

A los acordes de la marcha nupcial salieron del templo los desposados muy felices; en la puerta los esperaban humildemente Pancho y Julia los dos con los antiguos trajes de su propia boda; verlos le dio mucho gusto a La Rebelde, quien olvidando la rigurosa etiqueta que regía en esos actos, quiso abrazarlos, pero ellos prudentemente se abstuvieron de corresponder a ese espontáneo saludo. La Rebelde, emocionada, dejó caer las arras que rodaron lejos llegando a los pies de los fieles sirvientes, quienes apresuradamente las recogieron, el esposo enternecido por el aparente cariño de los ancianos servidores, les hizo un ademán para que se quedaran con las monedas pues aún había tres moneditas en las manos de su esposa.

Verificada la boda, en casa de don Joaquín se esperaba a los invitados con un espléndido banquete; el tiempo era corto, el viaje a México estaba ya dispuesto. Despojándose rápidamente los novios de sus ropas nupciales se presentaron en traje de viaje. Los padrinos y las madrinas abordaron el mismo tren, acompañaron a los desposados hasta Monterrey; al despedirse La Rebelde de su padre, se dio cuenta de que los días a su lado se habían ido para siempre y llorando se quiso bajar del tren diciendo: "Todo lo veía color de rosa pero ahora siento que me vas a hacer más falta que nunca".

Cuando se encontraron solos La Rebelde le dijo a su esposo: "Déjame querer siempre a mi padre más que nadie en este mundo, y tú querrás más a tu madre que a mí, cuando ellos hayan muerto sólo tú y yo".

Apretaba las monedas en la mano que tenía la huella imborrable, parecía que ese día lucía más, pues en un dedo de esa mano había colocado el anillo de casamiento su esposo. Mas cuando se encontraban a solas besó el esposo muchas veces esa mano, luego le preguntó: ¿cómo te quemaste? has de haber sufrido mucho. Le contó que sólo tenía cuatro años cuando se encontraba en Cuatro Ciénegas donde la quemó un muchachito dejándole esa huella para siempre.

Vivieron felices; era un matrimonio raro pues cada uno vivía en su propia vida, independientes, pero siempre unidos, respetándose uno al otro y teniéndose confianza ilimitada. Los tres hijos hicieron indisoluble el pacto.

En los primeros tres años el esposo hizo tres viajes a Europa, llevando peregrinaciones a Roma. La gente más rica de la capital formaban esas agrupaciones dirigidas espiritualmente por el señor obispo Montes de Oca de San Luis Potosí. Llevaban regalos preciosos de arte tallados en oro y plata, joyas desconocidas en Italia.

Bendecía mil veces el Santo Papa León XIII a México y a los mexicanos. En el último viaje que fue el único que disfrutó La Rebelde, el Santo Papa le regaló un hermoso crucifijo que durante toda su vida la acompañó. Era para ella el ramo de olivo que la hizo perdonarle a aquel Papa, recuerdo de su infancia, cuya imagen se había grabado con rebeldía en su corazón, porque ese Papa inconscientemente la acusaba.

Desde ese día se inundó el corazón de La Rebelde de inmenso amor por la humanidad. ¿Qué bendición llevaría esa cruz que jamás se separó de ella y que tantas veces le salvó la vida?

Capítulo VII: Una bendición para La Rebelde

En 1907 don Joaquín y su esposa hicieron el último viaje de los que anualmente hacían a Tehuacán, siempre que iban a la capital se llevaban a La Rebelde con sus hijitos y sus nanas a pasar allá la temporada. El balneario era propiedad de los señores Mont, las temporadas eran preciosas, allí se reunían cada año distinguidos personajes de la capital, gobernadores de estados y sus familias, capitalistas de la república, en fin los huéspedes eran de lo más selecto.

Los Mont les permitían muchas libertades a sus huéspedes, quienes llegaban gravísimos, pero el cordial recibimiento y la convivialidad que reinaba hacía que mejorara su salud en pocos días, en este último viaje conoció La Rebelde al señor Everardo Arenas y su esposa, se hicieron muy amigos, simpatizaban en ideas revolucionarias; se encontraba allí la familia del general Bernardo Reyes quien en ese tiempo era ministro de Guerra del gabinete del señor presidente Porfirio Díaz.

Al señor Arenas y a La Rebelde les gustaba platicar con el ilustre señor Reyes, quien tenía un tema predominante que absorbía su vida, nada le complacía tanto como leerles un trozo de su libro que trataba sobre el mejoramiento del Ejército mexicano. El general se proponía hacer grandes reformas. Ellos que eran para sí rebeldes congeniaban muy bien y luego le decían al general: "Mejor que ministro de Guerra usted debería ser presidente y nos permitiría la libertad de cuidar a su ejército así como usted desea hacerlo.

"¿Y qué harías?", le preguntó el general a La Rebelde.

Ella contestó: "les daría mucho que comer a los soldados, magníficos uniformes, buen sueldo e iría a las casas a visitar a sus familias," se rió complacido el general al tiempo que acariciaba su libro.

Este valiente guerrero había sido amigo del difunto suegro de La Rebelde, habían estado al lado del presidente Juárez en el combate de Santa Isabel, donde el suegro había recibido seis heridas que le merecieron ascenso. Fueron amigos íntimos los generales Bernardo Reyes, Naranjo, Treviño y el entonces capitán Antonio Magnón que más tarde ascendió a coronel.

Al señor Everardo Arenas y La Rebelde les agradaba la atrevida idea de que derrocara a don Porfirio Díaz, pues aunque ya se perfilaban las actividades maderistas, anteriormente estaba en pie el movimiento magonista, cuyo partido se convirtió más tarde en maderista, ya su rebeldía se hacía sentir en toda la república.

Todo esto platicaban La Rebelde y el señor Arenas, discutiendo acontecimientos desarrollados en San Luis Missouri, donde encarcelaron al general Antonio I. Villarreal. Sus hermosas y jóvenes hermanas Andrea y Esther* trabajaban día y noche para que no se interrumpiera la publicación de su diario, siendo así las heroínas de las avanzadas ideas femeninas de tendencias democráticas y liberales. Se puede considerar a Andrea Villarreal de Heredia la primera dama de México que brilla por su intelectualidad, por su lucha feminista y llegará el tiempo en que conscientemente se le hará justicia.

La Rebelde la adoraba sin conocerla; llegó el día inesperado que pudo estrechar su mano uniéndose en una inquebrantable amistad. En aquel balneario rodeada de sus amigos, aprendió La Rebelde las doctrinas que pronto serían maderistas. Más tarde se apartaron esas familias.

Años después se encontró La Rebelde al ya general de división Everardo Arenas, siendo ella durante estos años presidenta de la Cruz Blanca Constitucionalista, que después el señor presidente Carranza elevó a la categoría de Cruz Blanca Nacional.

---

*Se refiere a Teresa

Capítulo VIII: La Revolución al otro lado del río

En 1909 vivían La Rebelde, su esposo e hijos en la Glorieta Colón número 77; encantada en ese palacio que era propiedad del general Lauro Carrillo y de su distinguida familia que como un favor especial y con bastantes recomendaciones les permitieron habitar el ala norte o sea el departamento frente al café Colón.

El esposo de La Rebelde pasaba las horas de ocio jugando al billar y otros pasatiempos que le gustaban mucho, era conveniente pues así él y la familia estaban cerca del centro de diversión. También en esa regia mansión habitaba Juan Sánchez Azcona, no recordando si sería su madre o su esposa que ahí vivían.

Fue cuestión de unos cuantos días que se hicieran amigos La Rebelde y el señor Sánchez Azcona, mucho platicaban de una próxima revolución. Con pretexto de buscar a su esposo y con ardiente deseo de conocer al héroe don Francisco I. Madero, frecuentaba La Rebelde el café Colón, aparentemente en busca de su esposo, una vez allí era cuestión de almorzar, comer o cenar, al fin confesó La Rebelde que quería conocer a don Pancho. Se lo presentaron y fue el día más feliz de su vida, ¡almorzar en la mesa con don Pancho!

Llegaba a la casa con la feliz noticia, cuando salió a su encuentro la señora Carrillo, que le dijo: "Es preciso que no haga tantas visitas al café Colón, ya sé el interés que la lleva y me va a comprometer. El señor presidente don Porfirio Díaz y su esposa visitan esta casa y no quiero disgustos ni desaires por parte de ellos".

"Muy bien", contestó La Rebelde, pues ya sabía que la preciosa hija a quien todos adoraban en esa casa era novia de un guapísimo teniente del Colegio Militar, Jacinto B. Treviño, quien fue del Estado Mayor del presidente Francisco I. Madero y más tarde secretario de Guerra del gabinete del señor presidente Carranza.

La Rebelde tenía amigos en el Colegio Militar y los visitaba con frecuencia; en ese plantel se educaba su primo Agapito Beléndez, hijo del coronel Ignacio Beléndez quien peleó a las órdenes de Juárez y Porfirio Díaz. Ahí conoció al general Felipe Ángeles, director de esa institución.

Si La Rebelde pecaba de ser simpatizadora de la causa que más tarde presidió el señor Francisco I. Madero ya se daba cuenta que había muchos otros de iguales ideas. El esposo de ella la tenía enterada de todos los movimientos a favor de la revolución, y se separaba del café Colón.

Un día se despidió de ellos el señor Juan Sánchez Azcona; no les dijo adónde iba ni cuándo se iría . . . sólo dijo: "quién sabe cuándo nos veremos". La Rebelde, tomando iniciativa y en presencia de su esposo, le dijo resueltamente: "Ya sabe que seremos leales, ese hombre pequeño es grande y derrocará a don Porfirio".

Pocos días después, el domingo, hubo una gran manifestación. La Rebelde se dirigía a la iglesia en coche, eran las 12 del día. En el paseo se encontró mucha gente con diferentes y múltiples estandartes, yendo al frente Francisco I. Madero. Inmediatamente ordenó La Rebelde al cochero que siguiera la manifestación. Llegaron a la residencia del señor Madero, quien entró a su casa en los momentos en que salieron al balcón su esposa y sus hermanas colocando ahí una bandera; enseguida salió don Pancho, pronunció su famosa peroración, cada palabra era una bomba de dinamita, no destructora pero sí vivificadora.

La muchedumbre se aglomeraba a tal magnitud que las paredes de las casas, los árboles, los postes de la luz eléctrica, eran una masa humana ávida por escuchar cada palabra. El coche de La Rebelde, que se había estacionado frente de la casa, ya no era suyo, era de la humanidad entera.

Cuando terminó la manifestación era tarde, La Rebelde tuvo que abandonar el coche e irse saliendo de entre esa masa humana como mejor pudo abrirse camino. Al llegar a su casa, bajaba al mismo tiempo su esposo de otro coche, y ella le preguntó: ¿De dónde vienes? "De la manifestación," dijo él. Qué alegre se puso La Rebelde, temía que no le hubiera gustado que llegara tan tarde y con confianza le dijo: "Yo también allí estuve, dijo don Pancho que hacía 33 años que habían sido esclavos los mexicanos como los israelitas, pero los mares rojos se abrirían para darles paso". Ese matrimonio fue maderista, leales, independientes sin agruparse a partido alguno, haciendo labor eficaz absolutamente sin interés.

El día que desapareció don Juan Sánchez Azcona, supieron que estaba por estallar el movimiento revolucionario. A los pocos días se fue La Rebelde a la frontera, llegó a Laredo en agosto de 1910 habiendo sido llamada por telégrafo por el gravísimo estado de salud en que se encontraba su padre, quien falleció el día 20 de ese mes.

Llegó La Rebelde al lecho de su moribundo padre quien aún murmuraba con ternura: "ya llegó la valiente," pues ya sabía por cartas de su hija que se había aliado con los maderistas, y apenas se oía la débil voz de su padre que le decía:

"Hija ya te comprometiste, he visto tu nombre firmado en los artículos que publicaste a favor del señor Madero, hiciste bien en firmar tu nombre. Nunca escribas sin firmar, creo que has perjudicado mucho a nuestros intereses por estar la mayor parte en México, la metalúrgica, la fundición de fierro y acero, las minas en Durango y Zacatecas, Saltillo y terrenos agrícolas a orillas del Río Grande, tendrán forzosamente que sufrir las consecuencias de un movimiento revolucionario". Como un ser que al desprenderse de este mundo con clara visión advierte lo que podía suceder, dijo en voz baja: "¡Sí! el señor Madero ganará . . ." cumpliéndose más tarde sus proféticas palabras. Murió ese cariñoso padre, sus honras fúnebres fueron solemnes y descansa en paz en el cementerio de Laredo, Texas. Nueve días después se leyó el testamento en presencia de los miembros de la familia y de los abogados, en él se asentaba que la mitad de esa vasta fortuna se la legaba a doña Eloísa, la otra mitad se dividía equitativamente entre los tres hijos que quedaban pues el cuarto ya había fallecido en uno de los viajes a España, donde quedó sepultado.

Doña Eloísa pidió que la parte de ella le fuese dada en efectivo, pues temía que la tardanza de convertir en metálico los bienes raíces, causaría litigios entre sus entenados y ella;

lejos de suceder esto, a su asombro cedieron inmediatamente a sus deseos, respetando así la memoria de un padre cumplido y cariñoso. Ella satisfecha partió para Nueva York ocupando un lujoso departamento en el hotel Mac Alpin que por largos años fue su residencia y allí murió.

La testamentaría tardó largos años en arreglarse. El hermano mayor don Leopoldo ya era capitalista; se encargó de pasarles una crecida mensualidad a las hermanas, así que con los años el valor de la propiedad subió; al hacer el reparto final cada uno recibió la misma cantidad que doña Eloísa.

Capítulo IX: Laredo y los constitucionalistas

La revolución maderista ya en pleno apogeo no permitió el regreso a México de La Rebelde y sus hijos, ella tampoco podía haber ido hasta no terminar el arreglo de la testamentaría de su padre. Por una coincidencia imprevista, su esposo se había quedado en la capital de México y les era imposible comunicarse. El esposo trabajaba con una compañía americana, la American Good Year Rubber Co., su jefe el señor Fuller y demás empleados, se refugiaron en el Club Americano, donde pasaron la Decena Trágica.

Por documentos que están en la Secretaría de Guerra, y otros que aún existen en poder de La Rebelde, supo su esposo que ella se había identificado inmediatamente con el Centro Revolucionario que operaba en la frontera. La Junta Revolucionaria de esa región, aunque con previo acuerdo de los miembros del Partido Democrático del Centro, que se había formado desde 1908, se encontraba alejada debido al peligro, los ideales ya bien conocidos se llevaban adelante.

Al mismo tiempo en ambos lados de la frontera se formaron agrupaciones reyistas, los maderistas alerta silenciosamente como sombras vigilaban esas actividades y misteriosamente hacían caer a tierra esas maquinaciones tan bien organizadas. La lucha que derrocó a los partidarios del general Reyes de más actividad e intensidad fue hecha en Laredo, Texas. Había allí la firma de abogados Hicks & Hicks, defensores de los reyistas; también se encontraban los licenciados Sandoval, Adolfo Reyes y un gran número de sus pudientes simpatizadores.

La Rebelde tuvo buena acogida en la Junta Revolucionaria encabezada por don Melquiades García, don Emeterio Flores, don Manuel Amaya, don Nicéforo Zambrano, don Alberto Guimbarda, don Carlos Fierros, don Manuel Cavazos, el mayor Castro, el señor Lozano, don Clemente Idar, y el señor Donaciano Lassaulx, quienes fueron tan unidos que parecía una sola persona, afirmando así la unidad de idea que facilitó el rápido triunfo y coordinación culminando en perfecta armonía y prolongada amistad.

Todos los que llegaban a Laredo, Texas, haciendo política contra el señor Madero amanecían en la cárcel, por supuesto en departamento de distinción pues al fin eran mexicanos, pero era necesario cortarles las alas dispensándoles miles de atenciones.

Don Emeterio Flores, don Melquiades García y La Rebelde se hicieron un vasto poderío y controlaron esa zona; pronto La Rebelde quien tenía de su parte a las más distinguidas familias de ese pueblo, emparentada con la familia Madero, las organizó en grupos auxiliares. Cuando en la Decena Trágica lo encaminaron sus partidarios, una vez más abrían las puertas de su prisión, pero esa entrada triunfal montado en buen caballo a tomar el Palacio Nacional para declararlo presidente; la historia se ha encargado de relatar los hechos, pero se ha olvidado del importante papel de Laredo, Texas, Nuevo Laredo, Tamaulipas y otros pueblos fronterizos que en esos momentos se unieron en un fraternal acuerdo.

No tuvo eco la rebelión del general Bernardo Reyes, pronto fracasó rindiéndose el noble guerrero ante el asombro de todos sus partidarios y fue encarcelado en Santiago Tlaltelolco.

La Junta Revolucionaria se componía de dos facciones: las personas de mayor experiencia y sano criterio y los jóvenes de acción y de ardiente aspiración. La Rebelde actuaba entre las dos con tanta habilidad que pudo captarse la amistad tanto de los viejos como de los jóvenes. Amistad sincera y leal despojada de malicia o perversidad, a quienes podía mandar como hermanos sin distinción alguna.

Clemente M. Idar, viril periodista y orador, poseedor de una fuerza moral que caracterizó todos sus hechos, llegó siendo joven a hacerse de fama internacional en sus esfuerzos en pro del trabajador mexicano en Estados Unidos. En aquel tiempo fue un infatigable propagandista del maderismo y más tarde del constitucionalismo a cuya obra redentora dio las primicias y el fuego de su juventud. Más tarde lo encontramos como el único líder obrerista de origen latino que ha logrado distinguirse en estas labores en Estados Unidos.

Organizador general de la Federación Americana del Trabajo, Clemente Idar levantó el obrerismo latino como ningún campeón lo había hecho. Su magnética oratoria y sus notables trabajos de organización le valieron para conquistar la amistad de Samuel Gompers, presidente de la Federación de Trabajo Americana y William Green, dirigente de trabajo de Estados Unidos, a quienes muchas veces representó en importantes trabajos obreros. Su fervor fue tan grande que sus últimas palabras en el lecho de dolor fueron una invocación de sus doctrinas de civismo y fraternidad. Ante su cámara mortuoria Idar recibió el tributo de miles de obreros que desfilaron ante su féretro con la cabeza inclinada, derramando lágrimas mientras se despedían de su campeón en aras del deber fraternal.

Más tarde su hermano Federico, quien había recorrido los países de la América Latina sembrando las mismas ideas y ya siendo senador, sacrificó su vida defendiendo los ideales de los ferrocarrileros por lo cual fue asesinado en plena capital.

Para La Rebelde la familia Idar —en particular Clemente, Federico y Jovita era el reflejo del heroísmo ejemplar demostrado por los hermanos Serdán y su hermana Carmelita en Puebla; aquéllos fueron los Serdán en Tamaulipas. Carmelita Serdán en la Revolución de 1910 es acreedora a ocupar el lugar más exaltado que se le puede brindar a la mujer mexicana.

Otro luchador a quien se le debe rendir homenaje fue el joven Carlos S. Fierros que a pasos agigantados y en temprana edad alcanzó el grado de general y su recuerdo vive aún en la sociedad laredense donde fue altamente estimado. A estos dos campeones, Carlos S. Fierros y Clemente M. Idar, se debe mucho del entusiasmo que por la causa revolucionaria naciera en la frontera. En enero de 1910 en la Imprenta Idar situada en la Avenida Flores se reunían los primeros constitucionalistas Idar y Fierros a quienes se unió la juventud entusiasta a discutir los primeros planes revolucionarios. Ahí La Rebelde, Jovita y Elvira Idar recibieron la chispa que había de encender los corazones llenos de entusiasmo para la obra redentora. También ahí nació la idea de organizar a las mujeres latinas de esta ciudad fronteriza en una fuerte asociación que en un momento propicio pudiera dar resultados para colaborar con los grandes líderes de la revolución.

Clemente y Carlos pronto se incorporaron con el licenciado Adrián Aguirre Benavides para organizar la primera junta maderista entusiasmando a muchos otros ciudadanos y patriotas ansiosos en secundar sus esfuerzos. Trabajaban con suma cautela porque no sabían el sentir del pueblo americano y en terreno ajeno no era fácil hacer política.

Haremos una ligera recordación de Carlos Dalrymple, ferrocarrilero, yerno del famoso don Ramón Llerena, propietario de medio Veracruz por sus antepasados españoles. Llevó hasta la muerte los documentos auténticos que lo hacían acreedor de una vasta fortuna, nunca quiso ni siquiera confiársela a ningún abogado, decía Carlos: "cuando menos dejaremos a los pobres vivir tranquilos sin reclamar nada".

Estos son ejemplos de los llamados "Pochos" que tanto desprecian en la capital pero que guardan en ambos puños fuertemente apretados el honor y el decoro internacional y de una psicología incomprensible y grandiosa. De ellos se servía La Rebelde y ellos fueron su inspiración.

En las oficinas del semanario *La Crónica* se juntaba hasta la madrugada este núcleo efervescente de ideas democráticas y liberales que era la arteria principal para esparcir con hilos inalámbricos el sentir del pueblo.

De esa Revolución que fue por la voluntad de un solo hombre a la cual se unieron todas las almas mexicanas tanto en México como en Estados Unidos, pronto resultó electo el ídolo del pueblo por unanimidad, quien el día 7 de junio hizo su entrada triunfal y gloriosa a la capital; el señor Francisco I. Madero asumió la presidencia el 6 de noviembre de 1911.

Como resultado de esas actividades quedó en pie en Laredo, Texas una agrupación de 100 damas de las más escogidas de ese pueblo, simpático, hospitalario y culto. Mujeres que más tarde estaban destinadas a figurar en la contrarrevolución de 1913 encabezada por el primer jefe don Venustiano Carranza en contra del usurpador general Victoriano Huerta.

La Rebelde era presidenta de esa organización habiendo

hilado con habilidad los destinos de la agrupación para que en un momento dado podría pasar, sin violar las leyes internacionales, de una agrupación cívica como el nombre lo indica: Unión Progreso y Caridad, a una benéfica para atender a los heridos en caso de urgencia en ambas fronteras.

De la Revolución Maderista surgió una mujer piadosa y caritativa: Elena Arizmendi, joven y bella fundó una Cruz Blanca Neutral. Esa hermosa mujer que México debería de honrar pues a ella se le deben muchas obras benéficas. La Rebelde admiraba a ese ángel de la caridad pero nunca pudo transigir con el adjetivo que calificaba a esa benéfica institución como neutral. Cruz Blanca Neutral, se llamaba. Sólo se lo explicaba por haberse fundado en la capital zona de peligro donde operaban y abundaban porfiristas y huertistas. "Pero el peligro no existe cuando se impone el deber"; La Rebelde abominaba el calificativo *neutral*.

La obra de los maderistas en Laredo había sido enteramente desinteresada y leal, a ninguno se le ocurrió al triunfo de la causa ir a México a pedir puestos o a reclamar recompensa. Siguió ese noble pueblo en su vida cotidiana, tranquilo, así como el Río Grande. Grande por su apacibilidad y grande en su justa indignación. También nació en esas horas de turbación política un periódico *El Progreso*.

Santiago Paz, amigo de La Rebelde le platicó que era necesario un órgano oficial en español para la propaganda. La Rebelde, que siempre sentía admiración por los periodistas, le ofreció ayudarle, ella conocía los mejores elementos de Laredo; sugirió primero a su hermano Leopoldo Villegas a quien como elemento pudiente, le propusieran la presidencia, comprando él la mayoría de las acciones y la otra mitad el rico ganadero don Emeterio Flores y al acreditado comerciante don Melquiades García, que repartirían entre ellos. Así lo hicieron, nombrando a don Santiago Paz director y a Andrés Patiño administrador, ésa fue la plana que sirvió desde luego para la propaganda maderista y luego para la Revolución de 1913.

Ya desde el tiempo de don Porfirio existía el periódico *La Crónica* dirigido por el liberal maderista don Nicasio Idar, en cuyas hojas se batían grandes plumas y se defendían vidas de mexicanos en el exilio. En ese periódico tenían cabida las opiniones de connotados maderistas y Rafael Martínez (Rip-Rip) orientaba las opiniones de todos los fronterizos; allí se lucía La Rebelde, ya que era la consentida de ese órgano noticiero gracias a sus actividades sociales, las que con mucha facilidad se traducían en labor revolucionaria.

Jovita Idar, íntima e inseparable amiga de La Rebelde, tenía a su cargo la redacción y propaganda; para no hacer desmerecer a ese infatigable luchador de tantos años se respetó su periódico *La Crónica* que era solamente semanario y se estableció el diario *El Progreso* que desde el primer día tuvo éxito colosal.

La Rebelde organizó un grupo de bellas y escogidas señoritas para reunir fondos para los damnificados de Oaxaca y otros desastres que ya se perfilaban en la inquieta situación de México.

Tres plumas brillantes infatigables dedicaban su vida al triunfo de la revolución: Manuel García Vigil, Carlos Samper y José Ugarte dieron relieve y enaltecieron esas columnas que más tarde eran el arma más poderosa de combate durante la lucha por la democracia y la libertad.

Ya la historia ha relatado la duración en el poder del mártir presidente Francisco I. Madero. Los días oscuros de la Decena Trágica, así como la lealtad del general Felipe Ángeles hacia Madero y del vergonzoso asesinato del presidente y vicepresidente Pino Suárez. Si para los que estaban en la capital y gozaban a la sombra de los nuevos mandatarios, de cuyo asesinato estaban horrorizados. ¿Cómo lamentarían los que se apartaron a la hora del triunfo, satisfechos de un deber cumplido, sin pecado alguno de lucro o interés propio, creyendo que ya los problemas de México se habían resuelto?

Fueron horribles momentos para los pueblos sencillos y honrados como lo son los fronterizos que se componen de hombres adictos al hogar, al campo, agrícolas y ganaderos, esos pueblos a los que la política no influencia su modo honesto de vivir. Pero en la capital, corazón de la nación, era un hervidero de traición y de odio; era esperada esa traición trágica, quizás la magnitud espantosa que tomó forma era ignorada. México debería ser el cáliz dorado donde se mezcla el vino y el agua cristalina del Cristo para purificar el edén patrio que Dios mismo puso en manos de cada mexicano, pasarán los años, hoy aún después de tanto tiempo, no es así.

La vida del mártir Madero fue holocausto que virtió su sangre exigida para redimirnos y su obra no fracasará. El 22 de febrero de 1913 asesinaron al presidente Francisco I. Madero y al vicepresidente Pino Suárez, dice el eminente escritor Miguel Alessio Robles:

"En su mente todo un pueblo abrió su corazón como un templo para que viva ahí eternamente entre nubes encendidas de aplausos y admiración y enseñarles a todas las generaciones cómo un hombre que se sacrifica por la libertad y por la patria vive una vida inmortal y gloriosa".

Y haciendo eco a estas divinas palabras del insigne maestro Miguel Alessio Robles, habla el guerrero indomable, general Francisco L. Urquizo: "Huerta y los suyos ahogaron en sangre las aspiraciones justas del pueblo, aspiraciones que apenas nacían".

Reinaba la paz de la tumba, silenciosa, impenetrable de cosas muertas. Pero los muertos viven . . . meditaba La Rebelde . . . y así fue. Momentos después se agitaba el alma del varón de Cuatro Ciénegas con justa indignación. No soñaba engrandecerse pero sí reivindicar la justicia ultrajada de un pueblo que pensaba gozar de una hasta entonces desconocida libertad.

Todos los leales que habitaban a las orillas del Río Bravo sintieron el influjo de esas enfurecidas aguas que como un torbellino justiciero amenazaba vengar y desterrar a los traidores. El enorme y generoso estado de Texas cuyas tierras en un tiempo se fertilizaban con sangre mexicana, brotó al llamado de sus hijos, ellos sintieron el crimen y oyeron la voz que les decía: "Caín, ¿qué has hecho con tu hermano?"

Se agitaron esos pueblos, por momentos se acrecentaba la rebeldía de sus almas, así lo anunciaba La Rebelde a la Junta Revolucionaria de Laredo, Texas después de un recorrido de 26 horas en auto a lo largo de la frontera, desde

Brownsville, Laredo, Eagle Pass, El Paso, Mexicali y mientras en los pueblos fronterizos mexicanos se agrupaban los leales en las ciudades de Sonora, Chihuahua, Coahuila, Nuevo León, Tamaulipas y el heroico pueblo de Matamoros. Hacían una invulnerable fortaleza a las orillas del histórico Río Bravo, lindero entre dos poderosas naciones que aman la justicia y respetan el derecho ajeno.

La Rebelde se apoderó de una hermosa bandera mexicana propiedad de don Melquiades García, quien con ojos humedecidos de lágrimas le encargaba: "¡Cuídela!"

"No lo dude", y cogiéndola salió precipitadamente a la calle donde la esperaba un fiel servidor de la patria montado en brioso caballo diciéndole: "Llévela por todas las calles de Laredo". (Ésta fue la primera bandera mexicana que se enarboló en tierra americana).

Más de 5,000 almas nuestros hermanos allende el Río Bravo se formaron en silenciosa protesta y respetuosamente secundaron esa manifestación dolorosa. Fueron momentos históricos para los dos Laredos y aún más para las dos hermanas naciones; mientras al lado mexicano se armaba el pueblo indignado por la muerte del presidente Francisco I. Madero, más grande fue la indignación de los leales en Laredo, Texas.

Cuando firmaban los constituyentes el Plan de Guadalupe rodeando al gobernador Venustiano Carranza, también en Laredo se agruparon con igual fervor los constituyentes de ese pueblo (que hasta hoy no lo han reconocido), se amotinaron en las puertas del periódico *El Progreso* reconociendo al señor don Venustiano Carranza como jefe del nuevo movimiento revolucionario y a don Melquiades García como jefe de la frontera, rápidamente formaron un poderoso bloque para contrarrestar las actividades huertistas cuyo nombre no es digno de mencionar para no manchar las páginas de esta obra.

Al lado de don Melquiades García colaboraron poderosamente con Nicéforo Zambrano, don Manuel Amaya, el señor Ávila, don Alberto Guimbarda, don Emeterio Flores, don Clemente Idar, don Carlos Fierros y La Rebelde.

La Decena Trágica ya todos la conocemos, minuto por minuto hemos vivido esos momentos angustiosos, nosotros los revolucionarios, así llamamos a los conscientes del deber hacia su patria, guardando incólume su bandera y su suelo, desconociendo al gobierno nacido de una traición nombrando a don Venustiano Carranza, gobernador de Coahuila, primer jefe del Ejército Revolucionario.

El 22 de febrero, natalicio de George Washington, era fecha digna de mejor recordación en suelo mexicano; la escogieron para enardecer los ánimos de las dos naciones hermanas, siendo ese día de festejo en Estados Unidos, México estaba enlutado por la muerte del apóstol de la Revolución mexicana.

Los planes pérfidos de Huerta y del embajador de Estados Unidos, Lane Wilson (dos traidores), brindaron esa misma noche por la felicidad de México, se apresuraban a llenar de hiel las copas con que brindaban, pero había de llegar el día en que los odios se destruirían por el amor, flotarían unidas ambas banderas de las dos poderosas naciones al grito de guerra que más tarde sacudiera al mundo, oscureciendo la faz de la tierra, las dos repúblicas se agrupaban leales al llamado de sus gobiernos.

Capítulo X: La Rebelde conoce a Carranza

Mientras Huerta hacía infructuosos esfuerzos por sofocar la revolución, Carranza como Primer Jefe del movimiento revolucionario acompañado de los leales, hacía su famoso recorrido a través del país para unirse en Sonora con Obregón, Maytorena y Gil.

En la frontera el general Pablo González, Jesús Carranza, Lucio Blanco, Maclovio Herrera y J. Agustín Castro, así como una conocida lista de jefes se reunieron en defensa de esta frontera. El gobierno en manos de Huerta estaba bien preparado para hacer una resistencia formidable. En Nuevo Laredo se hicieron trincheras, se desmontaron los alrededores de la población. Los carros del ferrocarril cuyas líneas circundaban los linderos del pueblo servían de defensa inquebrantable. Era necesario para los carrancistas tomar los pueblos fronterizos pues eran conductos inagotables de víveres y pertrechos de guerra.

Se encendió la llama revolucionaria devorando a los pueblos mientras que el Primer Jefe de la Revolución se encaminaba a Sonora con un puñado de hombres, donde los esperaban mujeres patrióticas y abnegadas que cruzaban mensajes enviando informes a La Rebelde; en el sur, Zapata se había levantado contra Huerta.

En Sonora, Sinaloa y Colima los generales José Ma. Maytorena, Miguel Gil y Álvaro Obregón se organizaban en espera del primer jefe; Villa marchaba sobre Chihuahua y Lucio Blanco con asombrosa rapidez se apoderaba de Matamoros, Tamaulipas. El 17 de marzo de 1913 don Jesús Carranza atacó la bien fortificada ciudad de Nuevo Laredo donde mandaban los generales T. Albert, Gerónimo Villarreal y Guardiola.

La Rebelde despertó de su intranquilo sueño al oír resonar los primeros tiros en ambos Laredos. Movida por una influencia extraña a la que no prestó resistencia, se vistió precipitadamente. Con calma escribió en un sobre ya usado que encontró sobre de la mesa: "Hijitos cuando se levanten vayan a la casa de su tío, allí espérenme, volveré pronto". Eran las seis de la mañana, las calles desiertas a esas horas no la desanimaron; se dispuso a ir inmediatamente a auxiliar a los heridos.

El problema que ya estaba trazado en su vida fue resuelto en pocos momentos, en los que ya estaban visualizados por aquella madre que vio a su hija enarbolando una bandera blanca, la hora había sonado y obedecía a su llamado. La Rebelde resuelta a cumplir este patriótico y piadoso deber no vaciló; sin esperar abordó un automóvil que en esos momentos pasaba por su casa al mismo tiempo que llegaba otro con un grupo de señoritas que venían huyendo de Nuevo Laredo para escapar de las balas, diciéndole que toda la población de Nuevo Laredo estaba ya cruzando el puente para el lado americano.

La Rebelde las hizo ver en el acto que era necesario regresar, se bajaron de su coche para abordar el de La Rebelde. Se encontraban enfrente del edificio del semanario *La Crónica* a dos pasos de la casa de La Rebelde.

Jovita Idar quien venía en ese grupo habiendo pasado la noche en Nuevo Laredo, como periodista estaba al tanto de los sucesos. Era natural que estando enfrente de su casa se le ocurriera saludar y pedir permiso a su papá don Nicasio Idar avisándole que se iba con La Rebelde. Dejó la puerta de la redacción del periódico abierta; La Rebelde que estaba esperándole de pronto vio sobre el respaldo de una silla una toalla blanca; con nerviosidad la cogió y ésta cayó al suelo. ¡Qué coincidencia! solamente una vez en la vida ocurre, cayó la toalla sobre un bote que contenía pintura roja; dentro de él había una brocha, cogiendo la toalla en una mano y la brocha empapada de pintura en la otra, salió corriendo, sin consultar al dueño del automóvil le plantó una cruz roja en el cristal.

Así se inició el servicio de la ambulancia que habría de dar eficaz ayuda al movimiento revolucionario. Por lo pronto esa toalla blanca fue la bandera que estrujó en sus manos y la acompañó durante el combate. Entre las balas y los rugidos de los cañones, oía La Rebelde la voz de su madre que le decía cuando en sus juegos infantiles ella y sus hermanitos simulaban combates bajo el mando de Julia y Pancho: "También las mujeres van a la guerra y llevan la bandera blanca, ellas cuidan de los soldados heridos". ¡Así lo haré madre mía! repetía a cada instante La Rebelde.

La primera unidad del servicio auxiliar fue integrado por Jovita Idar, Elvira Idar, María Alegría, Araceli García, Rosa Chávez, señora Antonia S. de la Garza, Refugio Garza Góngora y La Rebelde como jefa.

Durante la lucha y los sangrientos sucesos ocurridos en Nuevo Laredo, entre los carrancistas y la Guarnición Federal de la citada plaza pasaron estas hermanas de la caridad a prestar el auxilio a los heridos del referido hecho de armas. Provistas de medicinas y provisiones adecuadas al caso, donde fueron recibidas con beneplácito y regocijo, disponiendo las autoridades que se hicieran cargo del Hospital Civil, donde se habían de conducir a los heridos y a los muertos.

Los servicios de las enfermeras fueron desde un principio valiosos, pues ellas aún con riesgo de sus vidas se adelantaron hasta los lugares mismos donde caían los heridos. Uno por uno fue cuidadosamente recogido y atendido, enviándolos al hospital en grandes carros, donde los acompañaban las fieles compañeras a quienes esperaban los doctores voluntarios americanos doctor H.I. Hamilton, A.W. Wilcox y Otto McGregor y los doctores mexicanos Salinas Puga, Juan F. de la Garza, Garza Gutiérrez, Francisco Canseco, Garza Cantú y el doctor Francisco Serrano, hicieron cuanto estuvo de su parte para salvar a los heridos. La Rebelde fue la última en abandonar el campo ya casi desierto, pues tuvieron que retroceder derrotadas las tropas del general Jesús Carranza, sólo un soldado permanecía en pie: el abanderado.

Viéndose solo y muy cerca de los federales, arrancó la bandera del asta, se la envolvió en el cuerpo y retrocedió lentamente para reunirse con sus compañeros, acto de heroísmo digno de mencionarse.

Estupefacta miraba La Rebelde a ese valiente soldado; cerca de ella se encontraba el capitán Salvador González, jefe federal, quien levantando la carabina tomó puntería y como relámpago brincó La Rebelde sujetándolo del brazo desviando el arma que afortunadamente no hizo blanco y emocionada le gritó: "¡No, eso no!"

"¿Quién es más valiente de los dos? Ese hermano que sirve de astabandera o usted que perdona su vida, honrando así a esa bandera?"

"¡Dice bien!" le contestó, en silencio acompañó a La Rebelde a recoger el astabandera que se había quedado en el campo. "Ésta es suya, le dijo . . . aquí ponga su bandera blanca".

Ya se había perdido de vista el último carrancista. Regresaron juntos al hospital, encontraron a sus compañeras y a los doctores, levantaron un acta firmándola todos ellos que decía:

"Hemos presenciado los heroicos actos de las enfermeras encabezadas por La Rebelde y somos testigos de su valor y abnegación". (Firmado).

Pasaron varias semanas, atendiendo a los heridos constitucionalistas en el mismo campo de los huertistas, sin que ellos se dieran cuenta que ellas eran constitucionales.

Era necesario permanecer allí, para proteger la vida de esos heridos, quienes al recobrar un poco de salud serían fusilados. Cuando ya se acercaba el tiempo se fue avisando a cada uno que era necesario que se fugaran esa misma noche, tomando el camino más cerca del río donde había barrancos hondos y se podían esconder.

Y el río Bravo que aquí deja de serlo y desde entonces es sólo el Río Grande, grande por su tranquilidad, su hospitalidad, brindaba libertad y vida, acogió a los fugitivos y los condujo a salvo.

La noche obscura se prestaba para la hazaña, a la vez que en la Plaza de Armas se celebraba una Jamaica donde en alegre tertulia se divertían los jefes y oficiales del Ejército Federal.

Ya Julia, la fiel servidora y compañera de Pancho, había muerto pero él vivía aún en la misma casita a la orilla del río, ya no era dulcero. Antes de morir don Joaquín y en vida de Julia le había comprado un esquife, buenos remos y pica y así se ganaba la vida transportando pasajeros a ambos lados del río donde se había conquistado muchas simpatías.

Él seguía su ruta aún cuando ya había un puente para los transeúntes recién construido.

La Rebelde se fue a ver a Pancho poniéndose de acuerdo con él avisándole dónde había de esperar a los leales, dándole detalladamente órdenes y contraseñas y sola emprendió su peligrosa aventura mientras allí en el hospital uno por uno fueron los rebeldes escalando la tapia. A la vez vigilaban las enfermeras quienes entretenían a la guardia en tanto que otras reponían las camas vacías con almohadones que figuraban los cuerpos de los convalecientes. Cuando ya muy noche se habían ido los treinta heridos y la Jamaica estaba en su apogeo, salieron las enfermeras avisando a la guardia que iban a la fiesta.

La guardia les permitió el paso y en pocos momentos en un coche ya avisado cruzaron el puente para no volver, el hospital quedó en manos de los federales.

La Rebelde esperaba en la casa de Pancho quien ya había salido a su misión pero no permanecía sola, en esa choza la acompañaba una linda jovencita, quien se había quedado hasta ver que el último herido se había escapado del hospital.

Al llegar juntas a la casita de Pancho, quien andaba en peligrosa hazaña, encontrándola abandonada lo esperaron en la casa. Pasaban las horas y no regresaba, intranquilas se cubrieron con unas mantas obscuras envolviendo bien sus cuerpos se bajaron cuidadosamente hasta la orilla del río donde se sentaron a esperarlo viendo hacia Nuevo Laredo.

Contemplaban aquella ciudad donde poco a poco se fueron apagando las luces de las casas. El alumbrado de las calles se confundía con el lento amanecer.

Conmovida La Rebelde de tanta prueba de lealtad y cariño, estrechó la diminuta mano de su joven compañera Aracelito, linda y pura comprendió la emoción de La Rebelde quien en voz baja le decía: "Quisiera poder expresar a ti y a mis fieles compañeras de esta memorable noche, la profunda gratitud que brota de mi alma al recordar el peligro en que me han acompañado".

"Benditas todas ustedes que han tenido valor para desprenderse de sus hogares. Tranquilas y silenciosas, han vencido todos los obstáculos levantados a nuestro paso y con ternura y acierto devolvemos esta noche la causa redentora y a la sociedad los héroes queridos quienes con sonrisas en los labios y gestos desdeñosos caían heridos por las balas de sus hermanos mal dirigidos, mal aconsejados . . . por los traidores".

Fue un acto de almas que se unieron ante Dios para cumplir con el deber de hermanas de la caridad y del bien, silenciaba la voz de La Rebelde y como eco a tan bellas esperanzas, la luna brilló con todo su esplendor, haciendo rítmica entonación a esos pensamientos sin palabras, el suave vaivén de las aguas que se estremecían anunciaban la feliz llegada de Pancho en su pequeña embarcación. ¡Pero qué milagro, qué milagro los esperaba! . . .

Eran dos las barquitas que traían, en la primera Pancho, y la otra era remada por una mujer. Su cabello dorado, húmedo, brillaba cual si se agruparan mil estrellas, alumbrando su pálido rostro como lirio del agua, sus ojos azules como violetas, su corazón palpitante, pronto encontró otros dos corazones que la aprisionaron en sus brazos. Aracelito y La Rebelde la envolvieron en sus mantos y Pancho la llevó cargada a la casa en sus ya cansados brazos.

Revivieron las brasas para hacer café y luego Pancho les contó: "Pues mi amita", así le decía a La Rebelde, "como eran tantos los fugitivos no cabían en mi esquife, yo conté muchas veces cómo los había de acomodar y no daba la medida mi barquito, mi vecino más allá en otro barranco tenía su bote amarrado, ya se había acostado, fui muy quedito y cogí el esquife, lo amarré a la mía y me fui a cumplir sus órdenes".

"Ya estaban esperándome en la cueva, que desde que murió mi ama doña Valeriana no la había visitado. La noche que tú naciste allí escondí a muchos para que no se los llevara el agua. Yo conozco bien el río y sus escondites".

"Pronto se llenaron los dos esquifes, como no podía hacer ruido dejé que la corriente nos llevara, seguro que no nos traicionaba, era ya la madrugada", contento relataba, "los había remado cuidadosamente a las orillas del río al lado mexicano, hasta más allá del último cuartel, para que se incorporaran con las fuerzas del general Lucio Blanco".

"Me apuré a regresar pensando en mi amita que me esperaba. De pronto vi en los barrancos una cosa que se movía, parecía un fantasma, y me asusté. No era hombre, no era soldado, no hacía ruido, quedito me fui arrimando a la orillita del barranco, oí la voz suave de una mujer, blanca como la nieve, me acordé de mi ama . . . ¿acaso era una aparecida?"

"Ya muy cerca oí que me decía espérame esquifero, espérame . . . ¿qué si la esperé?, ya lo creo, pues bien llegada estuvo, brincó al esquife del vecino, que aún permanecía atado y cogiéndole los remos me dijo: 'yo te ayudo, vamos pronto al otro lado'".

"¿Sí, será la Virgen que han mandado a mi ama para avisarme del peligro? ¿Pero qué peligro ha de haber?"

Continuaba Pancho relatando: "cuando de pronto se oían detonaciones y tiros muy de cerca, dos, tres balazos y luego la Virgencita brincó a mi esquife, cogiendo los remos se apuró a remar diciendo: 'Pronto, buen señor, han agujerado mi lanchita; no tardará en llenarse de agua'".

"Andaban los federales en busca de los rebeldes. Por aquí, decía una voz que orientaba a los demás y luego se distinguió una figura cerca de la orilla del agua".

"No tires hermano, soy yo, Pancho. El federal bajó la carabina y se fue diciéndole a los compañeros 'es Pancho el barquero, por poco lo matábamos'".

Para esas horas ya estaba listo el café, nadie tuvo valor para despertar a esa criatura que bien cansada dormía tranquilamente en el lecho del buen Pancho.

La dejaron bien dormida. Así pasaban las noches en aventuras en esos días intranquilos, al amanecer ya estaban en sus hogares sin que nadie se diera cuenta de lo ocurrido. Antes de irse La Rebelde dijo: "Pancho te la encargo, no la dejes salir de aquí, a la noche vendremos. Toma este dinero para que le compres un pollo y le hagas un sabroso caldo como el que me hacía Julia en mi infancia".

Dejaron dormida a la recién llegada quien con su blanca mano apretábase el pecho, como resguardando un secreto.

Se acercó a su lecho La Rebelde y notó que estaba herida. Su mano izquierda tenía sangre. "Pronto, Aracelito tráeme agua hervida para lavar la mano, yodo y una venda". Todo lo tenía el precavido Pancho, María en estado inconsciente se dejó curar.

Con cariño le acomodaron la mano sobre la otra, que guardaba el secreto.

"Pancho", dijo La Rebelde: "Mira qué casualidad, está herida en la misma mano que yo, ojalá y ella no tenga de recuerdo una cicatriz".

Se fueron a sus casas prometiendo los tres guardar silencio y regresarían por la noche para hablar detenidamente con la recién llegada. Al despedirse La Rebelde de Pancho le dijo: "Si se queja me avisas, puede que esté lastimada pero no la despiertes; le hace más falta dormir. A la noche le traeremos ropa y otras cosas necesarias, por lo visto ha pasado por una terrible aventura, su calzado está roto, su ropa está hecha trizas".

Por la mañana los diarios en grandes letras relataban los sucesos anteriores:

"Los heridos constitucionalistas ya convalecientes se habían escapado del hospital". En manos del Comandante de la plaza llegaba un telegrama que decía: "Somos estrictamente constitucionalistas a nadie debe culparse la fuga de los soldados de la causa". (Firmado.)

Había órdenes terminantes que no pasaran más a Nuevo Laredo las enfermeras de la Cruz Blanca.

Se reunieron esa noche en la casita del buen Pancho La Rebelde y Aracelito. Las dos llevaban ropa y provisiones. Pancho las esperaba sentado en la puerta de su humilde choza, ya su esquife estaba en los barrancos listo para nuevas aventuras.

El hermano de La Rebelde le surtía al fiel Pancho de provisiones y dinero. Todavía existía en nombre de los sucesores de don Joaquín la acreditada casa comercial de tantos años.

Entraron a la casita en silencio, aún dormía la muchacha. Encendieron el farol y la luz, despertó a la joven, quien sentándose lentamente a orillas de la cama estrechó sus piernas y luego sus brazos y como quien se acuerda de una olvidada misión, buscó asustada en su pecho algo de importancia.

Recobrando su confianza dijo en voz dulce: "Qué bien me siento, he descansado perfectamente. Siento que estoy entre simpatizadores de la causa. —¿Dígame quién es La Rebelde? Tengo urgencia de hablar con ella", estrujaba en sus manos los papeles. Palideció La Rebelde al verlos. ¿Acaso era algún recado de su esposo? ¿Le habría pasado alguna desgracia? No se habían comunicado desde la Decena Trágica.

"¿Quién eres, joven, y de dónde vienes?" le preguntó La Rebelde, sentándose en la cama junto a ella. Aracelito arrimó su silla y miraba atentamente a esa criatura.

"Yo soy María de Jesús González, profesora de Monterrey. Tengo un amigo telegrafista y los dos somos constitucionalistas. Aquí traigo estos telegramas que no pasamos, los traigo como pruebas de nuestra lealtad. Oímos la heroica hazaña de usted y sus compañeras y nos resolvimos a afiliarnos a ustedes".

Abrió los telegramas La Rebelde diciendo: "Son del general Gerónimo Villarreal para el secretario de Guerra general Blanquet, pidiéndoles refuerzos pues esperaba el ataque del General Jesús Carranza".

"Detuvimos los telegramas para darle tiempo al general Jesús Carranza para atacar la plaza. Supimos enseguida de la derrota y a los dos días detuvimos los otros telegramas de la Secretaría avisando que ya llegaba la gente del general Rubio Navarrete. Me vine inmediatamente entre el monte a caballo para avisarles".

Meditó por un momento La Rebelde, esta joven tan tierna cómo exponerla más, pero reaccionó y mirando fijamente a María le preguntó: "¿Estás muy cansada?"

María movió la cabeza, "¡No! ya he descansado bastante, me siento bien" luego, examinando su mano vendada, dijo: "esto no me duele".

"María, debes irte esta misma noche. Avisa a la gente del general Lucio Blanco o puede ser que alcances a la del general Jesús Carranza, cualquiera que sea le avisas la llegada de refuerzos, lleva este telegrama al que le agrego —Junta Revolucionaria de Laredo, Texas".

"Deben de activar la toma de Matamoros, donde me

supongo harán su cuartel general hasta que llegue el general Pablo González".

"Pancho, llevarás a María al Rancho de don Juan Orfila que queda a la orilla de este mismo río, ahí encontrarás amigos nuestros, la señora Antonia de la Garza de Orfila es piadosa y simpatizadora nuestra, ella te dará un caballo, si crees más prudente cruzas al otro lado y te incorporas con la gente nuestra de donde nos tendrás al tanto de sus movimientos".

María oyó atentamente, mientras que Pancho le preparaba un baño, luego corrió las cortinas de su alcoba y la joven se vistió en las ropas y calzado que le habían traído, peinó sus largas y hermosas trenzas y las sujetó a la cabeza, luego se sentó a cenar.

Pancho le tenía caldo de pollo caliente, cabrito asado en las brazas, tortillas y salsita de chile. Durante la cena no hablaron, todo era silencio, se oían hasta los latidos de los corazones. La Rebelde y Aracelito estaban mudas ante tanto valor y abnegación, se sentían fuertes con este dínamo humano tan frágil y acertado.

Acabó de cenar y retirando el plato dijo: "Qué banquete, qué felicidad". "Pues bien", siguió como si nunca se hubiera interrumpido la narración que estaba haciendo.

"Traigo un recado de otras profesoras para ustedes. Las señoritas profesoras Blacayer,* hermanas del ferrocarrilero del mismo nombre, ellas nos ayudan en Monterrey, en Saltillo la señora profesora Rosaura Flores (de Prado) y las señoritas Flores Blanco (Evita y Trinidad) en Monclova".

La señora profesora Rosaura Flores de Prado, culta joven profesora de la facultad de maestras de Saltillo, alentó la causa maderista con su brillante oratoria, allí permaneció en su plantel siendo gobernador del estado de Coahuila don Venustiano Carranza. Ella es una de las figuras femeninas de la frontera de más relieve.

Cuando la ingratitud humana pisoteó la bandera que el Presidente Mártir Madero había izado, ella levantó en Coahuila

---

*Se refiere a las hermanas Blackaller.

esa misma bandera enarbolada por el Primer Jefe. Amiga querida por La Rebelde, pudo conocer de cerca las obras y sacrificios de esa bella mujer quien supo conquistar la admiración y el respeto de la familia Madero gracias a las características virtudes de esa eximia familia que apreciaba la nobleza de corazón de las que militaban al lado del señor Madero y más tarde de Carranza.

La señorita Trini había sido jefa de telégrafos durante la campaña maderista y había pasado los primeros telegramas del señor presidente Francisco I. Madero y más luego los del general Pablo González, muchas veces estuvieron en peligro sus vidas, permanecieron en sus puestos hasta el triunfo del señor Francisco I. Madero y ahora amenazadas a cada rato abandonan su puesto y vienen en camino a Laredo, deben llegar de un día a otro, todos tenemos la contraseña Constitución C.B.C.

María se levantó de la mesa e hizo sus últimos arreglos: en un zapato una navaja, en la cintura la cartuchera y una pistola, una bolsa de provisiones y dinero suficiente para llegar al primer campo rebelde. Afuera, Pancho esperaba más órdenes. En la oscuridad de la noche había puesto suaves mantas en las tarimas de su bote para acomodar a su preciosa carga.

La Rebelde acercándose a su fiel servidor le dijo: "No regreses hoy, para no despertar sospechas, regresa mañana al medio día en pleno sol, ven despacio y deliberadamente acercándote a las poblaciones a las orillas del río, compra huevos, gallinas y queso . . . Mira que los guardas sean amigos tuyos y de vez en cuando les llevas sus taquitos".

Después de muchos abrazos, recomendaciones y mil promesas de lealtad, silenciosamente se fue alejando el esquife, la corriente les favorecía.

La Rebelde y Aracelito se quedaron largo rato sentadas a la orilla del río con la mirada fija en Nuevo Laredo, todo estaba tranquilo; de vez en cuando se oían las voces de los serenos.

"Aracelito, estás triste. ¿Qué te pasa? . . ." Aracelito respondió: "Yo quisiera ser tan valiente como esa compañera, me echaría al agua y nadando cruzaría el río, sólo un momento me bastaba allí".

"¿Tan urgente así es el caso? Dímelo, quizás se pueda arreglar lo que tú deseas".

"Pues bien mi querida amiga", respondió Aracelito, "la noche que nos veníamos del hospital, nos siguió un oficial, primero yo tenía miedo, creí que nos perseguía, luego resueltamente y con valor le pregunté: '¿Por qué nos sigue? estaría usted mejor divirtiéndose en la Jamaica.' Yo había notado que ese oficial se fijaba mucho en mí, yo me negaba a saludarle, pero ahora sí puedo corresponder a ese amor a primera vista".

Cogiéndole de la mano La Rebelde le dijo: "¿qué te contestó Aracelito? . . ." Me dijo: "Te quiero Araceli, yo no soy de esta gente como tú crees, sólo espero el momento para incorporarme con las tropas del general Pablo González que pronto deberán llegar, tengo otro amigo Amezcua se llama, que también se va conmigo. Si logramos pasarnos en el primer encuentro, yo te buscaré; no te olvides de mí". Se despidió rápidamente perdiéndose en las sombras de los edificios, con su voz suave llena de amor Aracelito continuó hablando: "Quiero que él sepa que yo también lo esperaré toda la vida".

Enternecida La Rebelde le dijo: "Lo sabrá mañana, le mandaremos un recado con el repartidor de periódicos. Nada más una sola vez lo haremos porque podemos poner en peligro esa vida que tanto amas. ¿No es verdad? Yo también amo . . ." dijo La Rebelde . . . "pero antes que el amor es el deber".

"¿Por fin qué es el amor? ¿Quién puede decirlo? ¿Quién puede descifrar ese incomparable sentimiento del alma que a un mismo tiempo es dicha y dolor? Esa fuerza poderosa que transforma el corazón humano, que purifica, que regenera a toda la humanidad".

Reinó el silencio una vez más y luego al volver los ojos hacia Aracelito se le escapó un leve suspiro en voz temblorosa: "cuánto daría por saber que todos los deseos y aspiraciones que llevas en el alma se convirtieran en realidades, Aracelito".

"Aracelito, los destinos de mi vida han cambiado bruscamente, al ver estos heridos caer ante las balas de sus propios hermanos me he sentido conmovida. En los ojos de los moribundos he observado y adivinado mensajes de amor para seres queridos, besos de ángeles que desde lejos velan por ellos, palpitación de inmenso dolor. ¿No está bien esto? haremos nuestra parte para aliviar sus sufrimientos".

Entraron en la casa de Pancho, apagaron las luces y ahogaron las últimas brazas, recogieron la ropa de María y lloraron las dos al ver los zapatos rotos por la larga jornada y la ropa en trizas por las espinas de nopales y yerbas, aseguraron bien la puerta y mientras subían despacito le decía La Rebelde a Aracelito: "Júrame que estarás siempre a mi lado y si algo nos pasa a cualquiera de las dos tendrá la obligación una u otra de recoger el último suspiro, las últimas palabras para repetirlas a nuestros seres queridos. Tengo confianza en mi esposo que sabrá escoger su camino, porque nuestras ideas han sido siempre iguales. Lamento a los pequeños hijos que quedaron lejos de mí. Es verdad que al lado de mi hermano nada les faltará y yo iré cuando me llamen, satisfecha de que dejaré imperecederos recuerdos en sus corazones".

Después del combate se habían retratado juntas La Rebelde y esta compañerita y desde ese día se acompañaron hasta verificarse el triunfo de la Revolución.

Capítulo XI: Villa, el ídolo de la gente

Pasaron días intranquilos en los que las actividades eran otras, las de organizar fiestas, días de campo, bailes, todo para recaudar fondos y guardar vivo el interés de los inquietos espíritus. En ese tiempo llegaron las señoritas Trini y Evita Flores Blanco, tuvieron una acogida regia en Laredo.

Los del periódico *El Progreso* se enamoraron enseguida de estas dos beldades llenas de encantos. Rafael Rentería, Carlos Samper y García Vigil, se rivalizaban en prestarles finas atenciones. Así también la sociedad laredense las agasajaba.

La Rebelde se ocupaba de tender su red revolucionaria, se comunicó telegráficamente con la señora Guadalupe Bringas de Carturegli en Sonora, quien de una manera extraordinaria se preocupó por los heridos en Guaymas y Cananea. Su esposo era doctor y los dos juntos iban en un tren cuyos carros estaban equipados de lo indispensable para curar y hasta operar a los heridos. Mucho se ha dicho de los valientes generales: Álvaro Obregón, Maytorena, Gil, etcétera, pero aún no se ha dedicado ni digo un momento ni siquiera un párrafo a los brillantes hechos de las heroínas revolucionarias.

La señora Guadalupe Bringas de Carturegli, era una dama excepcional, cuya presencia se dejaba sentir ya fuera en los salones o en las escenas de guerra. Inmediatamente recibió una contestación adhiriéndose a la Cruz Blanca Constitucionalista y fungió como presidenta en su estado. Al terminar la Revolución se fue para Nueva York donde su esposo ocupó alto puesto de agente financiero constitucionalista.

Laredo, Texas, se convirtió en un centro revolucionario en todo sentido. *El Progreso*, diario oficial donde las incansables plumas de José Ugarte (Jorge Useta), García Vigil, Carlos Samper y Clemente Idar hacían relatos dinámicos, bélicos, no cesaban en su tarea de animar a los combatientes e informar a los simpatizadores. Hacían mil batallas que terminaban en triunfos. Los pequeños papeleritos voceaban ¡Extra! y se editaban con frecuencia durante el día.

La Junta Revolucionaria proporcionaba datos que recibía telegráficamente, distinguiéndose entre ellos don Melquiades García, quien era el alma de esa organización; La Rebelde dirigía las actividades sociales que eran la base moral de simpatía y patriotismo; comprendía que era un deber de todos los órganos sanos y puros que integraban la gran familia mexicana coadyuvar con todas sus fuerzas al rápido triunfo de la causa que debería restablecer el gobierno ultrajado de Francisco I. Madero.

Los periódicos de Laredo anunciaban en grandes letras: "Gran movimiento cívico en Laredo. Los elementos femeninos de raza latina se unen".

La Rebelde presidía la organización como presidenta y la señora Nieves Garza Góngora como vicepresidenta.

"Hacer el bien por el bien mismo". Todo eso y más exigía la patria ofendida.

Un movimiento rápido de tropas americanas bajo el mando del general Scott, llegó al fuerte McIntosh procedente de San Antonio, ese pueblo que estaba lleno de tropas, habiéndose guarnecido cuando el ataque de don Jesús Carranza. Era necesario guardar estricta disciplina para que los combatientes en el lado mexicano no descuidaran la puntería que fácilmente pudiera destruir vidas americanas.

El general Obregón había conquistado la parte norte, su campaña había sido brillante y fue nombrado jefe de esa división.

Ya el general Felipe Ángeles se había incorporado por órdenes especiales del Primer Jefe don Venustiano Carranza quien lo había nombrado secretario de Guerra. Poco duró en ese puesto que hubiera honrado, este connotado militar. Enseguida le hicieron política y el primer jefe para no disgustar a la División del Norte mandó a este excelso militar a la división de Villa.

Ya la historia ha relatado las hazañas militares en Sonora, los triunfos de Obregón, Maytorena, Gil, Diéguez y Cabral. Todo esto lo había publicado *El Progreso*, así como los movimientos de tropas de los generales Villa y Ángeles y la toma de Chihuahua.

Cuando el señor Carranza hizo su travesía de Nogales a Ciudad Juárez, venía escoltado por el 4o. Batallón de Sonora que mandaba el teniente coronel Francisco R. Manzo y el mayor Abelardo Rodríguez como Jefe del Estado Mayor, ya la gente de Villa y Ángeles había destrozado en esa acción a las fuerza federales.

Los acontecimientos fueron rápidos y vertiginosos; María regresaba del campo de los rebeldes en Matamoros y dirigiéndose a la casa de La Rebelde notificó de los movimientos que en pocos días se habían de realizar en las cercanías de ese pueblo.

Después de pensar bien los asuntos y descansar, un día La Rebelde le dijo: "María deberías irte inmediatamente a Ciudad Juárez a dar parte de las actividades de la Cruz Blanca al Primer Jefe". Al mismo tiempo le pareció necesario a La Rebelde, dadas las actividades de María, solicitar nombramiento para ella en el ejército facilitando y dando importancia a los indispensables y ameritados servicios a que María se había hecho acreedora, pues La Rebelde le rendía justo homenaje.

Así lo hizo María prometiendo regresar inmediatamente para dar aviso de lo acordado. Pareciéndole poco lo que María pedía, insistió La Rebelde en que le pidiera al Primer Jefe la hiciera teniente coronel de Caballería, pues era excelente jinete y no conocía el miedo.

Era importante que María se fuera antes del ataque de Nuevo Laredo por las fuerzas del general Pablo González, porque no se sabía a fijo si este general tomaría la Plaza o sería rechazado. Las compañeras Trini y Evita Flores Blanco, primas hermanas del general Lucio Blanco permanecieron en Laredo algunos meses tomando parte en todas las actividades que se desarrollaron en ese tiempo.

Por los eficientes servicios de la causa desde el tiempo de Madero, el señor Manuel Amaya, jefe de la Junta, dijo que serían de más mérito e importancia sus servicios en la capital donde deberían esperar a las tropas constitucionalistas.

Era un acto arriesgado pero no vacilaron en cumplir la misión que allí llevaban. No era fácil esa peligrosa jornada que ya conocían algunos jefes federales que por causas naturales y fuerzas imprevistas se hubieran acercado a las oficinas de telégrafos siendo Trini y Eva jefes de la misma, obligándoles a transmitir sus mensajes.

Viajaron en el mismo tren de algunos jefes federales hasta México sin darse ellos cuenta de que ellas conocían las claves telegráficas que habían de salvar a los carrancistas.

Eran hermosas y fascinadoras estas bellas monclovitas que habían clavado en Laredo sus banderas de triunfo y simpatía. Cumpliendo un sagrado deber se alejaron de ese pueblo llevándose los corazones de muchos admiradores.

Carlos Samper decía de ellas: "son idealidades dulcísimas y de vida vigorosa, de esas juventudes que aúnan el ensueño del cielo y el amor de la tierra, que pasan por la existencia con plácido vuelo tal como las gaviotas níveas rozando levemente el cielo azul".

A Nuevo Laredo habían llegado para los federales refuerzos y pertrechos de guerra, se habían construido torres para observar y esperar el ataque. El general Quintana engrosaba las filas de esas tropas.

Capítulo XII: "La mujer a quien el sargento adoraba"

Era la víspera de Año Nuevo, todos esperaban la medianoche para ver entrar el año de 1914. En la casa de La Rebelde se reunía un grupo de constitucionalistas en espera de grandes acontecimientos.

María de Jesús González iba rumbo a Ciudad Juárez; las señoritas Flores Blanco en camino a la ciudad de México; Aracelito en un estado de éxtasis pues pronto se desarrollaría el drama de su vida. La señora Guadalupe Bringas de Carturegli estaba en plena actividad ejemplar. Doña Panchita, la señora Juárez y la señora Anita V. de Lagarde en camino a México dispensaban auxilio a su paso.

La Junta Revolucionaria era toda actividad, se comunicaba con la gente de Matamoros y demás puntos de la frontera donde avanzaban las tropas constitucionalistas.

La Rebelde y su grupo de enfermeras estaban preparadas para cruzar a Nuevo Laredo en cualquier momento, obedeciendo órdenes de descansar cada quien en su cama. Para aquélla no había descanso; invitó a los que ahí se hallaban reunidos a visitar la choza de Pancho, donde podían ver con anteojos de largo alcance las actividades de los federales.

Pancho ya los esperaba fatigado y ansioso de avisarles lo que ocurría. "He andado desde el oscurecer de la tarde a las orillas del río y de este mismo lado he visto, con mis propios ojos, un tendido de soldados que parece una línea interminable, acostados en el suelo, entre las yerbas con sus rifles apuntando al lado mexicano y de vez en cuando un cañón, engañosamente tapado con ramas verdes".

La Rebelde, viéndole tan excitado y notando por primera vez que los avanzados años del pobre viejo servidor le acortaban la vida, le dijo: "Siéntate Pancho", al decir esto todos se sentaron a la orilla del río rodeando a Pancho. Silenciosamente miraban el río apacible, antes llamado Bravo ahora Grande y más tarde Manso, destinado algún día a amamantar humanamente a dos poderosas naciones con sus aguas turbulentas y alimenticias haciendo huellas en las entrañas de ambas tierras, hasta llegar al corazón mismo de la humanidad palpitante y sedienta de paz, amor y vida fraternal.

Clemente Idar, Leocadio Fierros, Clemente Jeffrey, Jovita, Elvira y Aracelito eran los que estaban presentes en la choza del buen Pancho. La Rebelde cogió la mano áspera y temblorosa de Pancho acariciándola tiernamente, en esos momentos flotaba en su memoria la imagen de la bondadosa Julia que tanta falta le hacía a Pancho.

Le preguntó: "¿Tú sabes lo que están haciendo ahí esos soldados americanos, Pancho?"

"Sí", contestó . . . "Me dijo un amigo empleado de la aduana: No tengas miedo Pancho, estos soldados están cuidando a nuestro pueblo, no quieren que pasen los soldados federales para acá en caso de que sean derrotados".

"Pues bien" dijo La Rebelde, "eso no es negocio nuestro, tú cuídate Pancho porque te vamos a necesitar, como pueden pasarse algunas balas para acá quiero que esta misma noche cierres tu casita y te vayas en tu esquife al rancho de la señora Antonia de la Garza de Orfila, allí te quedas hasta que yo te avise".

Entró Pancho a su casita y los demás se quedaron platicando. Pancho llamó a La Rebelde; había arreglado sus cosas y estaba listo para cumplir órdenes. Con voz temblorosa y algo de llanto se enjugaba los ojos y acercándose a La Rebelde le dijo: "Aquí tiene esta cajita, se la encargó su abuelita, la santa doña Damianita a mi Julia antes de morir. Julia me contó un día que la tenía escondida y dónde estaba, la he cuidado mucho porque algún día se la había de dar a usted. Éste es el día . . . si acaso no vuelvo se perderá".

Lloraron los dos y Pancho se quitó de su pecho la llave de la cajita, que Julia misma se la había puesto. "Téngala y cuídela, mire que mi ama quería mucho esas reliquias".

Abrió la caja y envueltas en papeles finos estaban las banderitas y el rosario, una rosa, en un rollo aparte estaba la pintura al óleo de la Divina Providencia que le había regalado el cónsul mexicano a su madre cuando La Rebelde cumplió un año. Temblaban las manos de La Rebelde al tocar esos tesoros, besándolos muchas veces prometió guardarlos siempre.

Pancho siguió explicando: "Mira esta bandera, la de las rayitas blancas y rojas con estrellas azules es la de tu hermano, esta blanca, verde y colorada la tuya, así decía mi ama y este rosario de rubí que besó el indio y que lo tuvo tu madre en sus manos al morir, también es para ti".

"¿Y aquí envuelta en este papelito?", le preguntó La Rebelde a Pancho con ansia de saber.

"Esta bandera es tuya también. Cuando la enarbolaste en el combate del general Jesús Carranza, yo hice esta banderita pequeña para guardártela en esta cajita. Decía mi ama doña Valeriana: 'También las mujeres van a la guerra y llevan bandera blanca', ¿te acuerdas?" dijo Pancho, "Cuando eran pequeños divertían a su madre jugando en el jardín a los soldados y mi ama te dio una toalla blanca para que no pelearas la bandera de tus hermanos. La rosa seca era la que usaba tu madre cuando hacían las flores para los altares, tú sabes lo que haces con esto".

En ese momento entró Aracelito avisando que ya se oían las campanas de las iglesias y los silbidos de las fábricas anunciando la entrada del Año Nuevo y que debían de irse. Abrazada de La Rebelde lloraba diciendo:

"Mi buena amiga, pídele a Dios que si llegan las fuerzas del general González que ganen para que venga mi querido Guillermo. Pancho, si te lo encuentras cuídamelo".

Olvidaron sus sufrimientos y La Rebelde para consolar a la hermosa joven cuyo corazón estaba destrozado, le enseñó sus tesoros.

Pancho ya había recogido todas sus cosas y las había acomodado en una caja de madera. De sus cobijas y su ropa hizo un envoltorio, llevándoselo debajo del brazo salió a despedirse de todos diciéndoles: "Cuando tome Nuevo Laredo el general González, nos iremos a México y allí viviremos". Se subió a su lanchita a la vista de todos quienes lo seguían con la vista mientras se perdía en las tranquilas aguas.

Ya había entrado el año, se encontraron la multitud gritando por las calles. Alegres gorros, pitos y tambores anunciaban la llegada del Año Nuevo 1914. Horas después se aquietó el pueblo; eran las tres de la mañana, dormían tranquilamente los habitantes cuyos nervios reclamaban descanso.

Mientras, resueltas con paso firme avanzaban las tropas del general González. Sabía muy bien que era un acto suicida por el número abrumador de los federales que constantemente recibían refuerzos y no se había podido cortar las comunicaciones por más que las fuerzas de Nafarrete, Murrieta, Cesáreo Castro y Fortunato Maycotte exponían su vida a cada momento.

Los poderosos cañones y ametralladoras bien montados en sitios altos de donde los federales dominaban las lejanías con puntería mortífera destrozaban las tropas del general González. El valiente y pundonoroso general Sánchez Dávila sin medir el peligro avanzaba con su gente sobre la bien fortificada plaza de Nuevo Laredo. El joven audaz teniente general Francisco Montes en la parte sur atacaba la invulnerable defensa de carros que protegían el centro de la población.

La población de Laredo, Texas, alarmada y rogando a Dios que triunfaran los constitucionalistas, esperaba transportarse al lado mexicano y felicitar al vencedor; ayudó de mil modos a los carrancistas, mandó emisarios como mejor podía asegurándoles ayuda, víveres y otras cosas.

El general del fuerte norteamericano se hacía el disimulado ante el patriótico y resuelto avance de las escasamente equipadas tropas del general González. Las tapias de las casas, los altos edificios públicos, el observatorio, todos estaban ocupados de espectadores que con lentes de largo alcance avisaban a los demás con magnavoces el progreso de las tropas constitucionalistas.

Los oficiales americanos azorados del valor desmedido del joven teniente coronel Montes quien jalaba su ametralladora algunas veces sólo haciendo puntería acertada y barriendo con precisión a los feroces federales quienes en grandes grupos manejaban un solo cañón.

El primero en caer herido fue el general Sánchez Dávila, que fue transportado del campo de batalla en brazos de don Melquiades García y llevado al lado americano a la residencia de La Rebelde, donde le hicieron las primeras curaciones para que pudiera ir a San Antonio a ponerse en manos de un médico amigo suyo. Ya la residencia de La Rebelde tenía sus puertas abiertas para recibir a los heridos, pues los leales amigos Federico, Carlos y Clemente se habían comunicado con ella por teléfono desde el rancho del señor Orfila preguntándole qué hacían con los heridos. La Rebelde contestó: "Tráiganlos inmediatamente a mi casa".

A las 12 del día comenzaron a llegar, para las 12 de la noche se suspendió un poco el fuego. Ya había en el hospital de sangre improvisado 75 heridos. Siguió el combate toda esa noche, prolongándose tres días más. El número de heridos aumentó a 150.

Los habitantes de Laredo habían tomado parte en este sublime acto de caridad, muchos nadaban cruzando el río para recoger a los que caían heridos. Toda la noche llevaron víveres y ayudando al ejército de los leales con miles de atenciones.

La Rebelde no ocupaba la casa paterna, en ese tiempo continuaba la firma comercial de su hermano ocupando la planta baja y los altos que había sido la residencia de la familia se había convertido en oficinas ocupadas por profesionistas: abogados, doctores, arquitectos, etcétera.

La Rebelde vivía en la misma calle a dos cuadras de esta casa en propiedad de su hermano como si fuera de ella misma. La propiedad estaba limitada por tres calles en el centro de la población, una mitad de la manzana la ocupó ella y la otra el semanario *La Crónica*, la residencia de los señores Idar. En los patios de ambas casas y en el centro de las dos había un bosque que daba apariencia de un sombreado parque. Esa propiedad y cuatro manzanas contiguas habían sido del general Quiroz, quien se refugió en Laredo perseguido por don Porfirio, era conocida como la "Huerta Quiroz".

Qué coincidencia que hoy esa propiedad era de La Rebelde y ahí mismo encontraron albergue los soldados constitucionalistas perseguidos por Huerta.

El hermano de La Rebelde, hombre bueno y perseverante se ocupaba en esos días en hacer política a un partido autócrata que desde hacía 33 años gobernaba ese pueblo, al fin lo derrocó y fue electo por unanimidad presidente municipal.

Para facilitar esa obra pública había construido un enorme salón que era parte de la casa de La Rebelde, allí tenía el hermano sus juntas políticas, ese mismo salón lo convirtió rápidamente La Rebelde en hospital, donde tuvieron cupo los heridos constitucionalistas y en menos de 24 horas nada faltaba en ese improvisado asilo: mesa de operación, instrumentos necesarios, camas y útiles. Cada cinco heridos tenían una enfermera y cada diez un médico. Un departamento estaba destinado al cuidado de la leal y abnegada señora Gilberta Z. de Lassauxl, ferviente constitucionalista; otro a cargo de la señorita María Villarreal, competente profesora y bondadosa compañera.

Todo Laredo movido por un solo impulso se hacía responsable por las vidas de esos huéspedes de honor, a quienes la suerte había brindado hospitalidad espontánea conscientes del deber hacia sus hermanos, orgullosos porque el destino les proporcionaba el privilegio de servir a sus semejantes.

El Ejército Constitucionalista se vio obligado a retirarse habiendo sufrido grandes bajas como también los federales. El general de los Santos combatió hasta el último momento toda la noche y durante el combate de los leales.

En Laredo no se ocupaban de otra cosa más que de la patriótica tarea de transportar a los heridos, cargándolos a veces en las espaldas para cruzar el río. La Rebelde los recibía uno por uno pasándolos primero a la sala de operaciones en donde eran esperados por los expertos doctores americanos Otto J. Cook, G.H. Halsell, W.E. Lowry, E.H. Sauvignet, Leal y otros. Incansable era La Rebelde que vivía en un ambiente espiritual, parecía que volaba en alas invisibles de un lado a otro, dando oportunidad a todas las que ofrecían sus servicios para tomar parte en esa obra grandiosa cuyos recuerdos jamás se borrarán de la mente del pueblo ni de las páginas de la historia de la gran comunidad de sentimientos nobles y generosos.

Era ya tarde y la tarea de traer heridos continuaba, dos señoritas delicadas y primorosas se acercaron a La Rebelde para ofrecer sus servicios, pues para todos había quehacer. En esos momentos habló por teléfono don Melquiades García preguntando desde el campo si había lugar para más heridos.

"Pues bien", contestó La Rebelde, "en estos momentos mando por ellos". Dirigiéndose a las jóvenes sin levantar la vista dijo: "Don Prisciliano, lleve a estas dos señoritas, prevénganse de vendas y medicinas y váyanse a levantar los últimos heridos, que los acompañe algún otro voluntario".

Aracelito, que esperaba con ansias esta oportunidad, se agregó a esta última comitiva. Había buscado en vano a Guillermo entre los heridos que durante el combate llegaban al hospital, su cara revelaba huellas de lágrimas y tristeza.

Cuando salieron del cuarto estas señoritas, se acercó a La Rebelde don Emilio Salinas diciéndole: "Señora, estas dos jovencitas son mis hijas que ha mandado usted a esa peligrosa misión, son sobrinas del Primer Jefe Venustiano Carranza (mi cuñado), y como mexicanas es su deber ayudar".

Dejó por un instante La Rebelde al herido que en esos momentos volvía del cloroformo después de operado, acercándose a don Emilio le cogió las dos manos en las suyas. "Gracias don Emilio esto es nuestro deber. La cruz que cargamos no es de papel, es algo más pesada y llevándola a cuestas entre todos se hace más liviana".

Una de esas abnegadas jovencitas era la esposa de Pedro, hijo de don Prisciliano Floyd, padrino querido de La Rebelde. "¿Qué hombre ve la abnegación de la mujer frágil y cariñosa, fuerte ante el dolor sin rendirse a sus plantas?"

Aracelito que iba acompañándolas llena de esperanza con el brillo en sus ojos, no ocultaba sus ansias de encontrar a su adorado Guillermo.

Pasaron los últimos heridos, era ya la madrugada, las fuerzas del general Pablo González hacían una rápida retirada. Aracelito vio de pronto a Guillermo, venía hacia la orilla del río y cargaba otro herido, le hacía señas a Aracelito (quien ya había cruzado) de que lo esperara, que si le era posible cruzara otra vez, porque ese llamado era urgente.

Aracelito cruzó en hombros de un amigo, pues esa parte del río era baja y fácil de cruzar. Al ver a Pancho tendido en las yerbas se arrodilló cerca de él. "Bien", dijo este buen hombre "quizá no volveré a mi choza". Sollozaba Aracelito, la levantó Guillermo diciéndole: "Vete Aracelito, yo velaré al lado de este último y fiel soldado, avísale a La Rebelde y vénganse juntas para darle sepultura".

Pancho estaba vestido de soldado, se había puesto el uniforme de un compañero que había caído muerto, para hacer las veces de éste.

Aracelito regresó de su misión en compañía de sus compañeras y buscando a La Rebelde con aflicción, no sabía cómo darle la noticia de su fiel Pancho. Cuando ya estaba todo tranquilo en ese asilo santo y las enfermeras haciendo guardia, encontró Aracelito a La Rebelde sentada en el jardín bajo las sombras de frondoso huisache. La luna llena alumbraba el patio, se acercó Aracelito y le preguntó:

"¿Está usted muy cansada?"

"¡Sí!" le contestó. "Muy cansada, no tanto por la tensión física de estos tres días, sino por los sufrimientos morales".

"¡Cuántos heridos! . . . ¡y cuántos muertos en el campo!"

"¿Dónde estará María? . . . ¿Dónde estará Pancho?"

Se acercó Aracelito y abrazando a La Rebelde le dijo con voz temblorosa: "Quiero que vaya conmigo antes de que amanezca, tenemos que darnos prisa, Guillermo me encontró a la orilla del río cerca de Zapata y me avisó que Pancho estaba herido, nos ha ayudado día y noche a pasar a los heridos y una bala traidora lo hirió".

Como en una horrible pesadilla se levantó La Rebelde, tratando de defenderse de algo que la amenazaba.

"¡Padre Eterno, te has llevado a mi fiel Pancho! ¡Qué hermosa despedida de la vida, cuidando a sus hermanos heridos!" Cogiendo a Aracelito de la mano le dijo con firmeza: "Vamos, todos están en sus puestos y duermen tranquilamente los heridos".

Tomaron un coche, lejos de la casa y se fueron rumbo a Zapata, ahí cruzaron en la misma esquife de Pancho. Debajo de un mezquite estaba sentado Guillermo, la cabeza sumida entre sus piernas completamente agotado, cerca de él Pancho reposaba su último sueño, las ramas cubrían su cuerpo y su sombrero le cubría el rostro. El caballo de Guillermo estaba amarrado cerca del huisache; con movimientos nerviosos había soltado la tierra y en cada movimiento hundía sus pezuñas más hondas.

"Guillermo, tu caballo ha cavado la fosa para enterrar a Pancho, escarbaremos un poco más. Vete pronto al pueblo a traer un ataúd, aquí esperaremos Aracelito y yo".

Ya Guillermo se había incorporado a las fuerzas de don Pablo González, no tardó en traer lo necesario y dos ayudantes, pues Guillermo era mayor del Estado Mayor del general Pablo González. La Rebelde lloraba sin cesar, Aracelito la consolaba; de pronto dijo: "Mire, ya llegan".

Ya empezaba a asomarse el sol de un nuevo día cuando acabaron de abrir la fosa y cubrirla con ramas. "Aquí descansa el hombre más valiente y más honrado de todo México", decía La Rebelde.

Enseguida ordenó Guillermo a sus ayudantes que regresaran a incorporarse con su gente llevándose su caballo, al despedirse de ellos le dijo a La Rebelde: "Yo las acompaño al hospital, tengo órdenes de mi general de llevarlas y quedarme allá unos días. Cuando fui por el ataúd le avisé a mi general que me casaba con Aracelito si su mamá le da permiso, pero no me la llevaré, seguirá en su noble tarea con usted y yo me regresaré con el general hasta que triunfe la Revolución. ¡Qué milagro hizo Dios!"

Era tan grata esa noticia para las dos que alivió el dolor inmenso que sentían al despedirse del fiel Pancho. Gozaba La Rebelde al ver la felicidad de Aracelito. Los dos enamorados cogidos de la mano se juraban amor eterno, al fin quedaron dormidos en el coche que los llevaba mientras La Rebelde velaba ese dulce sueño.

Al llegar al hospital se despidió Guillermo para ponerse a las órdenes de la Junta Revolucionaria, especialmente de don Melquiades García para quien traía cartas del general. A don Melquiades le confesó su amor por la linda Aracelito, él prometió ser el padrino y se realizó pronto la boda para que regresara el joven militar a su destacamento.

Capítulo XIII: La Rebelde se preocupa

En los hospitales de sangre reinaba tranquilidad. Al mes se notaba mejoría en algunos soldados mientras que seguían su curso las curaciones de los demás heridos, las enfermeras se ocupaban en ratos de ocio en arreglar la ropa de sus encomendados, escribían a sus familiares, les leían los periódicos; había orden y disciplina; algunos de los convalecientes se paseaban por el jardín.

Mientras, se organizaba la Cruz Blanca en su debida forma, La Rebelde fue electa presidenta, Elvira Idar, vicepresidenta, Rafael Rentería, secretario, Eduardo Guerra, tesorero, Federico Idar, Angelita L. de Esparza, Cleotilde Martínez Villarreal y Manuel L. González, vocales.

Terminadas las elecciones, la mesa directiva expresó sus deseos de elegir presidente honorario de la Asociación, por unanimidad se eligió al general don Pablo González, cuya moción fue calurosamente aprobada y se le envió el nombramiento respectivo, suponiendo que aceptaría; también se hicieron miembros honorarios a los doctores americanos y mexicanos que habían prestado servicio voluntario.

Ya en plena función la Cruz Blanca se ocupó del restablecimiento de la salud de los que ahí se hospedaban.

El general González contestó que gustosamente aceptaba el honor que se le hacía nombrándolo presidente de la Cruz Blanca en un precioso documento que se conserva para la Historia.

Pronto se vio envuelta La Rebelde en un inesperado torbellino. Al mismo tiempo que el general González había atacado la plaza de Nuevo Laredo, otras fuerzas constitucionalistas compuestas de 6.500 hombres atacaban a los federales en Ojinaga. Los efectos de la nutrida artillería constitucionalista causaron enormes pérdidas al ejército federal cuyos soldados huyeron desconcertados al lado americano donde las fuerzas de ese país los desarmaban haciéndolos presos por desertores.

El general Villa no dejó ni un solo momento de proveer

parque de cañón y fusiles; 3.000 federales fueron hechos prisioneros en un campo militar del gobierno de Estados Unidos.

Huerta y los suyos, principalmente los de Ojinaga, levantaron la voz de protesta en contra de los constitucionalistas que habían encontrado albergue y beneplácito recibimiento en las arenas de Laredo, Texas.

Inmediatamente se puso en obra La Rebelde; entre los muchos personajes que visitaron su hospital, llegó un abogado de Nueva York, el señor Otto Wefing, quien había sido tutor del hermano de La Rebelde cuando éste estaba en la Universidad de Fordham. Recordando este señor a don Joaquín con suma gratitud por haber ganado crecidas cantidades de dinero por sus servicios, se puso a las órdenes de La Rebelde quien sin más ceremonias que el urgente caso demandaba, envió a este competente abogado a Austin, capital del estado a exponer su causa ante el gobernador. Tan hábilmente fue presentado el caso que los constitucionalistas no fueron molestados.

Por la mucha presión que siguió ejerciendo el gobierno de Huerta, después de algunos meses se acordó vigilar la cuadra donde vivía y alojaba La Rebelde a sus queridos paisanos. Una compañía del ejército estadounidense levantó una carpa en cada esquina de la cuadra impidiendo el paso a persona alguna sin credenciales o que fueran bien conocidas. Por lo pronto esto era una protección para los heridos incapacitados de moverse, otro problema para el que sentían alivio; debían incorporarse a sus batallones pues ya hacía planes el general González para un nuevo ataque.

Empezó la estrategia donde tomaron parte inconscientemente todos los que se acercaban a ese hospital. La guardia norteamericana cambiaba varias veces al día, todos eran simpatizadores de la causa, nadie quería a Huerta.

Habían muerto cuatro heridos del número total de 150, haciendo un récord magnífico, estos cuatro sujetos proporcionaban el entierro para doce. Cuando la agencia de inhumaciones piadosamente hacía su visita por primera vez, aparentemente llevó un ataúd que no gustó a La Rebelde y tuvo que ser regresado para ser cambiado por otro de mejor clase, que no salió vacío: ¡Misterios de la vida! En el acto escogieron otro. Al salir éste para el panteón, alguno más vivo que el muerto quiso tomar un paseo al cementerio, pero cambió de parecer en el trayecto gustándole más el camino a Zapata.

Hubo desperdicio de material pero ganancia humana. Y así fueron enterrando los cuatro cadáveres, unas veces solos y otras acompañados.

Contaba la guardia a los heridos una vez al día, pasándose revista y encontrándose completo pero la patria demandaba el retorno de sus soldados. Cuando reportaron que faltaban doce redoblaron la atención y la guardia contaba dos veces al día pues podían haberse equivocado al hacer el primer recuento.

Entraban cuatro hombres diarios con veinte galones de leche, salían cuatro heridos ya en buenas condiciones y se quedaban los cuatro felices ciudadanos paseándose por los salones sin darse cuenta de que representaban un drama. Algunas veces se acostaban a dormir en las camas desocupadas reemplazando a los desocupantes y a la hora del recuento estaba la cuenta completa, pero un día les cayó tierra, desprevenidas las enfermeras a la hora del recuento sólo había 33. La guardia se había hecho amiga de las enfermeras y un poco relajada se hallaba la estricta vigilancia. Esto, sin embargo, no le cayó en gracia al jefe del Campo Militar, quien sin avisarle a La Rebelde se presentó en magníficas ambulancias llevándose a los heridos que allí quedaban al fuerte de McIntosh dejando vacío el salón, a La Rebelde y su cuerpo de enfermeras desconsoladas. Reaccionando pronto se fueron acompañándolos al campo donde pidieron permiso para seguir desempeñando su labor.

La Rebelde les llevaba la correspondencia diariamente. Los del periódico *El Progreso*, Samper, Rafael Rentería y José Ugarte, obsequiaban la prensa y don Melquiades García los visitaba prometiéndoles toda clase de protección.

Una vez más, La Rebelde llamó a su amigo el abogado Wefing quien usó sus influencias haciendo ver al gobernador que los heridos eran huéspedes en casa particular y que habían cometido el delito de allanamiento de morada al sacarlos de su casa; ella no se había opuesto porque sabía que en eso basaba su defensa.

"Los reclusos en el Fuerte McIntosh, fueron puestos en libertad; en unos cuantos días llegó la orden de liberarlos, los valientes constitucionalistas que regaron su sangre en las inmediaciones de Nuevo Laredo los días 2 y 3 de enero de 1914 y que se hallaban recluidos en el fuerte y que por una mala interpretación se había violado la ley de neutralidad, fueron puestos en libertad por ser de justicia esta liberación de los heridos", decía *El Progreso.* "Se debió exclusivamente a La Rebelde quien desde el momento en que fueron traídos a Laredo y atendidos en su propia casa les prodigó toda clase de cuidados".

Existen documentos que acreditan estos hechos y los del abogado que gestionó su devolución. Muchas fueron las escenas de abnegación y lealtad de las divinas hermanas de la caridad, quienes estuvieron al lado del lecho de los héroes; no había palabras para expresar la admiración, la profunda gratitud que brotaba del alma de cada herido al despedirse de estas mensajeras celestiales que convirtieron todos sus empeños en restituir esas vidas a la patria.

La historia no ha dado cuenta al enaltecer a los valientes héroes de la parte importante que tomaron las mujeres cuyas manos puras y corazones sensibles sacrificaron sus preciosas vidas en un deber altamente patriótico y profundamente humano y cristiano.

Dejaron hondas huellas en el corazón de todos los habitantes de Laredo y el cariño y respeto para el general González y su división, entre ellos muchos destacados jefes como los generales Lucio Blanco, Cesáreo Castro, Maclovio Herrera o Federico Montes.

En casa de La Rebelde se había colocado en un lugar prominente la fotografía del Jefe de la División del Noroeste. Todos tenían forzosamente que pasar por allí y a nadie se le permitía el paso sin antes cuadrarse ante ese noble guerrero. Después de unos días se desalojó el local y quedó todo en silencio, las enfermeras voluntarias se fueron a sus casas en busca de un merecido descanso.

Ya quedaba organizada la Cruz Blanca Constitucionalista y en espera de un nuevo ataque en Nuevo Laredo por la gente del General González quien tenía bien copado a los federales, se preparaban para tomar la plaza, en vista de esto se organizó una segunda brigada que había de pasar a Nuevo Laredo donde se atendería a los combatientes.

Los federales a quienes no les quedaba más recurso que abandonar la Plaza, discurrieron quemar la población antes de alejarse, colocando botes de gasolina en todos los edificios públicos, en las casas particulares, dejando todo en cenizas sin olvidarse de la casa de La Rebelde, donde doña Valeriana había hecho florecer en el corazón de su hija el amor hacia México.

Leonor Villegas de Magnón con las cinco medallas que recibió a lo largo de su vida.

Leonor Villegas y Adolfo Magnón en el día de sus nupcias, 10 de enero de 1901.

Parte de la brigada de la Cruz Blanca en Laredo, Texas, antes de salir para El Paso para cruzar la frontera en Ciudad Juárez. De izquierda a derecha: José Ugarte, Jesusa Guerra, Margarita de la Garza, Rafael Rentería, Luis Vela, Araceli García, Rosa de la Garza, Eduardo Guerra y Jerónimo Marín.

El día 12 de junio de 1914, el Sr. Alfredo Breceda entrega el nombramiento oficial de la Cruz Blanca Nacional a Leonor Villegas de Magnón, acompañada por su secretaria, Lily Long.

Hospital en Chihuahua, patio en donde estaba enterrado el tesoro. Lily Long, Venustiano Carranza, Leonor Villegas de Magnón, doctor José María Rodríguez, y doctor Ángel Castellanos.

Grupo de enfermeras de Monterrey, Nuevo León y Laredo, Texas.

Banda del General Murguía, Charcas, San Luis Potosí, en el vagón: Leonor Villegas de Magnón y Lily Long.

Reconstrucción de un puente entre Venado y Boeza, el 19 de julio de 1914.

General González acompañado de jefes y oficiales de su estado mayor.

Enfermeras acompañadas de los soldados que atienden.

The Laredo Times, Wed., April 26, 1961. Page 15

SR. EUSTACIO MONTOYA, fotografo oficial de la Cruz Blanca Nacional.

Eustacio Montoya, fotógrafo oficial de la Cruz Blanca Nacional.

Desfile procarrancista.

Embarcamiento de artillería.

En Durango, la Sra. Pastor Roix, Leonor Villegas de Magnón, Venustiano Carranza, el Sr. Fuentes, el general Pesqueira, Isidro Fabela, y otros no identificados.

Licenciado Alessio Robles, general Luis Caballero, Venustiano Carranza, general Gustavo Elizondo, general Ignacio L. Pesqueira, y licenciado Isidro Fabela.

Estadounidenses hacen guardia en la frontera con sus armas en mano.

Funeral del general J. Carranza y oficiales.

DIRECCION GENERAL DE PENSIONES

EL C. MAGNON LEONOR VILLEGAS DE

AYUDANTE DE 1/a. ESTADIGRAFO.

QUE PRESTA SUS SERVICIOS EN

ECONOMIA NACIONAL.

SECRETARIA O DEPARTAMENTO

TIENE CATALOGADAS SUS CUENTAS CON EL

FIRMA DEL INTERESADO

Leonor Villegas de Magnón.

No. 10-4374

Identificación de cuenta pensional.

El general Pablo González, presidente honorario de la Cruz Blanca Nacional.

Leonor Villegas de Magnón en radio difusora. Circa 1934.

Leonor Villegas de Magnón con los veteranos.

Capítulo XIV: La cena con Ángeles

Era la tarde del 3 de abril, habían pasado tres meses desde el combate de Nuevo Laredo, y una profunda tristeza inundaba los corazones de Aracelito y La Rebelde, quienes recordaban los sucesos y acontecimientos que habían presenciado en esa misma casa. Se acordaron cariñosamente de los días en que velaban por el bienestar de cada soldado, entre ellos el Capitán Rodolfo Villalba que no siendo herido grave sí requería reposo y atención. Era el Capitán un joven resuelto, honrado, que cautivó inmensas simpatías.

El estado de salud de los heridos que se habían curado en el hospital de la "Cruz Blanca Constitucionalista", fue satisfactorio en alto grado, así dijeron los médicos de la Cruz Roja que vinieron desde Washington, D.C. a inspeccionar los hospitales. Todos los soldados se habían puesto de pie y manifestaban su gratitud a las personas que los habían colmado de atenciones y cuidados durante su enfermedad, bajo la protección de las barras y las estrellas . . . un piano fue traído al salón y se tocó el Himno Nacional Mexicano y el Star Spangled Banner, Himno Americano.

"Todo era bullicio, todo rodeado de flores, siendo costumbre americana que lleva en sí tanta virtud curativa", así decía José Ugarte (Jorge Uzeta). "Virtud tónica para el espíritu generalmente marchito del que sufre".

Todos los soldados se habían regresado a sus batallones. Guillermo y Aracelito se despidieron esperando reunirse cuando el general entrara triunfante a Nuevo Laredo, con ese objeto se organizó la Segunda Brigada de la Cruz Blanca Constitucionalista que había de pasar a esa plaza.

La Mesa Directiva se componía de Aracelito, consejera, la señorita María Villarreal, jefa de hospitales, la señorita Elvira Idar directora y la señorita Magdalena Pérez subdirectora y luego una lista larga de voluntarias.

En esa tarde cuando hacían la recordación llegó inesperadamente un telegrama del general González dirigido a La Rebelde diciendo: "¿Puede usted enviar un cuerpo de enfermeras a Ciudad Juárez, que pasen a Chihuahua para atender a los heridos de los combates de Torreón?"

Se quedó pasmada La Rebelde y sintió en esos momentos que su corazón saltaba en volcánica agitación y que los deberes de su vida se habían transformado, ya había desbandado toda su gente. En esos momentos se encontraban dispersos, sin embargo, sin vacilar contestó el telegrama con el mismo mensajero. "En el tren de las seis de la mañana saldremos para El Paso a cumplir sus órdenes".

Allí sentada y sin moverse La Rebelde pidió voluntarios. El primero fue el fotógrafo Eustacio Montoya, quien en esos momentos traía unas fotografías para demostrarlas. Vio en manos de La Rebelde el telegrama y enterándose del contenido dijo espontáneamente: "Yo voy con usted . . . ahora mismo me prepararé".

En el camino a su casa se encontró tres compañeros que habían sido ayudantes del hospital, enseguida éstos corrieron a la casa de La Rebelde. "Vamos con usted, estaremos en su casa a las 5 de la mañana", y se fueron avisando a los demás, para las ocho de la noche quedó la brigada de 25 completa.

Felipe Aguirre, Federico Idar, Tomás Almeida, Santos Esparza, Ezequiel Ruiz, Severo Cantú, José Hernández, Rubén García y Eustacio Montoya, Esteban Arriaga, Francisca P. de Ruiz, Angelita P. de Esparza, Felipa H. de Partachelli, Cleotilde Celfa y Emilia Martínez, Luz y Catarina Ibarra, Guadalupe Partachelli, Teresa G. Vda. de Hernández, Jovita Idar, Magdalena Pérez, Lily Long, la secretaria y La Rebelde.

También recibió un telegrama La Rebelde dirigido a la Cruz Blanca Constitucionalista por el doctor Agustín Garza González, agente comercial constitucionalista en Brownsville, Texas, en el que invitaba a los miembros de la institución que ella representaba a que marchasen a Ciudad Juárez con el fin de atender a los heridos de aquella ciudad que habían sido traídos de Torreón.

La Rebelde telegrafió inmediatamente contestando que ella con 25 enfermeras se embarcarían a las seis de la mañana del día siguiente, suplicándole se lo comunicara al general Pablo González.

Por correo especial mandó el general una hermosísima carta con credenciales para ser presentadas al Primer Jefe de la Revolución. El administrador de correos Federico Ligarde de Laredo, Texas, en la madrugada llevó la carta y las credenciales personalmente a La Rebelde, casi momentos antes de salir el tren. El señor Ligarde había hablado por larga distancia con el general González, quien le avisó que procurara poner en manos de La Rebelde esos documentos. La noticia fue acogida con entusiasmo tanto por La Rebelde como por los miembros de dicha institución.

Cuando La Rebelde fue a participar la noticia de su partida a su hermano, éste protestó enérgicamente, le pareció mal que abandonara a sus pequeños hijos; al fin le prometió cuidárselos. Se fue un poco contrariada . . . adoraba a sus hijos pero dominada por una fuerza indefinida, obedecía a un empuje tremendo que parecía de vida o muerte.

Allá en la capital de México estaba su esposo, sin saber ella cuál era su actitud política o qué pensaría él de la peligrosa misión que ella había de desempeñar. Aún no se tomaba la plaza de Nuevo Laredo, pero allí quedaba la brigada que había de pasar y ayudar a los leales.

Se fue sin conocer al general González o al doctor Agustín Garza González, pero en el corazón de todos los habitantes de Laredo había sembrado el amor, el respeto hacia ellos y todos los que combatían a su lado.

La víspera de la salida de la primera brigada de la Cruz Blanca Constitucionalista de Laredo se había celebrado una gran manifestación, Villa había tomado Torreón, toda la noche y hasta la hora de la partida del tren hubo regocijo por las calles y en la estación un gran número de partidarios fueron a despedir al cuerpo de enfermeras y ayudantes.

En San Antonio, Texas, las recibió una comisión enviada por el Consulado Mexicano y en El Paso las esperaba otro grupo del Consulado de esa ciudad entre ellos el señor Juan Burns, Salvador Treviño y el excelentísimo cónsul don José María Múzquiz.

Se alojaron los miembros de la Cruz Blanca en un hotel y La Rebelde y su secretaria Lily Long en el mismo consulado, ahí deberían de recibir órdenes. Era ya el día siete de abril, habían descansado tranquilamente todo el día y por la noche el señor Múzquiz invitó a La Rebelde y a su secretaria a pasear por la ciudad y cenar, las acompañaron el señor Burns, y el abogado Otto Wefing, quien por casualidad había visto en el periódico *San Antonio Express* que salía La Rebelde con su cuerpo de enfermeras a Ciudad Juárez. Durante esa memorable cena se dio cuenta La Rebelde que pronto se jugarían la vida ella y sus compañeros en un campo de dolor y de aflicción.

Estaba pensativa cuando el señor Múzquiz dirigiéndole la palabra le dijo: "Señora ya está avisado el Primer Jefe de su llegada por conducto de este Consulado y creo que usted personalmente debe comunicárselo".

Rápidamente contestó La Rebelde: "Mire señor Múzquiz, nosotros venimos a cuidar heridos del combate de Torreón, especialmente venimos a curar a los soldados, ellos son los que más nos necesitan pues los generales tienen lo que desean".

"Muy bien señora", contestó el caballeroso y gentil señor Múzquiz, "mañana descansa usted y pasado mañana va con su secretaria a presentar las credenciales que tienen pues ya avisó el general González que llegaba usted y que presentaría sus credenciales. Si usted quiere yo la acompañaré".

"Déjese de eso señor Múzquiz", contestó La Rebelde, "yo le daré a usted mis documentos y le ruego se me asigne inmediatamente el hospital y el lugar donde he de recibir a los heridos".

"Es que ya mandó el Primer Jefe que se presentara usted a recibir órdenes", contestó el señor Múzquiz.

"¿Órdenes?" repitió La Rebelde, "es que nunca he recibido órdenes de nadie", y notando la expresión de sorpresa en la apacible cara del señor Múzquiz dijo como disculpándose "es que yo sé lo que tengo que hacer".

El señor Wefing quien estaba sentado a la mesa enfrente de La Rebelde, le hacía señas para que se abstuviera de hablar, fijándose en el abogado y en la secretaria un momento le dio oportunidad al abogado para que le dijera: "Señora, es que usted no se ha dado cuenta del alto honor que se le hace como Presidenta de la Cruz Blanca Constitucionalista, formará usted parte del ejército, yo como americano . . ." continuó hablando el señor Wefing, "simpatizador de la causa que usted defiende he venido a felicitarla, le ruego que se dé cuenta del momento trascendental de su vida".

Se puso muy seria La Rebelde, no volvió a conversar con ninguno, el finísimo señor Múzquiz de vez en cuando miraba la mano izquierda de La Rebelde que reposaba en la mesa y le decía: "Es usted muy rebelde, se conoce que la han consentido bastante, nosotros los constitucionalistas conocemos su labor y estamos agradecidos".

Ya no habló La Rebelde, se acordó que la mano que miraba el buen señor llevaba una cicatriz y pronto la escondió dando un motivo más para que el señor Múzquiz creyera que se había disgustado. No, no era eso, en esos momentos se acordaba de su madre cuyas profecías se estaban cumpliendo día a día y ya se veía ella con su bandera blanca en los campos de batalla.

Terminada la cena se dirigieron al Consulado, ahí se despidió el abogado Wefing prometiendo regresar por la mañana a ver qué novedad había, La Rebelde y su secretaria Lily se fueron a sus habitaciones, Lily cogiendo cariñosamente a La Rebelde del brazo se sentó cerca de ella guardando silencio; La Rebelde apreciaba muchísimo a Lily quien además de montar bien a caballo, conocía el manejo de las armas, era una excelente enfermera, teniendo vastos conocimientos en medicina, era hermosa, rubia y con su presencia daba realce a la institución; adoraba a los mexicanos y le interesaba el triunfo de su causa. Pasaron momentos haciendo comentarios sobre la conversación que tuvieron durante la cena, de pronto oyeron pasos . . . alguien subía la escalera rápidamente . . . Lily salió al corredor, regresó enseguida dejando entreabierta la puerta:

"Señora, sube un militar, parece teniente, tiene los distintivos como los de Guillermo Martínez Celis".

"¿Acaso es alguna orden para nosotros?, para que haya entrado al Consulado es porque tiene derecho", dijo La Rebelde.

"Sí que lo tengo", dijo el esbelto y guapísimo Teniente, "el derecho que usted me ha dado". Y sin más ceremonia abrazó a La Rebelde. Lily se quedó estupefacta, ¿quién será éste?" se preguntó.

Permanecieron abrazados un rato interminable. La Rebelde lloraba sobre el hombro de aquel joven, quien también se veía emocionado y luego apartándolo para verlo mejor, exclamó: "¡Pero María, qué bien llevas el uniforme!, platícame que ha pasado, no he sabido de ti en tres meses".

Cerraron la puerta con llave, acercaron las tres sillas para platicar en secreto, impaciente le dijo La Rebelde: "Pronto, María, dime que estoy ansiosa de saber cómo es el Primer Jefe y cómo te recibió".

María sin pérdida de tiempo comenzó a relatar (recordemos que meses antes la había enviado La Rebelde a pedir un nombramiento):

"Tardé más de 20 días en esperar la contestación de un mensaje que le puse al Primer Jefe solicitando audiencia y luego puse otro avisando que traía cartas de importancia del general Pablo González y de la presidenta de la Cruz Blanca; mientras esperaba contestación de éste se me ocurrió visitar las tiendas, compré un vestido lindo, vaporoso y unas flores para la cabeza, preparándome para el día en que me recibiera el Primer Jefe. Al fin llegó el día deseado y me trasladé rápidamente a Palacio, fui recibida inmediatamente; él estaba muy ocupado y sólo me saludó; al entrar llegaron varios secretarios con telegramas y documentos que requerían su firma. Según pude enterarme eran noticias urgentes de la División del general Villa en Torreón. En un momento entre contestar telegramas y entrar y salir de jefes me acerqué y le di las cartas, las puso sobre la mesa, noté que estaba hondamente preocupado. Luego, dirigiéndose a mí dijo: '¿Qué noticias me trae de Laredo?' Parecía que le preocupaban las noticias recibidas de Matamoros.

"Le contesté al jefe que yo tenía más de un mes de estar en espera de esta entrevista y que no podía decirle de los acontecimientos durante ese tiempo; que el objeto de mi visita era suplicarle que me permitiera pertenecer al ejército, abrevié la conversación diciéndole de plano: 'Solicito un nombramiento de teniente coronel de Caballería, para desempeñar comisiones de confianza aunque sean de peligro'.

"Se quedó pensativo el jefe viéndome, con mucha seriedad contestó: 'En estos momentos no puedo resolverle, agradezco su oferta y cuando lea estos documentos que me ha traído le avisaré'.

"Dejé mi dirección y me salí muy triste. Pasó un mes y viendo que nada resolvía con la rapidez que yo deseaba, decidí ponerle otro telegrama expresándole que era urgente que me contestara algo sobre mi petición. Estaba intranquila, pues sabía que usted había llevado a los heridos a su casa durante ese tiempo, yo podía haberle servido eficazmente en Laredo. Fui a una tienda donde había visto uniformes, escogí éste; me dijeron que era de categoría, le dije al dependiente que era para mi hermano, siendo él del mismo cuerpo. Era conveniente que primero me lo probara, me quedó a mi medida y lo compré; ordené que lo llevaran a mi hotel, luego fui a una peluquería llevando la caja vacía en que me habían mandado estas botas de montar a caballo".

La Rebelde mirándola con admiración le dijo: "En verdad María que estás bien equipada . . . a ver ponte de pie para verte mejor; hasta pistola traes, cartuchera, nada te falta".

Luego se sentó y siguió platicando: "En la peluquería me cortaron las trenzas, las amarré con un listoncito y las guardé en la caja que llevaba. Hágame corte de hombre, quiero parecerme a mi hermano que es militar".

María era hija única, tenía un cutis envidiable, facciones perfectas, pelirroja, como mujer era preciosa, así es que el teniente resultó guapísimo.

Impaciente preguntó La Rebelde: "¿Luego que hiciste María?"

"Regresé a mi habitación, me uniformé, me vi mil veces en el espejo, en eso estaba cuando tocaron la puerta de mi cuarto, era un mensajero avisándome que me esperaba el Primer Jefe, el mensajero esperó mi firma y nada le extrañó de mi persona; pensé si éste no se dio cuenta de que soy mujer, entonces puedo salir a la calle con confianza. Sin más demora fui al Palacio donde llegué sin novedad alguna presentando el telegrama que acababa de recibir en la puerta de la Secretaría; así apresuré mi entrada. El telegrama estaba dirigido a M. de Jesús González, me pasaron enseguida y el Primer Jefe se quedó asombrado . . . en vez de llegar una mujer, entraba un militar. Frunció las cejas y se acomodó los anteojos, viéndome con sospecha. Yo llevaba la caja debajo del brazo, al acercarme la destapé para que viera mi cabello y con sangre fría le dije: ¿No me conoce usted jefe?, me cuadré ante él, quien al mismo tiempo tomaba la caja en sus manos. Se sorprendió bastante. Se sentó y señaló una silla devolviéndome la caja donde brillaban los cabellos dorados. 'Veo que insiste usted en su propósito, pues bien le daré nombramiento de teniente de Caballería y desde luego desempeñará una misión muy delicada.' Abrió su uniforme y de una bolsa interior sacó un sobre: 'Se lo dará al general Manuel Chao, búsquelo donde quiera que esté y a su regreso pídale dos ayudantes que le acompañen, ahora no habrá peligro pero a la vuelta puede haberlo, aquí hay dinero suficiente para que llegue. El general le dará lo necesario para la vuelta'.

"Encantada salí de la presencia del Primer Jefe; en alas de mis ensueños de mujer veía flotar el pabellón mexicano y me sentía heroína, la más valiente y en honor a la verdad casi general. ¡Qué casualidad! hace dos días regresé habiendo cumplido mi misión en Chihuahua; al saber que usted estaba aquí, era natural que la buscara, a usted que tanto le debo y la reconozco como mi jefe. Al encontrarla inesperadamente vine a reportar el cumplimiento de mi misión, esperaba verla en Laredo adonde tengo órdenes de salir mañana mismo".

Dirigiendo la mirada al reloj y sorprendiéndose del tiempo transcurrido, platicó sólo unos momentos más preguntando por el valiente Pancho que la había conducido aquella noche de peligro a reunirse con la gente del general González.

La Rebelde no conocía personalmente al general pero le envió con María una carta avisándole que se pondría a las órdenes del Primer Jefe al siguiente día, haciendo de su conocimiento el feliz arribo de los miembros de la Cruz Blanca a Ciudad Juárez.

María debía de incorporarse con la gente del general Murrieta, de lo cual se alegraba La Rebelde pues ahí tendría un miembro de la Cruz Blanca, rogándole a María que avisara a la señora Munguía que se incorporara con las fuerzas del general Maclovio Herrera, formando la señora Munguía su brigada sanitaria como jefe pues su esposo ya era telegrafista de ese cuerpo militar.

De esa manera La Rebelde iba hilando su bandera blanca al servicio del Ejército Constitucionalista. Desde esa fecha perdió María su identificación como mujer y pasó como hombre hasta terminar la revolución. Después del juramento de lealtad esperaban verse María y La Rebelde al triunfo de la causa, de pronto sus caminos eran por distintos y peligrosos senderos, pero constantemente se comunicarían.

Eran las dos de la tarde del día siguiente, se preparaban para salir La Rebelde y su secretaria después de largo descanso, cuando oyeron que tocaban la puerta suavemente. Lily abrió la puerta un poquito para ver quién era. "Permítame", dijo cortésmente el señor Burns, vicecónsul mexicano en El Paso.

"Vengo a avisarles que el señor Gustavo Espinosa Mireles, secretario particular del Primer Jefe manda esta tarjeta y las espera en mi despacho". En el acto pasaron a la oficina del Consulado y encontraron un joven esbelto, pálido, cabello rizado, mirada serena y muy pulcro; saludaron seriamente y al ser presentadas por el señor Burns permaneciendo todos de pie, a nadie se le ocurrió sentarse, parecía que era cosa ya dispuesta. Después del saludo se dirigió el joven a la secretaria y le dijo: "Le suplico que lleve los documentos que las acreditan porque enseguida nos vamos, el Primer Jefe las espera".

Salió la secretaria regresando inmediatamente con un portafolio. Dijo en voz baja y suave el fascinador señor Mireles dirigiéndose a La Rebelde: "Señora, el Primer Jefe le ha mandado varios recados por conducto de este Consulado, porque desea conocerla y darle las gracias por sus honorables servicios, además tiene usted que ponerse en conocimiento de los movimientos del ejército, para saber dónde hacen falta las brigadas sanitarias".

En esos momentos se dio cuenta La Rebelde por primera vez que al cruzar el puente internacional se alejaba de su hogar . . . de sus hijos, para ir a los campos de combate donde reinaban la muerte y la tristeza. No se contemplaba sola, más bien le preocupaba el riesgo que tendrían sus compañeras, que tan espontáneamente se habían unido a la causa; resolvió que al terminar la entrevista con el Primer Jefe, les hablaría haciéndoles ver los peligros. Esto no fue necesario porque al saber la brigada que La Rebelde había sido llamada por el Primer Jefe, se había adelantado uno de sus miembros esperándola, y en la puerta del palacio le había dado un sobre cerrado, rotulado: "Para abrir en presencia del Primer Jefe".

Después de pasar entre dos filas de soldados que hacían guardia hasta la puerta del palacio, las detuvo un momento el joven licenciado Gustavo Espinosa Mireles, mientras que anunciaba al Primer Jefe la llegada de la presidenta de la Cruz Blanca Constitucionalista y su secretaria.

Tuvo tiempo La Rebelde de revisar rápidamente a los jóvenes que componían esa guardia; los chicos apenas se acomodaban reglamentariamente las carabinas, las cartucheras, los fusiles; pero se daban cuenta de la gravedad del asunto. Las miradas fijas, los cuerpos rígidos, la palidez de su tez, revelaban su actitud resuelta de morir defendiendo su patria. Se conmovió La Rebelde ante el valor y abnegación de estos jóvenes, pensando en los hogares que quedarían vacíos por la ausencia de seres queridos. Tristemente recordaba a sus pequeños hijos. ¿Se imaginaba acaso a los suyos, más tarde envueltos en tragedia mundial? Apenas oyó la voz del secretario que había regresado avisándoles que el jefe las esperaba, señalándoles la puerta: "Pasen", hizo una cortesía y desapareció. Desde la puerta veía La Rebelde al Primer Jefe quien portaba un uniforme color barro rojizo, que le parecía cercano a una gigantesca estatua esculpida de cuerpo entero, parado cerca de una silla dorada; la mano izquierda reposaba sobre el respaldo de la silla y la otra estaba parcialmente escondida entre los botones de su uniforme; sentía la pequeña Rebelde que avanzaba a rendir homenaje a un Dios. Detrás y muy cerca, en presencia del Jefe Máximo de la Revolución, sabía que él conocía su audacia y nada la sorprendía. El salón impresionó a La Rebelde; era inmenso, tapizado de rojo, un poco sombrío, severamente amueblado, inundando su alma de tristeza; llegaron cerca del jefe, que había permanecido inmóvil; con la mirada fija esperaba que se aproximaran. Como un relámpago que rompe la oscuridad de la noche tenebrosa e ilumina el cielo, así se sorprendió La Rebelde por una leve sonrisa en los labios de aquella estatua; oyó un armonioso sonido cual si se desmoronara el ídolo y sólo quedara un montón de tierra rojiza; se había convencido de que la esfinge invulnerable era accesible, era humano, era todo bondad. La secretaria, mientras tanto, abría el portafolio y mostraba las cartas que acreditaban a La Rebelde, las entregó. Moviendo la cabeza, el Primer Jefe dijo: "No necesitaba usted presentar documentación, pues ya conocía su labor como directora de la Cruz Blanca Constitucionalista, y de las demás damas que la acompañan. Escribí inmediatamente al general Pablo González dándole parte de su llegada y próxima salida para Chihuahua; sólo me resta hacerle una pregunta", añadió, señalándoles un sillón. La voz suave del Primer Jefe seguía fascinándoles. "Favor de tomar asiento". Una vez sentadas, volvió La Rebelde a extender la mano con los documentos. "¿Es usted hija de don Joaquín Villegas?"

"Sí, señor", contestó La Rebelde. Esta pregunta la llenó de júbilo, ya que ella adoraba a su querido padre, le agradaba hacer recordación de él. "¿Conoció usted a mi padre?", inquirió llena de alegría.

"Sí, contestó el jefe, fuimos buenos amigos siendo yo gobernador de Coahuila, en tiempos del presidente Madero; desde Laredo venía su padre a tratar asuntos conmigo. Algo más deseo saber", manifestó el jefe, "¿lleva usted una quemada en la mano izquierda?" Esta pregunta hizo ruborizarse a La Rebelde y escondió la mano en la que apretaba los documentos. Muy despacio, como recordando algo del pasado, dijo el Primer Jefe: "Yo también llevo una quemada en la mano izquierda, la sufrí el mismo día que la quemaron a usted, según dijo entonces el médico que me curaba y que la curó también, y agregó: en aquel entonces dije: algún día esa niña y yo estaremos en grandes acontecimientos envueltos en tragedia'". ¡Veía claro el asunto mucha gente! Cortó el hilo de su narración y habló en tono distinto. "Ve usted, señora, ya la esperaba".

Rápidamente interrumpió La Rebelde al Primer Jefe diciéndole: "¿Me hará usted el favor de escribir lo que acaba de contarme?"

"Ahora no puedo hacerlo, se han desarrollado grandes triunfos, en Chihuahua; se lo escribiré".

La Rebelde contestó sonriendo; "Yo se lo recordaré".

Entonces el secretario particular Espinosa Mireles, acompañado por el entonces coronel doctor José María Rodríguez, saludó atentamente al Primer Jefe, quien intentó presentarlo; el doctor estrechó la mano de ambas damas y dijo: "Ya tengo el placer de conocerlas, cuando pasé a Laredo, en el improvisado hospital de sangre; en casa de la señora hice algunas operaciones; juntos revisamos la lista de heridos". (Adjunto lista de los 150 heridos que se alojaron en la casa de La Rebelde).

"Doctor", dijo el Primer Jefe, mañana sale la señora al frente de la Cruz Blanca Constitucionalista, pasado mañana saldré yo en el siguiente tren con mis secretarios, Estado Mayor y poderes; ya se lo comuniqué por telégrafo al general Manuel Chao, quien las recibirá y se encargará de instalarlas en su nuevo hospital. La señora es la presidenta de la Cruz Blanca Constitucionalista, como usted lo sabe", continuó diciendo el Primer Jefe, "ella será la encargada de presentar informe directamente a mí, formando parte de mi Estado Mayor el cual usted también integra como mi médico y lo será de esta institución". El amable médico expresó su agrado y desde ese momento estuvieron y lucharon de común acuerdo hasta terminar la revolución.

La Rebelde se sentía convertida en una pequeña parte de ese gran movimiento revolucionario que iba tejiendo su vida en la telaraña que envolvía a millones de almas en marcha precipitada e incontenible.

Abrió La Rebelde con mano temblorosa el sobre que al entrar a la presencia del Primer Jefe le había dado Federico

Idar, miembro de la Cruz Blanca Constitucionalista; con los ojos llenos de lágrimas se enteró del contenido y lo pasó al jefe. Aquel rebaño de almas caritativas y abnegadas juraban ser leales a la causa, no abandonar sus puestos hasta ver el triunfo del Primer Jefe, ligando sus vidas a la de La Rebelde y formando fraternal agrupación, o sea servir sin recompensa.

El Primer Jefe estrujó el papel, documento firmado por todos los miembros de esa brigada y emocionado lo devolvió a la mano temblorosa de La Rebelde que apenas podía acomodar el papel arrugado en su sobre.

"Usted estará cerca de mí", dijo el jefe, sabrá muchas cosas, observará más y algún día escribirá". La Rebelde se quedó atónita al oír esto y a cada momento sentía que crecía más la responsabilidad que había aceptado.

"Infatigable luchadora, que ni la misteriosa enlutada podría retirarla de la lucha", así decía don Serapio Aguirre.

En esos momentos sagrados en que se formaban pactos sin firmas, sin abogados, se acordó La Rebelde de su coronela de Caballería. ¿Acaso la recordaría también el jefe? preguntó La Rebelde "¿Se acuerda usted de la coronela María de Jesús González, la de las trenzas doradas?" El jefe movió la cabeza afirmativamente y dijo: "Resuelta muchacha, entiendo que es profesora".

"Sí, dijo La Rebelde, ya ella lleva hojas brillantes en mi historia, haré recordaciones de ella".

Interrumpió esa entrevista emocionante la llegada del ingeniero Manuel Bonillas, secretario de Relaciones Exteriores, y saludó a las dos damas. La secretaria Lily Long hablaba poco español, en cambio el señor Bonillas hablaba perfectamente el inglés. Según se presentaban los asuntos, entraron los respectivos secretarios: los licenciados Isidro Fabela, Jesús Acuña, Alfredo Breceda y por último Felícitos Villarreal. Todos fueron enterados del nombramiento y reconocieron a La Rebelde como la presidenta de la Cruz Blanca Constitucionalista. Una hora duró la entrevista. A los coroneles Jacinto B. Treviño y Juan Barragán ya los conocían. Don Felícitos Villarreal era viejo amigo del padre de La Rebelde y expresó su agrado al saber que colaboraba al lado de ellos, haciéndole saber, además, que como particular estaba siempre a sus órdenes, estrechando la mano de ambas damas.

El Primer Jefe acordó lo relativo al viaje, ordenando la salida inmediata; encargó al mayor Jesús Valdez Leal que recibiera la correspondencia de la Cruz Blanca Constitucionalista remitiéndola adonde él se encontrara, hasta entonces iba dirigida al licenciado Juan Burns al Consulado Mexicano en El Paso, Texas.

En su carrera fugaz recordaba La Rebelde a cada una de sus leales compañeras, las que estaban con ella, las que había dejado en Laredo, ansiosas todas de sacrificar sus vidas, pero nunca de retroceder.

Ya para despedirse entró el licenciado Espinosa Mireles con un telegrama para La Rebelde; lo tomó el Primer Jefe y viéndolo detenidamente dijo: "Es para usted". Siguió con el telegrama en su mano y con la otra extrajo del bolsillo un cortapluma, lo abrió con mucho aplomo, introdujo el filo de la navaja en el sobre, y sin levantar la vista ni enterarse del contenido, se lo pasó a La Rebelde quien no había perdido ninguno de sus movimientos. "Gracias, señor", murmuró La Rebelde abriendo despacio el sobre, así como lo había hecho el Primer Jefe. Leyó varias veces el mensaje, luego se lo devolvió. El telegrama estaba firmado por Leocadio Fierros avisándole que Nuevo Laredo ardía en llamas, que la casa de La Rebelde en la calle de Victoria estaba hecha cenizas. Se habían retirado los federales. Las fuerzas del general Pablo González tomaban la Plaza. "Gracias a Dios", dijo La Rebelde, mandaré un telegrama para que la 2a. Brigada de la Cruz Blanca Constitucionalista pase a Nuevo Laredo y tome posesión del hospital atendiendo a los heridos y haciendo espléndido recibimiento al general González y su gente.

Otro telegrama a la señora doña Panchita Verduzco, quien ya había enarbolado la bandera de la Cruz Blanca Constitucionalista, brindaba hospitalidad a la tropa y los oficiales, con igualdad para todos. Para ella no había noche, todo era un solo día, servía sin cesar repartiendo ropa y comida. ¡Cuántas veces vaciaba la bolsita de su regazo para dar el último centavo a soldados que carecían de víveres para su familia! Siguió al lado de la Revolución en un trayecto escabroso, cruzó el estado de Sinaloa.

La señora Lupita Juárez, hermosa y honrada joven que en Nayarit abrió las puertas de su hogar, ese sagrado recinto donde reinaba la prosperidad y abrigaba a dos pequeños niños, lo entregó totalmente para hospedar al Primer Jefe Carranza y su gente, recogiéndose ellos en una pequeña cocina donde hacía cientos de tortillas de harina y café para la tropa, costeando el importe los mismos.

Su esposo fue nombrado jefe de un ramal del ferrocarril; en un 'caboose' aquella opulenta familia cruzó los estados hasta llegar a la capital. Su esposo ya había perdido el brazo en un accidente de trabajo y aún así permanecieron leales al constitucionalismo.

Cuántas veces saboreó La Rebelde esas tortillas mientras que Lupita comentaba con pesar cómo en la capital de la república despilfarraban riquezas los poderosos de la tierra de Moctezuma, ahora hechos generales metalizados. Ella a nadie decía sus penas, a nadie acusaba, gracias a Dios que hemos tenido hombres y mujeres que engrandecieron a su patria.

La elegante y acaudalada María Bringas de Carturegli equipó un tren, convirtiéndolo en hospital y acompañó a su esposo hasta la línea de fuego, llevando miembros de la Cruz Blanca y actuando como presidenta de la misma organización en el estado de Sonora.

Más tarde, con el doctor (su esposo), fueron a Nueva York, donde él fungió como agente confidencial constitucionalista.

Cuando allá la visitó La Rebelde fue día de regocijo y tristeza; gusto de verla, sí, pero la nostalgia se había apoderado de ella, no creía nunca haberse visto tan lejos de su patria y sentía la ingratitud de nuestra raza. La Rebelde dedica este recuerdo a su belleza de alma. "María, mujer mexicana, símbolo de amor fraternal".

Habiéndose adelantado la relación de algunos hechos, regresaremos a la entrevista interrumpida en presencia del Primer Jefe. "Permítame retirarme, señor Carranza", dijo La Rebelde, haciendo saber a la secretaria el triunfo del general

Pablo González en Nuevo Laredo. El Primer Jefe, ya de pie, le dijo a La Rebelde, refiriéndose a su destruido hogar en Nuevo Laredo, "¿Tan grande es su entusiasmo por el soñado triunfo del jefe de la División del Noreste que poco así le importa la pérdida de lo suyo?"

"Mi casa es sólo una antorcha que iluminará el cielo de mi pueblo natal", interrumpió La Rebelde, continuando con vehemencia: "es que todos llevamos un ideal, el triunfo es para cada uno de nosotros si estamos unidos; además el jefe de la División del Noreste es nuestro presidente honorario, e ídolo en la frontera. Él abrió el camino para nosotros; la Cruz Blanca Constitucionalista colaborará a su lado, al lado de los grandes héroes de la Revolución; estoy altamente agradecida".

"Vaya, dijo el jefe, ya voy entendiendo, nos veremos en Chihuahua".

Habían reducido a cenizas la casa de La Rebelde en la calle Victoria situada enfrente de la casa de don Octaviano L. Longoria y familia, casa en la que había nacido, hogar sagrado de doña Valeriana, que había sido traspasada a don Ignacio Beléndez cuñado de doña Valeriana y aún siendo él empleado federal aduanal por 33 años, ni por eso la respetaron los federales.

La primera entrevista con el Primer Jefe fue satisfactoria, así lo esperaba La Rebelde, quien llena de optimismo se comunicó con su brigada y les repitió palabra por palabra lo que el Primer Jefe quería. Otra vez, juraron ser leales y adoptaron el lema:

VIDA, HONRADEZ Y PUREZA
SALVAR la vida de los que se hallaban en peligro o fueran encomendados a su cargo.
HONRADEZ, respetando intereses y propiedad ajena.
PUREZA en su trato y contacto con el prójimo.

A eso se comprometieron y así lo cumplieron. Espiritualmente fortificadas, se lanzaron a los campos donde reinaba la muerte y desolación. Esa noche fue de actividad para los miembros de la Cruz Blanca Constitucionalista, preparándose para el viaje. La Rebelde y su secretaria estaban en constante conocimiento de lo que pasaba en Laredo.

El Primer Jefe, con persona de su entera confianza, preguntaba por la presidenta de la Cruz Blanca Constitucionalista. La secretaria se apresuró a recibir el recado. "No", movió la cabeza el enviado, "tengo órdenes de entregar este sobre a la presidenta". Al coger el sobre, La Rebelde se fijó mucho en el portador, él en ella, parecía que se formaba un pacto sagrado en el que jamás violarían la confianza que en ellos depositaba el jefe. La Rebelde tomó aquel sobre silenciosamente, dio las gracias al portador.

"¿No hay contestación?", preguntó el enviado. La Rebelde sacó el contenido del sobre, escribiendo en la cubierta: "Acuso recibo, Presidenta de la Cruz Blanca Constitucionalista". Ese sobre contenía pases oficiales de telégrafos y ferrocarriles nacionales. Se retiró el enviado y por largo tiempo se quedó La Rebelde paseándose por el cuarto, no se ocupaba de prepararse para el viaje, sólo sentía que todo el peso de la Revolución se descargaba en ella, en su Cruz Blanca. Sabía que su gente era capaz de todo sacrificio. ¿Cómo les recompensaría?

Juró entre sí llegar a México, a la capital, a los pies de Carranza triunfante, pedir mucho para estas abnegadas compañeras, las enfermeras y sus ayudantes, quienes poco a poco se iban transformando en sombras protectoras de los vivos además de administrar a los heridos y disponer de los muertos.

Pocas horas les quedaban de reposo. La abnegada secretaria hacía mil preguntas acerca de la toma de Nuevo Laredo. El puente internacional parcialmente destruido no permitía el paso a transeuntes, la ciudad ardió tres días y tres noches; contemplaba la población de Laredo, Texas, esas llamaradas que demolían casas totalmente. Los alambres caídos de la fuerza eléctrica hacían imposible que arribaran los simpatizadores y los expatriados que regresaban a tierra mexicana. Desde Laredo, Texas, en sitios elevados veían las fuerzas del general Pablo González marchar firmemente con estoico valor a tomar posesión de la abandonada plaza de Nuevo Laredo.

La segunda brigada de la Cruz Blanca Constitucionalista pasó a tiempo para recibir al presidente honorario de esa institución, habiendo preparado un banquete en el que brindaron y vitorearon a los valientes guerreros, que tanto habían sufrido. Un brillante discurso pronunciado por la profesora María Villarreal, otro por Magdalena Pérez dando la bienvenida al jefe de la División del Noreste y su gente. Muchas y repetidas veces a través de los años hizo recuerdos el general Pablo González de este agasajo de bienvenida en Nuevo Laredo, por la Cruz Blanca Constitucionalista.

Al fin el sueño cerró los ojos de La Rebelde; confiada en la actitud heroica de sus compañeras, y más aún pensando en la felicidad que inundaría el alma y el corazón de Aracelito al reunirse con su bien amado, su valiente mayor del Estado Mayor del general González. Incorporándose ella más tarde a esa división como jefe de la brigada de la Cruz Blanca Constitucionalista, marchó hasta llegar a la capital, allí más tarde vio el ascenso honroso de su adorado esposo, reuniéndose en esa gran metrópoli con La Rebelde, quien les obsequió su casa en la calle Tabasco, donde pasaron su luna de miel.

Muy lejos volaron los pensamientos de La Rebelde esa noche. Buscaba en su mente, con lentes poderosos y espirituales, a su María González, la coronela de caballería que se había incorporado con la gente del general Murrieta; a la señora Ernestina de Munguía, que era jefa de la brigada de sanidad del valiente general Maclovio Herrera y cuyo esposo era telegrafista de esa brigada; Juanita Mancha, que se había incorporado a la brigada del general Luis Caballero, como ayudante del doctor Heller, quien prestó señalados servicios. "Todas están cumpliendo con su deber", murmuró entre sueños. ¡Benditas ellas que sienten con tan profundo amor los dolores de su patria!

El 7 de abril de 1914, al amanecer, los miembros de la Cruz Blanca Constitucionalista abordaron el primer tren que salía para Chihuahua. En sus ojos, se veía el brillo vencedor, en sus apretados labios el gesto de resolución guiados por espíritu invencible. Pocas palabras se pronunciaron; en sus corazones llevaban el triste recuerdo de sus abandonados hogares. Cada una se entregaba a meditaciones muy propias del momento. Ocupaban un coche de primera, tras de éste seguían varios carros bien equipados de útiles y menesteres de hospital. Viajaron sin novedad hasta llegar a la hermosa ciudad de Chihuahua.

El día siguiente a la misma hora partía de Ciudad Juárez el tren del Primer Jefe, su Estado Mayor, su escolta bajo el mando del general Francisco Urquizo. El Batallón de Sonora había precedido con dos días de anticipación, ya estaba en Chihuahua, cuando llegó la Cruz Blanca Constitucionalista.

Un oficial del Estado Mayor del gobernador, general Manuel Chao, se presentó a la llegada del tren a recibir la Cruz Blanca Constitucionalista. Joaquín Bauche Alcalde, coronel del Estado Mayor del general Felipe Ángeles, un periodista de finísimo trato y bellísima persona. En su coche condujo a la presidenta de la Cruz Blanca Constitucionalista y a su secretaria al mejor hotel. Ahí, saludó a todos los miembros de la primera brigada de esa altruista organización.

El coronel Bauche explicó que había sido imposible acomodar a todos en un mismo lugar por estar Chihuahua en espera del Primer Jefe, pero que su ayudante llevaría a la brigada a otro hotel cercano, y que de ambos hoteles podrían ver la entrada triunfante del Ejército Constitucionalista.

El gobernador había dado órdenes de que descansaran para luego tomar posesión del hospital, donde recibirían a los heridos que traerían del combate de Torreón y alrededores de Chihuahua. Cada minuto traía una nueva sorpresa, las enfermeras de la Cruz Blanca Constitucionalista no dejaban de admirar a tantos grupos oficiales. "La Revolución tenía que triunfar", decían ellas, "todos son educados, de alta alcurnia y esto no es cosa de bandidos, como dicen los federales".

Al entrar al hotel, a la derecha de un gran salón, se oía ruido de armas, de charreteras, de espuelas, etcétera; salían de ese cuarto dos guapos oficiales, ahí tenían su alojamiento el Estado Mayor del mayor Francisco Manzo, su pagador, capitán Abelardo Rodríguez, quienes eran inseparables. En el primer piso, exactamente arriba de este cuarto, se alojaron la presidenta y la secretaria de la Cruz Blanca Constitucionalista.

La llegada del Primer Jefe fue colosal, si al general Francisco Villa no le agradó, no por eso se eximió el general y gobernador Manuel Chao en sus esfuerzos para que resultara un éxito el recibimiento. La historia relatará los hechos militares, aquí sólo toca hacer vivir y recordar a las heroicas olvidadas.

El Primer Jefe tomó posesión del Palacio Gámez; en seguida, por conducto del general Chao, gobernador del estado, recibió órdenes la presidenta de la Cruz Blanca Constitucionalista de trasladarse a otro palacio, casi enfrente de la casa ocupada por el Primer Jefe. Ahí recogió a su brigada en espera de tomar posesión del hospital.

Tocó la suerte que al siguiente día de haber estado en el hotel, se enfermó el teniente coronel Francisco Manzo y en seguida se puso a sus órdenes la Cruz Blanca Constitucionalista, quedando la secretaria Lily Long como enfermera de cabecera. Desde ese momento nació una amistad constante, noble y leal entre el jefe del 4o. Batallón, su Estado Mayor, y los miembros de la Cruz Blanca Constitucionalista, casi formaban parte del Batallón; cambiaban impresiones cada día, visitaban el hospital, comían y cenaban juntos el teniente coronel Francisco Manzo, el mayor Abelardo Rodríguez, la presidenta y la secretaria de la Cruz Blanca. Esto continuó hasta llegar triunfantes a la capital.

La presidenta de la Cruz Blanca hacía amigos por todos lados: Juan de Dios Bojórquez, Manuel y Joaquín Bauche Alcalde, que publicaban el periódico *Vida Nueva*, los coroneles Jacinto B. Treviño y Juan Barragán. Todos visitaban el hospital acompañando al Primer Jefe a quien le gustaba saludar a los heridos obsequiándoles dinero y cigarros. Habitualmente acompañábanle los doctores José María Rodríguez y Ángel Castellanos y algunas veces el gobernador, general Manuel Chao.

Era la Cruz Blanca Constitucionalista parte del organismo de la Revolución, causaba admiración su eficaz y económico servicio. La brigada oficial se componía de 25 miembros, quienes además de ser enfermeras se ocupaban en sellar billetes de dos denominaciones que en Chihuahua emitió el general Francisco Villa.

Por orden del señor Serapio Aguirre la Cruz Blanca Constitucionalista hizo distintivos, botones de propaganda, visitó a las familias de los heridos y les llevó su correspondencia. Los ayudantes eran maquinistas, fogoneros, garroteros, telegrafistas, linotipistas, redactores, periodistas y fotógrafos. En un momento dado podían mover un tren y tirar periódicos. Eustacio Montoya fue fotógrafo oficial de la Cruz Blanca Constitucionalista hasta llegar a México; después lo fue del Primer Jefe.

En la buena Panchita —así le decían a doña Francisca Ruiz, porque siendo jefa de vigilancia era para todos una madre—, depositaba su confianza la presidenta, mientras que ella y la secretaria cumplían con distintas obligaciones. Tenían horas para estar presentes en los salones de operación, de inspección, luego dejaban el hospital para atender la formación de brigadas locales que quedarían permanentes después del avance de las tropas. La Cruz Blanca avanzaba con el ejército triunfante.

A los pocos días quedó la organización completa y pudo La Rebelde conferenciar con el Primer Jefe sobre su plan de acción; en esto le ayudaron mucho el general Manuel Chao, Joaquín y Manuel Bauche Alcalde. Le agradó al Primer Jefe el plan expuesto; bajo éste la brigada se ocuparía de hacer servicio de hospital, iniciando trabajos cívicos y sociales invitando por medio de la prensa local de cada estado a la mejor sociedad para que tomara parte activa en la Cruz Blanca Constitucionalista. En la casa de la presidenta había reuniones para organizar la mesa directiva que debía quedarse trabajando por el bienestar de los heridos en Chihuahua, captando las simpatías y cambiando así la mala impresión que habían dejado los federales respecto a la honorabilidad y honradez de los constitucionalistas.

El general Francisco Villa era el comandante militar de la plaza; era necesario acercarse a él. La Rebelde, la secretaria, Felipe Aguirre, el tesorero, Federico Idar encargado de publicidad, presentaron sus credenciales al jefe de la División del Norte, poniéndose a las órdenes de tan importante personaje para que se diera cuenta que formaban parte del Estado

Mayor del Primer Jefe, explicándole que era el deber organizar la Cruz Blanca Constitucionalista y luego avanzar a otros estados dominados por el ejército triunfante.

Así lo hicieron en cada estado con la ayuda de los gobernadores y jefes militares, quienes extendieron facilidades y atenciones. Hasta esa fecha no se había incorporado a la primera brigada ningún miembro nuevo por tener orden del Primer Jefe de que la brigada organizadora se limitara al personal que originalmente había salido de Ciudad Juárez procedente de Laredo; que las personas que iban formando parte en cada ciudad vivieran allí para que quedara la Cruz Blanca Constitucionalista permanente, que al triunfo de la Revolución se convocaría a una asamblea general invitando a todas a la ciudad de México.

Una sola excepción se hizo en Chihuahua cuando La Rebelde y la secretaria visitaron otros hospitales de sangre, cuyo personal era del pueblo. En uno de ésos se acercó a La Rebelde una jovencita muy bella diciéndole: "Señora, yo quiero servir en sus filas".

"Niña, eres muy joven", dijo La Rebelde.

Insistió la joven y entonces conmovida La Rebelde le dijo: "Puedes ayudarnos mientras estemos aquí", luego agregó, "eso si tienes el permiso en tu casa".

A la hora usual La Rebelde, la secretaria y Adelita, quien no se había apartado de ellas, fueron al hospital. Pronto esta última se hizo amiga de las enfermeras, les platicó que era su sueño y delirio ser enfermera y curar heridos. La preciosa Adelita desde ese día ocupó el cuarto de La Rebelde y a los pocos días llenó de alegría aquel triste hospital; por la noche llegaban serenatas, se asomaba por la ventana detrás de cuyas fuertes barras de fierro se encontraba segura. "Quedito, quedito, no toquen tan fuerte", decía Adelita a los trovadores. Para cuando llegó a los oídos de La Rebelde el rumor de las serenatas, ya el corazón de Adelita estaba traspasado por el agudo dardo de cupido.

Una noche llegaron a la casa que habitaba La Rebelde un sargento y Adelita; corriendo ésta abrazó a su jefa, llena de alegría. "Mi Jefa", así le decía, "le traigo a mi sargento, que se quiere casar conmigo. Se llama Antonio y es de la gente del general Francisco Villa, con quien pronto se irá a combatir a Zacatecas".

La Rebelde preocupada preguntóle, "¿Ya lo saben en tu casa?"

"Sí", contestó Adelita, "ya escribí", pensando ella sólo en su aventura amorosa. "Después nos incorporaremos en la brigada del general Manuel W. González. Yo siempre en la Cruz Blanca y él defendiendo su patria".

No se realizó ese sueño, pereció el sargento en cumplimiento de su deber y a la vista de la pequeña Adelita fue acribillado por balas traidoras. Vive siempre ese joven trovador en su rítmica canción "La Adelita".

Adelita llegó a la capital con miles de sacrificios al triunfo de la Revolución en 1914. Ya se han publicado reseñas de la adorada Adelita, quien supo conquistar héroes para la patria. Como acosados los defensores de la patria por la sed, el hambre, el dolor, mitigaba sus sufrimientos ese ángel de la caridad. Así anda por la vida hoy más hermosa que nunca, su cabeza levantada y su conciencia tranquila. No hay palabras con cuáles expresar la admiración, la gratitud que brota del alma de La Rebelde, cuando se acuerda de la pequeña Adelita. "¡La patria es suya!"

Una tarde en que tuvieron una reunión en palacio, allí encontró La Rebelde al general Felipe Ángeles, a quien no había visto desde que éste fungía como director del Colegio Militar de Chapultepec. No dejó de mostrar gusto y satisfacción al ver al distinguido militar en presencia del Primer Jefe, siendo el agradable encuentro casi al terminar la merienda. A la salida, el general Ángeles ofreció su brazo a La Rebelde para bajar los enlozados y artísticos escalones del Palacio Gámez, conduciéndolas al auto del Primer Jefe que las llevaría a donde ellas se hospedaban, pero el jefe se adelantó cogiendo a La Rebelde del brazo y señalando al general Felipe Ángeles que acompañara a la señora Lily Long, la secretaria.

Al despedirse, La Rebelde sorprendió una sombra de disgusto en el siempre amable semblante del señor Carranza, y con disimulo le dijo: "Hace mucho tiempo que somos amigos", dirigiendo la vista al general Ángeles, "lo felicito por tenerlo como secretario de Guerra, también lo fue de nuestro querido presidente Madero". La Rebelde no volvió a ver a los generales Francisco Villa ni Felipe Ángeles hasta encontrarse en Torreón, algunos meses más tarde.

Todo marchaba bien en el hospital de sangre; los primeros días fueron de grandes pruebas, sacrificios y abnegación. Llegaron los heridos traídos por la gente del general Francisco Villa hasta sumar trescientos. Se inauguró en Chihuahua el hospital de la Cruz Blanca Constitucionalista, asistiendo al acto de inauguración el Primer Jefe, señor V. Carranza, su Estado Mayor, así como personas que formaban la administración de aquel estado y las de la ciudad de Chihuahua. La fiesta revistió carácter solemne. Las nobles damas laredenses que formaban la primera brigada recibieron merecidas distinciones. La Rebelde velaba celosamente por sus colaboradoras, deseando ver cumplidos sus más bellos anhelos.

Allí trabajaron más de un mes curando heridos de la batalla de Torreón. Infatigables y nobles fueron los servicios del joven doctor Ángel Castellano, bajo la protección del coronel doctor José María Rodríguez. El doctor Castellano era modesto y retraído, como son los grandes genios de México.

Tomó gran desarrollo la organización; se formó la mesa directiva que habría de regir los destinos de esa institución, en la forma siguiente:

Presidente honorario, general Francisco Villa.
Presidenta del Estado, doña Luz Corral de Villa.
Presidenta de la ciudad de Chihuahua, doña Elena Marín de Bauche Alcalde.
Vicepresidenta, doña Lucrecia Cámara Vales de Maldonado.
Tesorera, doña Sofía Alvarado de Esquerro.
Secretaria, doña Antonia Jáuregui de Hevia del Puerto.

La oficina de la Cruz Blanca Constitucionalista quedó provisionalmente instalada en la casa de Paseo Bolívar 419. La Cruz Blanca fue patrocinada por el Primer Jefe del Ejército

Constitucionalista quien puso empeño en fomentar y apoyar los trabajos.

El periódico *Nueva Vida* puso las columnas de su diario a la disposición de la altruista institución. Todo esto se anota para recordar la grandeza de alma de la mujer chihuahuense.

El hospital improvisado rápidamente en Chihuahua, no tenía las facilidades o comodidades de otros ya instalados. Al segundo día había tanto desecho de vendas, algodón, etcétera, que era urgente preparar algún lugar para incineración. A La Rebelde le preocupaba esto; sentada en una banca, miraba por todos lados para escoger el sitio más conveniente. De pronto se levantó, contó 30 pasos hacia el centro del patio desde el portal donde estaba sentada. Marcó el lugar y regresó en busca de sus ayudantes: Felipe Aguirre, Federico Idar y Montoya diciéndoles: "Abran un pozo hondo, cuadrado, que sirva para quemar los desechos, pueden causar daño, alguna infección si se acumula más cantidad".

Los dejó trabajando, entró al salón de curaciones, pasó algunos momentos en revisar la lista de enfermos, cuando en esto llegó Federico Idar, diciéndole: "Señora, venga inmediatamente". Creyendo que sólo deseaba saber si el pozo tenía las dimensiones necesarias, se sorprendió cuando le dijo: "Parece que damos contra una caja de fierro o algo así parece, ¿debemos seguir?"

"Sí, como no", dijo La Rebelde acercándose al pozo y prosiguió, "suban las picas más arriba".

En pocos momentos descubrieron una puerta de fierro diagonalmente colocada, con gran cerradura. Rápidamente la forzaron y al abrirla vieron con asombro una escalera que tenía 10 o 12 escalones, todos de fierro que daban entrada a un gran salón. Como cuento de hadas o *Las mil y una noches,* se encontraron entre sacos arrimados contra las paredes, llenos de dinero de todas denominaciones. El cuarto formaba una especie de banco; en las mismas paredes, más altas que los sacos, había casillas llenas de acciones de Banco de Minería y muchos documentos de valor. En el centro del cuarto una mesa de caoba y sobre ella, una estatua de bronce del señor Enrique Creel, ex gobernador de Chihuahua. Había millones de pesos en oro y plata. Aún estupefactos, salieron precipitadamente y cerraron la puerta, cubriéndola con gruesas tablas y tierra, al comprender la responsabilidad que descargaba sobre ellos. Eran las diez de la mañana, hora en que había más movimiento en los salones del hospital. La Rebelde llamó a la secretaria, levantaron un acta relatando el hallazgo y jurando todos guardar el secreto.

Salieron en comisión Felipe Aguirre y Federico Idar a suplicarle al general y gobernador Manuel Chao, que la presidenta de la Cruz Blanca Constitucionalista necesitaba hablar con él urgentemente, que trajera a su secretario Joaquín Bauche Alcalde.

El hospital estaba retirado del centro; cuando lo visitaban el Primer Jefe o el gobernador y los ayudantes, todos iban a caballo. No tardó en llegar el gobernador Chao porque sabía que al llamarle la presidenta de la Cruz Blanca era algo urgente, estaba ella bien recomendada por el Primer Jefe. A su llegada le indicaron el lugar del hallazgo, quitaron los estorbos y lo acompañaron al subterráneo para hacer una investigación. Todo lo examinó el secretario, tomando datos; no se habló una sola palabra, luego levantaron un acta y mandó el gobernador sellar la puerta. Se pusieron losas encima, luego la tierra como si fuera un entierro. Nadie se ocupó de ver si había alguna otra entrada secreta.

Ni La Rebelde ni sus compañeros volvieron a mencionar el asunto, así quedó todo; el hospital siguió funcionando. La Cruz Blanca Constitucionalista trabajando heroicamente día y noche. La linda Catarina Ibarra escribía las cartas a los familiares de los heridos. La Rebelde y la secretaria reportaban al Primer Jefe, pero nunca se mencionó el asunto del tesoro, eso ya estaba en conocimiento del gobernador.

Allá en la política de los altos jefes se hablaba con insistencia del "asunto W. H. Benton" y de las atrocidades que cometía el general Francisco Villa. Se comentaban los reportes diarios de la ocupación de Veracruz por los norteamericanos, reinaba inquietud y desconfianza y se hacían severos comentarios. Cambiaban notas enérgicas respecto a la conducta de Villa. Al fin se llegó a un arreglo satisfactorio.

Todo esto es parte de la historia que corresponde al historiador, sólo afecta íntimamente a La Rebelde en que todo se lo comunicaba al Primer Jefe por conducto del coronel José María Rodríguez, médico y amigo personal del jefe. Se apuraba mucho La Rebelde, se lo platicaba a su secretaria, rogándole a Dios que la ira del Presidente de Estados Unidos se concretara nada más al general Francisco Villa, a quienes ellos mismos habían hecho crecer titulándolo "El Napoleón del Sur". En grandes renglones lo habían adulado mucho más que al Primer Jefe.

El traidor Victoriano Huerta, viéndose perdido, insultó la bandera americana, rehusando el saludo de cortesía que merecía el pabellón de la amiga y vecina nación. Por supuesto que los enfurecidos americanos desembarcaron. Hoy lamentamos y lloramos la pérdida de valientes héroes del Colegio Naval de Veracruz, quienes sirvieron de ejemplo para las dos naciones, víctimas de pasiones.

La ira se descargó sobre el Primer Jefe y a su tiempo las naciones de Argentina, Brasil y Chile, actuaron como intermediarios. La Rebelde, enterada de todo lo que pasaba, procuraba con su influencia calmar los ánimos. El Primer Jefe indignado parecía otro. En medio de tan grave situación el general Villa amenazaba matar al gobernador de Chihuahua, general M. Chao.

También La Rebelde sufría sus percances en la casa que ocupaba, propiedad de la señora Muñoz de Terrazas; se halló un tesoro guardado en la pared de una recámara. Allí se habían ocultado los valores de plata y oro, vajillas de gran valor. Lo supo el general Francisco Villa.

Una mañana oyó La Rebelde pasos, alguien subía la escalera, sonaban las espuelas. Cosa rara, porque ese sagrado recinto todos lo respetaban. "¿Quién anda?", preguntó La Rebelde y al mismo tiempo salieron alarmados los ayudantes y la secretaria.

"Un coronel del Estado Mayor del general Villa. Vengo de parte de mi general; esta noche habrá banquete y necesita la plata y vajilla que se encuentra en esta casa".

"Mi coronel", protestó La Rebelde, "de esta casa no se

llevan nada, mientras yo la habite; estoy aquí por orden del Primer Jefe. Por conducto del coronel Francisco Manzo ahora mismo haré saber al jefe de Hacienda lo que usted pretende".

"Sí, señor", dijo Federico Idar, "es un atropello, somos revolucionarios como lo son ustedes".

"¿Tiene usted orden de su general?", preguntó La Rebelde. Se retiraron el coronel y su ayudante, y no regresaron.

Ese día, al conferenciar con el Primer Jefe, se lo platicó La Rebelde. "Tiene usted más valor que yo", dijo riéndose el Primer Jefe.

"Ya supe", comentó ella, "cómo acobardó usted a su general Villa cuando quiso matar a nuestro general Chao".

Se puso serio el Primer Jefe y acariciando su sedosa barba dijo: "Mañana saldremos para Torreón, tiene 24 horas para embarcar todos los útiles del hospital. El coronel José María Rodríguez tiene órdenes de trasladarse con los miembros de la Cruz Blanca, irán en el mismo tren; usted y su secretaria en mi carro, donde irá mi Estado Mayor y personas que me acompañan".

Se acordó La Rebelde que aún quedaba el tesoro enterrado en el patio del hospital y creyendo que el Primer Jefe tendría conocimiento del asunto, pero no habiendo visto a ninguno acercarse a ese lugar le preguntó: "¿Por qué no se han dado órdenes para recoger el dinero y demás valores que están en el subterráneo del patio del hospital?"

"No entiendo, no sé a qué se refiere", dijo el Primer Jefe.

"¿Es posible que nada sabe usted del hallazgo?", contestó La Rebelde.

En esos momentos entró el general Manuel Chao, quien explicó al Primer Jefe que había sellado las puertas, "cosas urgentes me han impedido dar órdenes correspondientes".

"¿Cómo es posible que quede una cantidad tan enorme sin entrar al caudal de la Revolución?", dijo el jefe.

"Enseguida daré órdenes, o iré yo mismo en busca del tesoro", contestó el general Chao.

Cuál sería su sorpresa al encontrar aquel salón vacío de

metálico, sólo acciones y documentos quedaban. Encontraron detrás de una caja fuerte otra salida que en forma de túnel conducía a la portería que estaba en el traspatio cuidada celosamente por un par de ancianos, viejos sirvientes de la casa. Esos ancianos no daban razón de nada, no oían, ni veían. No se supo quién se apoderó de ese tesoro. Por dondequiera había espías de todas las divisiones. En esos días crecía el orgullo de los obregonistas y hacían alarde de valor y conquistas. Los villistas se mostraban indisciplinados, la división gonzalista veía todo aquello con asombro y reclutaba gente a Dios dar. Hubo una época en que 60.000 hombres estaban en las filas del general Pablo González.

Aunque la presidenta y la secretaria de la Cruz Blanca eran amigas del cuarto batallón de Sonora, constantemente cantaban las glorias y triunfos de la División del Noroeste. El general Pablo González era el consentido del Primer Jefe y de toda la frontera; Tamaulipas, Nuevo León, Coahuila, etcétera.

El coronel Joaquín Bauche Alcalde cambiaba impresiones diariamente con La Rebelde; ella le hacía saber lo bueno respecto a los deseos del Primer Jefe. A éste le llamaba la atención la actividad y bien intencionada División del Norte, comandada por el general Francisco Villa, elogiando siempre al general Felipe Ángeles.

El Primer Jefe mirando fijamente a través de los oscuros lentes, le decía, "¿Qué no sabe usted la discordia que existe entre los militares; lo sabe o se hace que no lo sabe?".

Muy serenamente, con igual lentitud que el Primer Jefe usaba cuando quería impresionar, movía la cabeza La Rebelde. "No existe discordia alguna si no la hacemos real, ¿para qué forjar ideas necias?" Con entusiasmo continuaba La Rebelde, "Mire usted, el general Álvaro Obregón ha mandado al cuarto batallón de Sonora como escolta para proteger a usted, es claro que lo estima".

"¿Es que usted no sabe que los cañones y la artillería comandada por el cuarto batallón bajo las órdenes del teniente coronel Francisco Manzo apuntaban amenazantes a mi residencia?", preguntó el jefe.

"Sí, lo sé, puesto que al apuntar a la casa suya lo hacían

también a la mía; el teniente coronel Francisco Manzo es amigo mío, yo comprendí que como buen militar tuvo que hacer lo que el comandante de la plaza le ordenaba". Según me dijo el teniente coronel Manzo, "Estoy a las órdenes del jefe militar de la plaza, general Francisco Villa, así me lo ordenó él".

La señora Elena Marín de Bauche Alcalde quedó en Chihuahua como presidenta organizadora de la Cruz Blanca Constitucionalista, ayudándole el joven y más tarde eminente médico Ángel Castellanos. La hermosa señora con su magnífica voz encantó al público chihuahuense, obsequiando a los heridos grandes cantidades de dinero obtenido en los éxitos de sus conciertos.

El periódico *Vida Nueva* fue valiosa arma que ayudó a la formación del personal. Ya la historia ha relatado las hazañas del general Francisco Villa; sus insubordinaciones contra el Jefe de la Revolución, las graves diferencias entre el Primer Jefe y el general Felipe Ángeles, el agravio del general Villa contra el general M. Chao. Todo esto discutía el Primer Jefe en presencia de La Rebelde y la secretaria.

La Cruz Blanca sin inmiscuirse en asuntos tan graves, guardaba su ecuanimidad, con serenidad servía a todas las facciones enterándose del sentir de cada división, protegiendo a los que estaban en peligro con consejos juiciosos y acertados. Era necesario mantenerse unidos para ganar terreno y reclamar el reconocimiento de las naciones. Para resolver las dificultades con los vecinos del norte, ofrecieron Argentina, Brasil y Chile ser intermediarios. ¡Cuánto se alegró La Rebelde!, pues entre cambios de notas y documentos formulados, pasaron días, los minutos sumaban triunfos, avanzaban las tropas constitucionalistas.

Villa tomaba Torreón y marchaba sobre Coahuila. Los hermanos Domingo y Mariano Arrieta y Pánfilo Natera atacaban Durango y Zacatecas; combatían en Guanajuato los obregonistas, avanzaba la división gonzalista sobre Nuevo León. La Revolución seguía su marcha destructora. *El Progreso* de Laredo daba cuenta a ávidos partidarios de las vidas y hechos del constitucionalismo. Grandes batallas se libraron en esos días.

En el centro de México, el general Francisco Villa se movía con rapidez. Todo esto anunciaban los pequeños voceadores de la prensa. No descansaban, vendían sus extras que se imprimían varias veces al día. En las tranquilas horas de la noche correteaban por la calle dando voces de triunfos y de más triunfos.

En Nuevo Laredo la segunda brigada de la Cruz Blanca instalada en el hospital Belisario Domínguez, se hacía cargo de los heridos y abastecían el hospital. La generosidad del pueblo de Laredo, Texas, continuaba su vigilancia para que nada faltara. Jovita Idar y María Villarreal, ambas profesoras, en su hogar hacían cintas de distintivos para la Cruz Blanca Constitucionalista.

Capítulo XV: Se nacionaliza la Cruz Blanca

En corrida especial, a las seis de la tarde, partió de Chihuahua el tren militar que conducía a don Venustiano Carranza y su gabinete rumbo a Torreón. Acompañaban al Primer Jefe diversas personalidades del constitucionalismo, entre ellas el ingeniero Ignacio Bonillas, secretario de Fomento y Comunicaciones, el coronel Jacinto Treviño, jefe del Estado Mayor del Primer Jefe, el licenciado Gustavo Espinosa Mireles, secretario particular del Primer Jefe, el mayor Alfredo Breceda, secretario del señor Carranza, el licenciado Isidro Fabela, encargado de la Secretaría de Relaciones, don Roberto Pesqueira, agente confidencial del constitucionalismo en Washington, el general Ignacio L. Pesqueira, el general Manuel Chao, gobernador militar del estado de Chihuahua y demás empleados del Estado Mayor del Primer Jefe. Viajaba en el mismo tren la estimable Rebelde, presidenta de la Cruz Blanca Constitucionalista y personal de la misma institución.

El tren militar estaba compuesto por un gran número de carros para mercancías y ganado, viajando pintorescamente en los techos de los carros, según costumbre revolucionaria, los soldados del famoso cuarto batallón de Sonora y escolta del Primer Jefe.

Quedaba en Chihuahua la mesa directiva que había de regir los destinos de la Cruz Blanca, sintiendo La Rebelde la pérdida de una linda compañera, la fiel y linda Adelita, que con estoico valor viera morir a su fiel trovador. Ella siguió la misión humanitaria en el centro de la República.

A cargo de la Rebelde llegaban cartas para las bellas enfermeras Cleotilde, Aelfa, Emilia y Catarina, siendo las más jóvenes de la brigada, llevaban su correspondencia amorosa a La Rebelde para quien no había secretos. Leían sus cartas varias veces, algunas de ellas suspiraban, otra besaba el sobre y luego las dejaban en poder de La Rebelde. "No hay tiempo para esto", decía La Rebelde y sin contestarlas seguían su tarea tranquilas y confiadas. Ya les había prometido La Rebelde que al llegar a Saltillo tendrían oportunidad para visitar sus hogares en Laredo y al lado de sus familiares resolverían sus problemas amorosos. ¡Qué sacrificio tan grande para esas jóvenes! No tanto, porque La Rebelde y sus compañeras llenaban de ocupaciones sus días. Las abrazaba, les rogaba que permanecieran fieles, que sirvieran de ejemplo conduciéndose con dignidad y patriotismo.

Ellas cumplieron.

En el camino a Torreón, cerca de la media noche, detuvieron el tren, avisándole al Primer Jefe que había peligro, que sería mejor continuar el viaje por la mañana. La Rebelde, la secretaria y dos ayudantes viajaban en el carro que ocupaba el Primer Jefe, en el que seguía a éste estaba toda la brigada de la Cruz Blanca Constitucionalista.

"Avisen a la presidenta, secretaria y los ayudantes que la acompañan que se bajen", dijo el Primer Jefe al coronel P. Fontes.

Acercándose éste a La Rebelde, le dijo en voz baja: "Bajen, son órdenes del Primer Jefe".

Subieron a un coche en el que estaban sentados el doctor José María Rodríguez y el Primer Jefe; en el asiento de atrás el general M. Chao se acomodó junto a ellas. Ni una palabra se escuchó en el trayecto al hotelito. Al llegar a la puerta del oscuro hospedaje, dos músicos entonaban el himno nacional; respetuosamente se detuvo el Primer Jefe descubriéndose, los ayudantes se cuadraron. Al terminar los últimos acordes, el señor Francisco Serna asignó a cada quien su departamento.

A La Rebelde y secretaria les tocó la habitación contigua a la del general M. Chao, cuya habitación colindaba con la del Primer Jefe. Todos los cuartos se comunicaban y las puertas permanecían abiertas y desde su cuarto pudo observar La Rebelde al Primer Jefe que paseaba en su habitación, dictando telegramas a su secretario, el coronel Ignacio Peraldí.

El patio del hotel se veía lleno de militares que formaban grupos, y platicaban en voz baja, entre éstos estaba Raúl Madero. El general M. Chao se acercó, pidió permiso a La Rebelde para sentarse, colocó su silla en la puerta y desde allí dominaba el patio lleno de tropa, el corredor donde entraban y salían silenciosamente al cuarto del Primer Jefe. Casi a la media noche terminó el Primer Jefe sus asuntos, señaló al general Manuel Chao que cerrara las puertas y avisara a la presidenta de la Cruz Blanca, que los miembros y ayudantes que la acompañaban, ocuparan el cuarto enfrente del suyo al otro lado del pasillo.

Llamó La Rebelde a Federico Idar diciéndole que permanecieran despiertos, repartiendo las horas de hacer guardia entre los tres: Montoya, Felipe Aguirre y él. "Si hay novedad, inmediatamente me avisan", dijo La Rebelde.

En el cuarto del general M. Chao no se oía ruido, las voces se escuchaban más allá, en la habitación del Primer Jefe. Las rendijas de la puerta daban luz a la oscuridad del cuarto de La Rebelde permitiéndole ver lo que pasaba en el cuarto contiguo. Dos veces intentó el general M. Chao reclinarse en la cama, vestido como estaba de viaje. El ayudante del jefe lo llamó repetidas veces, el Primer Jefe permanecía envuelto en un paletó, sentado en un sillón cerca de la cama, parecía estar listo en caso de algún acontecimiento.

La Rebelde aseguró sus puertas, se reclinó hacia la cama donde ya dormía la secretaria, su fiel amiga, quien jamás se separó de ella ni de día ni de noche. Durmieron tan profundamente que no sintieron cuando todos se trasladaron temprano, a la estación. Montoya, el fotógrafo, vino a avisar que las esperaban; el tren saldría en pocos minutos.

Al subir al carro que ocupaba el Estado Mayor del Primer Jefe, encontró a éste sentado. Se acercó La Rebelde a saludarlo y poniéndose de pie el Primer Jefe le señaló que se sentara junto a él, la secretaria en el asiento detrás al lado del licenciado Espinosa Mireles.

"¿Ya sabe el motivo que interrumpió nuestro viaje?" preguntó el jefe.

"Sí, señor", contestó ella, "desconfianza entre los suyos y los del general Francisco Villa, aunque hay muchos villistas en el tren".

"Pues bien", dijo el Primer Jefe, "tome usted nota de esto, si algún día, antes de llegar a México me pasa algo, avise lo que vio".

"Después de unos momentos", continuó el jefe, "permaneceremos pocos días en Torreón, no habrá tiempo para que usted organice personalmente la Cruz Blanca Constitucionalista, pero las enfermeras y ayudantes pueden quedarse en Torreón haciendo servicio de hospital hasta su regreso. Usted llevará a su secretaria y tres ayudantes a Durango y si es posible a Guanajuato o Zacatecas. La recibiré a usted en Durango".

Llegó el coronel I. Peraldí con telegramas, se retiró La Rebelde, tomando asiento el coronel, acercándose también el licenciado Gustavo Espinosa Mireles. La Rebelde oía perfectamente lo que decía el jefe. El tren caminaba con cierta precaución. La Rebelde se daba cuenta que el Primer Jefe quería que ella supiera todo lo que pasaba.

A través de muchos años oía la voz del Primer Jefe que decía: "quiero que escriba mucho sobre esta revolución". Bien decía Vicente Blasco Ibáñez*: "Los muertos mandan". Aun no siendo escritora, La Rebelde le consumía un deber sagrado de dejar huellas en las arenas movedizas del tiempo, recordando al varón mexicano que fue símbolo de HONRADEZ.

La llegada a Torreón fue colosal, una gran multitud lo esperaba. Ofrecieron un banquete al Primer Jefe en el que hubo un poco de desorden en acomodar a los militares y civiles en torno de la mesa según sus categorías y merecimientos.

Se veían oficiales del Estado Mayor del general Felipe Ángeles con su sombrero de ala ancha levantados de un lado al estilo de los Caballeros Cruzados de la Reina Isabel, correctos, ilustrados, intelectuales, inmiscuidos entre ellos el personal del ilustre Estado Mayor del Primer Jefe, licenciados e ingenieros. Los del general Francisco Villa, serios, rebeldes, audaces, valientes y con miradas llenas de sospecha.

---

*A Blasco Ibáñez lo conoció La Rebelde en Nueva York, cuando éste dio sus conferencias en la Universidad de Columbia, así como a Maurice Maeterlinck y Amado Nervo. Siendo en ese tiempo don Adolfo de la Huerta, cónsul general en Nueva York, ahí tuvo el gusto La Rebelde de saludarlo, igualmente que a los licenciados Luis Cabrera y Félix F. Palavicini.

Casi al terminar el banquete, el Primer Jefe señaló al licenciado Miguel Alessio Robles que tomara la palabra. La Rebelde estaba a la derecha del Primer Jefe, la secretaria a su izquierda. Jamás olvidó ese discurso de finísima política, florido lenguaje, sentimental y altruista. Mucho se elevó en su entusiasmo el joven orador; abriendo los brazos en forma de cruz, se acordó de Jesús el Nazareno, quien caminaba sereno entre el enemigo, pero a cada paso triunfaba.

La Rebelde, sin apartar la mirada, veía al Primer Jefe, quien revelaba en su semblante admiración por la facilidad de palabra y el sumo tacto para abarcar toda una situación. Se apartó La Rebelde después de felicitar al licenciado Alessio Robles, dirigiéndose al hotel donde se alojaba la Cruz Blanca Constitucionalista.

Ya se empezaba a notar de nuevo el descontento y la inquietud entre los militares, quienes estaban impacientes de ganar nuevos laureles. Habían llegado más jefes militares a conferenciar con el Primer Jefe, viendo él oportuno obsequiarles un banquete a civiles y militares. Quizá conseguiría el acercamiento entre ellos al cambiar opiniones en alegre convivialidad. Circulaban rumores de que el general Francisco Villa seguía disgustado con el general M. Chao, a quien a pesar del último disgusto entre los dos, el Primer Jefe lo distinguía. Se esperaba un desenlace en ese banquete.

La Rebelde ordenó que sus ayudantes confiscaran una imprenta, tiraran una hoja suelta y con grandes letras ensalzaran al general Francisco Villa, haciendo alarde de la buena amistad que éste brindaba al jefe del Ejército Constitucionalista y la unión que existía entre los altos jefes de la División de Villa, su subordinación y disciplina. Aparecieron estas hojas en cada lugar en la mesa; mientras que se ocupaban los convidados en leerlas, Federico Idar se acercó al general M. Chao diciéndole que La Rebelde le rogaba que fuera un momento al hotel para entregarle un telegrama. Inmediatamente se levantó el general y se dirigió al hotel.

Al retirarse el general M. Chao, Federico Idar quedó parado detrás de la silla, haciendo guardia mientras que Felipe apagaba las luces. Montoya se preparaba, aparentemente, para tomar fotografías. Antes de apagar las luces localizaron extraños movimientos de algunos jefecitos que se acercaban a donde estaba Idar. Fueron frustrados esos planes asesinos por empujones que daban Aguirre y Montoya a los meseros, quienes perdieron su balance, haciendo rodar por los suculentos manjares, salpicando de grasa los pulcros uniformes. Todo fue motivo para que emitieran duras palabras; rápidamente revisaron los alambres y pronto encendieran las luces.

Mientras eso sucedía, el general M. Chao se había trasladado al hotel y apurado le preguntó a La Rebelde quién lo esperaba en el salón. "¿De quién es el telegrama?"

"No se aflija general, no hay telegrama, lo necesito unos momentos".

Le platicó La Rebelde lo que temía, lo que había oído, suplicándole que se cuidara. El general Chao había salido de Chihuahua, dejando a su esposa en cama. Unos días antes, su hogar había sido bendecido con la llegada de un niño. Por eso fue fácil el engaño, creía que algo le había pasado a su bella esposa, porque siendo ella amiga de La Rebelde a quien él se la había encargado, creyó lo del telegrama.

Cuando regresó el general Chao al banquete, nadie se dio cuenta, permanecieron allí los tres miembros de la Cruz Blanca Constitucionalista (Idar, Montoya y Aguirre). Al terminar la cena el general acompañó al Primer Jefe a su residencia. Lo que ahí se habló esa noche, no lo supo La Rebelde. El banquete resultó lucido.

Al día siguiente a muy temprana hora, llegó el coronel Joaquín Bauche Alcalde al hotel con un mensaje fechado el 8 de mayo, del general M. Chao, avisando que salía para Durango. El general permaneció en las filas de la División del Norte y se supo que el general Felipe Ángeles había sido el mediador.

Tal como se había acordado, el siguiente día salió el tren del Primer Jefe, un poco retardado, pero era urgente que llegaran a Durango, donde lo esperaban los hermanos Domingo y Mariano Arrieta, siendo ellos jefes militares de esa plaza y el ingeniero Pastor Roaix, gobernador del estado.

Allí entre una tremenda acogida y regocijo, llegó el tren

del Primer Jefe. ¡Inolvidable noche! La muchedumbre casi llevaba en peso al jefe a Palacio de Gobierno. Desde los balcones, saludó al público, suplicando otra vez al licenciado Miguel Alessio Robles que hablara al hospitalario y patriótico pueblo de Durango.

Si antes La Rebelde había levantado un altar en su corazón para venerar al ilustre orador, creyó que esa noche en su sueño, lo coronó con laureles inmarcesibles.

El día siguiente tuvo el Primer Jefe una comida íntima en su palacio. Invitó a La Rebelde, su secretaria y otros miembros de la Cruz Blanca Constitucionalista; como siempre solía hacerlo, sentó a su derecha a La Rebelde, a su izquierda a la secretaria y en seguida y a la derecha de La Rebelde, al ingeniero Pastor Roaix. Enfrente de este ilustre señor, el licenciado e historiador Iglesias Calderón, luego jefes militares, su Estado Mayor, entre ellos el aviador y sobrino del Primer Jefe Alberto Salinas, el coronel Ignacio Peraldí, sobrino del jefe, telegrafista y secretario particular del Primer Jefe.

Momentos trascendentales, emocionantes para La Rebelde; allí conoció al gran geólogo de México, ingeniero Pastor Roaix, más tarde su esposa Rosita quien presidió la Cruz Blanca Constitucionalista en ese estado. "Hay muchos hombres honrados en la revolución, entre ellos el ingeniero Pastor Roaix", decía La Rebelde.

Por desgracia aquí también reinaba la discordia entre el jefe militar de la zona y el gobernador, al grado de que el ingeniero Roaix permaneció al lado del Primer Jefe durante el tiempo que éste estuvo en Durango y Zacatecas. Más tarde fue nombrado el ingeniero Roaix, secretario de Agricultura y Fomento.

Terminada la comida pasaron a un saloncito donde había un piano. El coronel Alberto Salinas tocó algunas piezas, la secretaria cantó y La Rebelde recitó varias poesías. Fueron momentos en que el Primer Jefe olvidaba que era Caudillo de la Revolución. Éste esperaba noticias del combate de Zacatecas, a donde iba. El general Eulalio Gutiérrez avanzaba sobre San Luis Potosí; el general Pablo González entraba en Nuevo León; el general Francisco Villa ya estaba en posesión de Coahuila y el general Obregón en Querétaro. Se despidió el Primer Jefe ceremoniosamente diciendo; "mañana los recibiré en Palacio". Ya estaba la Cruz Blanca Constitucionalista en el centro de México. ¡Qué satisfacción para La Rebelde! Soñaba su Cruz Blanca en la capital.

El gobernador, ingeniero Pastor Roaix, le había regalado una fotografía que él había tomado, de una noche densamente oscura, iluminada por un poderoso relámpago; parecía verse en ella la velocidad del relámpago, en ese instante rápido se veía la torre de la catedral cual si fuera día. Al acostarse pensaba La Rebelde: ¿qué motivo había en el alma de ese aparentemente pasivo señor, para tomar esa fotografía llena de luz y sombra? . . . "Así es la vida", en su sueño, colocó a Pastor Roaix en aquel altar revolucionario donde vivían todos los héroes honrados, que no bajaron jamás de su pedestal.

Al día siguiente fue a visitarla el representante de la prensa, a quien le dio datos de la Cruz Blanca Constitucionalista, Antonio Gaxiola se llamaba el joven. Este amable revolucionario le ayudó más tarde a formar la mesa directiva de Durango.

Durante ese día fueron La Rebelde y la secretaria a palacio. El Primer Jefe las recibió, ya no como amigo, sino como Jefe Máximo de la Revolución. Expresó su satisfacción sobre los trabajos de la Cruz Blanca, avisándoles a la vez que saldrían para Sombrerete y Santiago Papasquiaro, donde había peligro, pero que, además del cuarto batallón de Sonora, los acompañarían las fuerzas de los generales Domingo y Mariano Arrieta, que ya habían tomado Zacatecas. Les dijo que estuvieran listas en la estación con los ayudantes.

El Primer Jefe estaba contento con el trabajo desempeñado por Eustacio Montoya, el fotógrafo de la Cruz Blanca, de Federico Idar, propagandista quien con Ezequiel Ruiz tiraban hojas sueltas, apoderándose de alguna imprenta al llegar a cualquier pueblo, para hacer sus trabajos rápidos, de Felipe Aguirre, que además de ferrocarrilero era el tesorero de la Cruz Blanca. Más tarde contrajo matrimonio Felipe Aguirre con una sobrina de don Venustiano Carranza.

Acordó el Primer Jefe que mandaran decir a la brigada que se había quedado en Torreón, que pronto les obsequiaría un viaje a Laredo. El jefe, muy solemnemente, en esa ocasión obsequió su fotografía a La Rebelde.

Cuando después a solas contemplaba la fotografía, le parecía a La Rebelde que era una herencia, pues no estaba muy seguro el Primer Jefe del resultado de ese viaje a Zacatecas.

Capítulo XVI: Resignación

El tren que los llevó a Sombrerete no llegó hasta la población. En la estación los esperaban el general Pánfilo Natera, el coronel Navarro y la caballería de la División del general Alberto Carrera Torres. El Primer Jefe, su Estado Mayor y demás comitiva ocuparon automóviles; La Rebelde, su compañera, el ingeniero Ignacio Bonillas y el mayor Jesús Leal Valdez ocupaban el mismo coche.

El camino que los conducía al pueblo era de lo más pintoresco. La puesta del sol completaba el colorido fantástico del panorama. De ambos lados del camino se levantaban grandes cerros que las aguas del tiempo habían deslavado, haciendo figuras a su antojo, formaciones que parecían ruinas de antiguos e históricos castillos, cual si fueran restos de templos de Pompeya; luego, más adelante, se abría en el semioscuro horizonte, otro panorama haciendo contraste con éste.

Miles de casitas de gente del pueblo hechas entre un bosque de órganos y magueyes, las paredes enjarradas por dentro de lodo, por fuera las gruesas y agudas espinas protegían contra intrusos a estos humildes y originales hogares de gente pacífica. La naturaleza misma formaba formidable defensa.

"Ojalá nunca destruyan este pueblo", dijo La Rebelde al ingeniero Ignacio Bonillas.

"Lástima que hemos llegado tan tarde", contestó el ingeniero.

Todo el pueblo estaba en espera del Primer Jefe. La respetuosa y silenciosa gente se movía compacta hacia los balcones del palacio, ansioso de escuchar la palabra del Primer Jefe. "Parece que tienen miedo", dijo La Rebelde al ingeniero Bonillas, que bajándose rápidamente contestó, "es que no estamos muy seguros, por todas partes tiene gente el general Pánfilo Natera, nos pueden sorprender".

En esos momentos se acercó el doctor José Ma. Rodríguez, avisándoles que las llevaría a ella y a los ayudantes a una casa particular, porque el hotel era demasiado chico, y que apenas había lugar para el Primer Jefe y sus acompañantes. ¡Qué agradecida estaban La Rebelde y su compañera de verse recibidas cariñosamente en esa buena casa por la excelente y virtuosa familia Covarrubia. Después de bañarse y cenar en familia, llegó el general Pánfilo Natera y al ver que estaban bien alojadas, invitó a todos para que asistieran a un baile que preparaba el pueblo la siguiente noche en honor del Primer Jefe y de los que lo acompañaban. El joven, moreno y esbelto general Natera y su secretario, el coronel Navarro, estaban en la puerta; al despedirse dijo el general a La Rebelde: "Estamos a sus órdenes, está usted en una honorable casa".

Cuando cerraron las puertas, dijo el señor Covarrubia: "Parece buena persona este jefecito".

"Sí que lo es", dijeron todos.

"Pero como siempre andan en campaña, en el peligro, nunca llega uno a conocerlos bien a bien", añadió el señor Covarrubia.

Le hicieron muchas preguntas a La Rebelde, ella les contó lo que deseaban saber respecto a los recientes combates.

La familia Covarrubia se formaba del padre, la madre y cuatro preciosas hijas que en seguida se enlistaron en la Cruz Blanca Constitucionalista. Ellas, anteriormente, se habían reunido en este simpático pueblo con sus compañeras y habían tenido juntas benéficas, cuidando a los heridos y recabando fondos, esperando sólo la llegada del Primer Jefe. Fácilmente entendieron el objeto de la Cruz Blanca y lo necesario que era formar una organización, porque de ellas dependía el servicio en un hospital de sangre, donde pronto llegarían los heridos del combate de Zacatecas.

La Rebelde y su compañera se acostaron tranquilamente, pero apenas había cogido el sueño La Rebelde cuando sintió que cerca de ella había una persona; en la oscuridad la cogía de la mano, en voz baja hablaba la noble madre de las preciosas hijas. "Señora, todo haremos como usted nos dice, mucho le agradeceremos, pero si me promete que nos conseguirá un pase libre firmado por el Primer Jefe para irnos a la capital cuando tomen Guanajuato. Estamos en constante peligro".

"Sí, lo haré mañana mismo, creo que nada más un día permaneceremos aquí. Vamos luego a Papasquiaro, yo hablaré con el jefe; si es posible le pediré que venga a esta casa a visitarlas para su mayor tranquilidad". La buena señora abrazó a La Rebelde, quien casi dormida contestó: "Buenas noches".

El día siguiente las señoritas presentaron a sus colaboradoras. Todas expresaron deseos de ayudar, se les conocía el miedo, ya habían sufrido mucho con los federales. La Rebelde mandó a uno de los ayudantes de la Cruz Blanca con el recado al jefe, pidiéndole que viniera a la casa después de la comida. A las tres de la tarde se presentó el Primer Jefe acompañado de su secretario particular, el licenciado Gustavo Espinosa Mireles.

El padre habló primero con el jefe, luego la buena madre hizo su petición; se arregló todo como ellos deseaban; el licenciado Espinosa Mireles tomó datos y cumplió con las órdenes del Primer Jefe. La señoritas sorprendieron al jefe con un improvisado concierto. Con guitarras y violines se acompañaron en sus canciones típicas, ansiosas de cumplir con el jefe, a quien nunca habían pensado conocer.

Pasaron unas horas en tertulia de carácter familiar, olvidando completamente el miedo que las consumía respecto a los rebeldes. Le relataron al Primer Jefe las atrocidades que cometían los federales y los sustos que a ellas le daban, tocando las puertas. Los padres las escondían, pero los enfurecidos señores juraban quemar la casa. Un poco de vino, algunas golosinas sirvieron las encantadoras señoritas. Se despidieron el jefe y el licenciado Mireles, invitándolas para el baile que esa noche se efectuaba en los salones de palacio.

Esa noche bailaron con cada uno del Estado Mayor regresando esas bellísimas señoritas complacidas por el respetuoso trato y atenciones allí recibidas. Impresionadas pronto se enlistaron ellas mismas, organizando su mesa directiva, cambiando así el sentir de esos pueblos. Heroicamente atendieron a los heridos en ese furioso combate, donde los constitucionalistas destrozaron a las fuerzas federales.

Muy temprano llegó un recado para La Rebelde de parte

del mayor Manzo, quien le decía que regresarían inmediatamente para Zacatecas y pasarían por ellas. En un automóvil que llevaba el doctor José Rodríguez sentado en el asiento de enfrente, atrás el Primer Jefe, se acomodaron las dos damas, La Rebelde y su secretaria. Los tripulantes fueron recibidos cortésmente, sin prolongar la conversación, dando motivo para sospechar el peligro inminente que por allí había.

Recordaremos que desde la salida de Ciudad Juárez el Primer Jefe iba escoltado por el cuarto batallón de Sonora, bajo el mando del mayor F. Manzo, el pagador, capitán Abelardo Rodríguez. Después de haberse retirado de la zona del general Francisco Villa, ya no reconocían más jefe que a don Venustiano Carranza quienes lo acompañaron hasta la capital.

En el tren, de regreso a Zacatecas, pudo hablar detenidamente La Rebelde con el Primer Jefe.

"Estoy muy agradecida por el interés que usted toma en nuestros trabajos, dijo ella, especialmente en animar a las mujeres a tomar parte activa, trabajando por el bienestar de su patria".

Tranquilamente contestó el jefe: "Necesitamos el apoyo moral y social de nuestro pueblo".

La Rebelde continuó: "Deseo pedir permiso para seguir a Torreón con mis compañeras y ayudantes. Ya la Cruz Blanca Constitucionalista queda instada en Santiago Papasquiaro y en Durango. Usted, según me dijo ayer, se quedará algunos días en Durango, antes de proceder a Torreón; ese tiempo lo aprovecharé allí pues sé que hay bastantes heridos del último combate en esa región".

"Estaré pocos días en Torreón, de paso a San Pedro de las Colonias", dijo el Primer Jefe.

Ella contestó que eran sus más ardientes deseos de entrar en Coahuila con él y por eso quería anticipar sus trabajos en Torreón.

"Precisamente así debe de ser", contestó el jefe.

"Gracias", respondió ella; "esto además de ser un alto honor para mí, será de gran prestigio para la institución que presido".

En esos momentos se acercó el licenciado Isidro Fabela y

ella comprendió que era un asunto urgente, se retiró.

Ya presentía el señor Carranza la tempestad política que se acercaba, su clara visión no le engañaba. Sin embargo, su voluntad de hierro nadie podía doblegarla, resuelto este gran estadista a implantar sus ideales en el centro de la república. Por ahora era preciso llegar triunfante a Saltillo, cuna de la Revolución.

De igual firmeza de voluntad era La Rebelde; implantaría su Cruz Blanca Constitucionalista en el corazón de México y de los mexicanos. Si para el Primer Jefe hubo intrigas, también las hubo para ella.

A consecuencia de la discordia en Durango entre jefes militares y autoridades civiles, el Primer Jefe se llevó al ingeniero Pastor Roaix, su esposa e hijo. "Iba aumentando la familia ambulante revolucionaria", como decía La Rebelde. Entre ellos viajaban el licenciado Maldonado, su simpática esposa, la señora Cámara Vals de Maldonado, la señora Luz Coral de González, esposa del pagador del Estado Mayor del Primer Jefe, quien era excelente pianista y cantante. Fueron amigos y colaboradores de La Rebelde, quien las titulaba "Ángeles de la Revolución".

La Rebelde fue recibida en la estación de Torreón por el general Felipe Ángeles, el coronel aviador Federico Cervantes y el señor A. Guimbarda. Los miembros de la Cruz Blanca Constitucionalista se habían alojado en el hotel, donde también La Rebelde y su secretaria tenían habitación reservada. El cuarto que ellas ocupaban quedaba enfrente del cuartel general, donde se alojaba el general Felipe Ángeles, el coronel Federico Cervantes y demás oficiales. Al llegar al hotel se despidieron el general Ángeles y su ayudante, diciendo a La Rebelde: "Mañana estaremos aquí a temprana hora. Traeré caballos para que ustedes nos acompañen a visitar el campo donde se acaba de librar la última batalla".

"Bien, mi general", le contestó La Rebelde, quien tenía gusto en volver a ver al general.

Esa noche, después de arreglarse y descansar un poco, bajaron al comedor a cenar y terminada la cena hubo junta para resolver asuntos pendientes y saber lo que deseaban los miembros de la Cruz Blanca respecto al viaje a Laredo. Al mismo tiempo, La Rebelde les dio cuenta del viaje a Durango y Zacatecas, mostrándoles el fotógrafo Eustacio Montoya las fotografías que había tomado.

"Estoy en espera de las credenciales que deben llegar de Laredo, para cada una; las recibirán en Saltillo, después de felicitar al Primer Jefe", dijo La Rebelde. "Si alguna quiere ir a Laredo a visitar a su familia, lo podrá hacer; estaremos pocos días en Saltillo, partiendo para Monterrey antes que el Primer Jefe, allí tendremos bastante tiempo para hacer buena labor, tanto en los hospitales como en reorganizar la mesa directiva".

Terminada la junta subieron a sus respectivos cuartos, La Rebelde y su compañera al primer piso. Un pasillo largo y oscuro las conducía a la habitación y de ambos lados de este corredor había cuartos que a esa hora estaban cerrados, sólo uno permanecía abierto, con luz muy opaca.

Cuando bajaron a cenar, La Rebelde había observado a un militar sentado frente a una mesa, con documentos que parecía leer. Al regresar, aún permanecía el militar en la misma postura recargado en la mesa. La Rebelde pasó varias veces por enfrente de la puerta haciendo ruido para llamarle la atención, pero el militar no se movía. Fue La Rebelde en busca de su compañera, quien la esperaba en el balcón de la habitación, se acercó a ella.

"¡Que linda vista tenemos!" dijo la compañera.

La Rebelde le dijo: "Quiero que vengas conmigo a ver qué le pasa a un oficial que ocupa un cuarto aquí".

Llegaron a la puerta del cuarto, entraron, se acercaron al militar y vieron que ardía en calentura. Cerraron la puerta, entre las dos lo llevaron a la cama, le quitaron los zapatos y lo desvistieron. Mientras la secretaria le ponía lienzos de agua en la cabeza, La Rebelde corrió al cuarto a llevar quinina y alcohol. La compañera se hizo cargo del enfermo mientras La Rebelde recogía los documentos y demás valores. Luego se sentaron a velarlo; a la media noche reaccionó el enfermo, abrió lo ojos y se quedó viéndolas por largo rato.

"Qué buenas son", apenas se oía lo que hablaba.

"No hable, quédese tranquilo", dijo La Rebelde.

La ayudante le tomó el pulso, le administró una nueva dosis de quinina y casi inconsciente se volvió a quedar dormido.

Temprano prepararon su alimento y aunque bastante débil, el enfermo hizo un esfuerzo para levantarse. "No señor, no puede usted moverse, prométame que se quedará tranquilo en cama, tenemos que salir urgentemente, regresaremos pronto", dijo La Rebelde. Llamaron a uno de los ayudantes para encomendárselo.

Se alistaron rápidamente porque ya estaban en la puerta del hotel los caballos, y subía a toda prisa el ayudante del general por ellas. Tomaron el camino que les conducía a las orillas del pueblo donde se había verificado uno de los combates más grandes bajo el mando de los generales Francisco Villa y Felipe Ángeles con su artillería, combate que abría las puertas para el paso triunfante del jefe de la Revolución, quien ya podía regresar a su estado natal.

La complacida División del Norte se hallaba en su mayor parte ya en Coahuila, allí esperaban al Primer Jefe. El general Ángeles, La Rebelde y su ayudante regresaron casi a medio día y durante esta jornada pudo La Rebelde darse cuenta del ánimo triste del general.

"Como siempre, mi general, conquistando nuevos laureles", dijo La Rebelde.

"No, no lo crea, hay muchas cosas que usted no sabe, para qué hablar de eso, yo sólo cumplo como buen soldado".

Hubiera querido La Rebelde tirarse del caballo, arrodillarse a los pies de este noble guerrero a quien ella conocía desde años atrás. Recordaba su carrera militar tan limpia, su tenacidad en proteger al mártir Madero, a quien fielmente había velado aquella noche triste en la prisión, su valor en otros tiempos por conquistar la paz entre los sublevados indios en Sonora, aquellos pobres indios a los que como bestias corrían de un pasto a otro, quienes con razón se sublevaban, pero Felipe Ángeles, con su bondad, paciencia y táctica militar, los dominaba.

Todo eso recordaba La Rebelde, mientras que el general hacía promesas de algún día mejorar la vida del soldado si llegara a ser secretario de Guerra; haría lo que el general

Bernardo Reyes soñaba, mejorar la tropa. Extasiada La Rebelde, reconociendo la grandeza de alma de este hombre, quien no pensaba en sí mismo, soltó las riendas de su caballo, el brioso animal no perdió tiempo y arrancó a su antojo. Asustada la secretaria y el coronel Federico Cervantes, corriendo se adelantaron cortándole paso al caballo, pero pronto habiendo arrebatado las riendas el general, la bestia quedó domada. Cogiendo de nuevo el paso, dijo La Rebelde, "Mi general, por poco no llego a la capital".

(Días después, le mandó el coronel Federico Cervantes un folleto narrando los acontecimientos del combate de Zacatecas).

Cuando llegaron al hotel, al despedirse las invitó el general Ángeles a cenar esa noche. Una comida rápida, cambio de trajes y luego a visitar al enfermo. La Rebelde y la compañera tuvieron gusto al ver al militar semisentado; el ayudante se retiró diciéndole antes a La Rebelde que el general había insistido en levantarse, le preocupaba unos documentos que tenía sobre la mesa y al no hallarlos allí, se disgustó.

La Rebelde había acompañado al ayudante hasta la puerta, él hablaba en voz baja, para que no se diera cuenta el general. Cerrando la puerta La Rebelde, fue en busca de los documentos y valores, se acercó a la cama. La secretaria arrimó una mesita y fue en busca de alimentos para el enfermo.

"Mi general", dijo La Rebelde, "aquí está su portafolio, su reloj y su dinero". Cambió de semblante el enfermo. "Ya ve, está mejor, según el interés que toma por sus documentos y sus deberes".

El general sonriendo, débilmente hablaba. "¡Gracias, muchas gracias! Soy Ramón Frausto, procurador general de Justicia Militar. Tengo órdenes de permanecer aquí en Torreón hasta la llegada del Primer Jefe de su viaje a Durango. No sé cuanto tiempo he permanecido inconsciente".

"No importa, mi general, ya había usted terminado su informe. Encontrará sus cosas en perfecto orden. Ahora conviene que se tranquilice y se alimente bien. Mire, ya tiene aquí su comida". La secretaria había entrado con un mozo del hotel, ella misma había preparado la comida.

A los pocos días antes de la llegada del Primer Jefe, ya estaba bien el general Ramón Frausto. La Rebelde gozaba en tener un nuevo y poderoso amigo, quien quiso a los miembros de la Cruz Blanca Constitucionalista siempre alabándola. Ya necesitaba semejante amigo para orientarla en la turbada y peligrosa política que se desarrollaba alrededor de cualquiera que gozara de la confianza y distinción del Primer Jefe. El general Frausto le dedicó una fotografía.

Desde ese día, todo lo consultaba La Rebelde con su nuevo aliado, quien era un buen amigo y severo juez. Medía con antorcha en mano las acciones de cada constitucionalista, cual si fuera el mismo arcángel que había condenado a Lucifer.

La cena a la que había invitado el general Felipe Ángeles resultó de lo más interesante. La Rebelde a la derecha del general, la secretaria a su izquierda, seguían oficiales del Estado Mayor. No era rigurosa etiqueta, ni de suntuoso esplendor, sin embargo se sentía algo extraordinario, por el ambiente culto que rodeaba al general.

Como ya empezaba a vislumbrar el poco interés que mostraban en Torreón por la próxima llegada del Primer Jefe, La Rebelde, no muy segura de la actitud que revelaba la División del Norte, antes de salir del hotel había puesto en conocimiento a Federico Idar y a Ezequiel Ruiz de la invitación a la cena. "Si ven que me tardo mucho, va uno de ustedes llevando un telegrama para mí, con ese pretexto me levantaré de la mesa y podré retirarme sin ofender al general Ángeles".

Una vez en presencia del ilustre general y su bohemio Estado Mayor, nadie tenía penas; durante la cena cantaron, se levantaron a recitar trozos de comedia, todo era un torbellino correcto, agradable el general parecía un simple soldado entre ellos. Ya se terminaban los brindis, cuando llegó un cabo con un telegrama para el general Ángeles. Se asustó La Rebelde, pues creyó que el telegrama era para ella; no estaba dispuesta a dejar ese alegre grupo que parecía estar inconsciente del peligro en que vivían.

Viendo entrar a uno de los miembros de la Cruz Blanca, se levantó La Rebelde, haciéndole señas a la secretaria de que se retiraran, ambas excusándose, pues había visto en el semblante del general un gesto de disgusto al leer el telegrama que acababa de recibir. Después de leerlo sin ponerlo en el sobre, lo acomodó en el bolsillo de su abrigo que estaba en el respaldo de la silla que ocupaba. Inmediatamente se levantaron los oficiales. El general les pidió permiso para acompañarlas al hotel, su ayudante el coronel Federico Cervantes, fue con él. Al salir del comedor hacía frío y el galante general pronto brindó su abrigo a La Rebelde. Ya en camino, un grupo de oficiales se acercó al general y lo detuvieron unos momentos. La Rebelde y la secretaria se retiraron a corta distancia; ella nerviosa y sin malicia, puso la mano en el bolsillo del abrigo, tocó el telegrama, lo sacó y a la luz del farol pudo leer la firma y algo más. Se fueron los oficiales y durante esa corta conversación, el general movía la cabeza, desaprobando lo que le proponían.

Al llegar a la puerta del hotel, dijo La Rebelde a la secretaria: "Que te acompañe el coronel a la habitación del general Ramón Frausto, para saber cómo sigue". Ya era tarde, sabía bien que a esa hora el general estaría dormido. Ya sola con el general Ángeles, La Rebelde le dijo: "Mire querido amigo, yo tengo su abrigo y en el bolsillo está el telegrama que acaba de recibir. Ni el contenido del mensaje le agradó, ni tampoco lo que le decían los oficiales. ¿Qué le parece si yo me quedo con el abrigo?"

La miró atentamente el general y al verlo tan serio, le dijo ella: "¿Será usted tan generoso como lo seré yo? aquí esta su abrigo y demás . . . Prométame que hará lo posible para evitar discordia entre la División del Norte, ahora que está tan cerca nuestro triunfo. Debemos estar unidos, porque una división retardará el reconocimiento".

"Dice usted bien", dijo el pundonoroso militar, olvidando en esos momentos la ingratitud y calumnia. El general Ángeles continuó diciendo: "Mañana a las diez vendré al hotel a despedirme, será la última vez que las veré. Después de la toma de Zacatecas iremos camino a la capital por caminos opuestos". Cortésmente se despidieron el general Ángeles y el coronel Cervantes.

Desde el balcón de su cuarto veía La Rebelde el cuartel

de la División del Norte al otro lado de la calle. Pocas horas duró allí el silencio, pues antes del amanecer, ya se sentía el movimiento de tropas. El general Felipe Ángeles, acompañado del coronel Cervantes, ambos montados en buenos caballos, revisaban su gente.

En el hotel La Rebelde y la compañera, después de visitar al general Ramón Frausto para asegurarse de que había motivo para permitirle levantarse, ordenó su desayuno. Con él se quedaron dos miembros de la Cruz Blanca, estando además su ayudante. Todos éstos esperaban la llegada del Primer Jefe y aun así, no se sentía animación alguna, a pesar de que se encontraban muchos leales, entre los descontentos.

Tal como lo había prometido el general Felipe Ángeles, acompañado del coronel Federico Cervantes, hicieron su visita a la presidencia de la Cruz Blanca Constitucionalista. La secretaria Lily Long se había quedado en cama. Las desveladas, la expedición a caballo, la ansiedad que sentía por saber de su esposo, quien se había quedado en Laredo con un hijito de ambos, hizo que se apoderara de ella una profunda nostalgia.

Los miembros de la Cruz Blanca saludaron a los visitantes y el fotógrafo de la Cruz Blanca, Eustacio Montoya, presentó las fotografías que había tomado del combate de Torreón y del general Ángeles; se acercó a la ventana, donde había una mesa y después de ver detenidamente las fotografías, escogió una y se la dedicó a La Rebelde.

Fue corta la visita, se habló de la próxima llegada del Primer Jefe (La Rebelde no volvió a ver al general Felipe Ángeles, hasta 1918, en Nueva York).

Esa noche, antes de acostarse, ella y la compañera visitaron al general Ramón Frausto. Le contaron todo lo que habían hecho en Torreón, la cena a que las había invitado el general Ángeles, las fotografías que habían tomado. El general Frausto se puso muy serio y dijo: "Esto no le va a gustar al Primer Jefe". La Rebelde respondió: "Entiendo que hasta ahora nada tiene el Primer Jefe que censurar".

"Tenga mucho cuidado, porque hay descontento entre los nuestros. Es necesario que usted llegue a Saltillo al mismo tiempo que lleguemos nosotros, voy a telegrafiar hoy para que le preparen su domicilio. Sé que el jefe le dará nombramientos a muchos, es preciso que a usted también". El asunto se iba poniendo serio.

El general Frausto, agradecido de las atenciones y del esmero con que lo habían cuidado, se consideraba con derecho de aconsejar y guiar la institución que presidía La Rebelde. La llegada del Primer Jefe a Torreón no fue tan ruidosa como la primera vez, de lo cual pronto se dio cuenta el jefe. Era necesario llegar a Saltillo, donde lo esperaban las fuerzas de los generales Pablo González, Antonio I. Villarreal y Jesús Carranza, así como otros leales.

Frustrados los planes del general Villa de hacer pasar un mal rato al Primer Jefe, se fue a Saltillo a esperarlo, sabiendo que el jefe tardaría un día en San Pedro de las Colonias. En este lugar hubo tiempo para hablar con algunas de las distinguidas damas para que organizaran la Cruz Blanca Constitucionalista. El doctor Francisco de la Garza llevó a La Rebelde y a su secretaria a la casa de su familia. No había comodidades en el pueblo; sólo permanecieron allí un día. Hubo banquete y baile como en todos los lugares donde paraba el jefe. En este banquete el licenciado Miguel Alessio Robles tomó la palabra, por indicación del Primer Jefe. A la mesa se sentó el licenciado Iglesias Calderón, frente a La Rebelde, quien estaba a la derecha del Primer Jefe; enseguida de ella, la secretaria.

La Rebelde pudo observar al famoso jefe del Partido Liberal, Fernando Iglesias Calderón, pero nada de liberal se traslucía en ese señor nervioso, "muy distinguido por cierto", le dijo La Rebelde al Primer Jefe, cuando éste le preguntó: "¿Qué opina usted del señor Iglesias Calderón?"

"¡Que tiene las uñas muy largas. Tiene un alcance formidable. El general Ángeles tiene las manos pequeñas, manos de soñador e idealista!"

En esos momentos tomó la palabra el licenciado Gustavo Espinosa Mireles; todos concentraban su atención en él porque el joven secretario del jefe representaba la Revolución misma.

Al día siguiente, a temprana hora, todos estaban listos en la estación. El Primer Jefe estaba impaciente por embarcarse. Al fin se solucionó el motivo de la demora. La Rebelde, al subir al tren, se acomodó cerca del licenciado Isidro Fabela. La secretaria recorrió carros para asegurarse de que todos los de la brigada de la Cruz Blanca estaban a bordo, participándoles lo que el licenciado Fabela había comunicado a La Rebelde, que fue lo siguiente:

"A medio día cuando crucemos la línea divisoria, señalada por arcos triunfales que han levantado en el camino, todos nos acercaremos al jefe para darle un abrazo, felicitándolo por su feliz arribo a Coahuila, su estado natal". Así fue que a su tiempo se verificó una imponente ceremonia. El jefe se mostró grandemente emocionado por tan sincera y espontánea demostración de lealtad.

Gustosos platicaban haciendo grupos interesantes. El licenciado Jesús Acuña estaba sentado al lado del jefe, quien tenía en sus manos una hoja de papel revisándola, cosa que solía hacer durante el viaje, antes de llegar a alguna población. Esa hoja contenía la lista de casas y hoteles confiscados donde señalaba el señor Serna quién había de ocupar esas residencias a la entrada de los constitucionalistas.

Se acercó La Rebelde al jefe para ver qué lugar le habían asignado; ésta no pensaba quedarse muchos días en Saltillo. Ya la señora Rosaura P. de Flores y las señoritas Blackaller habían enarbolado la bandera de la Cruz Blanca. La hermosa Rosaura Prado de Flores, profesora de la escuela normal de Saltillo, con su fácil y elocuente verbo, atraía a los corazones, convenciendo a los federales de que su deber era defender la causa del pueblo. Fue querida por todos los maderistas, respetada y atendida por los carrancistas.

El 7 de junio de 1911 el presidente Madero hizo su histórica entrada a la capital de la república. El 7 de junio de 1914 don Venustiano Carranza hacía su triunfal marcha a Saltillo, Coahuila. Allí lo esperaban las divisiones de los generales Francisco Villa, Álvaro Obregón, Pablo González, Jesús Carranza y José Agustín Castro, en fin, los altos jefes del Ejército Constitucionalista.

Llegaron a Tamaulipas, Nuevo León y Coahuila las comisiones de la Cruz Blanca. Había tal aglomeración de gente que el jefe del 4° Batallón de Sonora usando su criterio, no habiendo encontrado otro lugar para su Estado Mayor, ocupó la residencia que había sido asignada a la Cruz Blanca. Cuando llegó La Rebelde encontró ocupada la casa; habló con el jefe del 4° Batallón y éste muy risueño le avisó que era imposible encontrar otro lugar. Ya los caballos de la oficialidad estaban alojados en la lujosa sala, comiendo rastrojo colocado sobre el piano. Enfrente de este improvisado cuartel del Estado Mayor del coronel Francisco Manzo, había otro cuartel que aunque también estaba ocupado, allí llevó La Rebelde a su gente, mientras hablaba con el jefe; llamó a un coronel del Estado Mayor de Pablo González; éste, manejaba un coche, le suplicó que la llevara a la residencia del Primer Jefe.

Al llegar allí encontró el patio, la casa llena de comisiones y amistades del jefe. En cuanto entró al salón, el Primer Jefe se acercó a saludarla, ella pronto le dio a saber el motivo de su presencia allí. El jefe llamó al señor F. Serna diciéndole que mandara algún cabo al cuartel donde esperaba la Cruz Blanca a la presidenta y les asignara otra residencia por estar ocupada la que le habían señalado.

La Rebelde le dio las gracias al jefe e intentó regresar con el coronel que la había traído. "No", le dijo "usted se queda aquí en esta casa", y dirigiéndose a su ayudante, "busque usted a mi esposa". Miraba el jefe por todos lados, en busca de la señora.

Cuando ella llegó se la presentó a La Rebelde diciéndole: "La señora es la presidenta de la Cruz Blanca; se quedará en esta casa, llévela a su cuarto para que se prepare para la cena".

"Por favor me dispensará, no puedo dejar a mi gente sola, sin saber que están bien alojadas, con la comodidad que se merecen".

"Mande usted órdenes a la secretaria, su esposo es médico acaba de llegar con la comisión de Laredo, según me ha dicho el doctor José María Rodríguez, que ella se encargue de dar las instrucciones necesarias. Además el coronel

Rodríguez irá más tarde a verlos; la casa que ocuparán es propiedad del doctor".

La Rebelde sentía más rebeldía que nunca, pero era tanta la alegría que reinaba en esa casa que comprendió que no eran momentos propicios para rebelarse. Acompañó a la señora Virginia Salinas de Carranza, quien le indicó su cuarto esperándola en la puerta para llevarla al comedor. Ya el Primer Jefe había mandado recado que las estaban esperando. El motivo que actuaba en la conciencia del Primer Jefe era noble y justo; le parecía que La Rebelde merecía esa distinción, desde luego que los más altos jefes se sentarían en torno de esa mesa.

El lugar de honor lo ocupó el Primer Jefe, a su derecha se sentó el general Pablo González, enseguida Julia, hija del jefe, luego el licenciado Gustavo Espinosa Mireles, Beatriz y Eloísa Flores, hijas de don Emeterio Flores, rico ganadero de Laredo, Alberto Salinas, sobrino del jefe, a la izquierda de éste el señor Iglesias Calderón, Virginia la hija del jefe, don Felícitas Villarreal secretario de Hacienda, don Prisciliano Floyd padrino de La Rebelde, don Melquiades García, Cónsul de México en Laredo, Texas, a quien le había dirigido un telegrama el Primer Jefe para que acompañara a su familia desde San Antonio a Saltillo y que estuviera allí a su llegada a ese pueblo histórico.

Al pie de la mesa y enfrente del Primer Jefe ocupó un lugar la señora Virginia S. Carranza, La Rebelde a su izquierda. Ésta no conocía personalmente al general Pablo González, sólo por carta se habían tratado. Ansiosa de conocerlo, La Rebelde miraba al general, quien a su vez dirigía la mirada llena de curiosidad hacia La Rebelde. ¿Quién sería esa dama que había arrastrado a media humanidad a la Revolución desde la frontera, presidenta de la institución de la cual él era presidente honorario?

La Rebelde sin disfraz alguno con marcada aprobación miraba al ídolo de la frontera a quien ella sin conocerlo había pintado en fantásticos ropajes de héroe y semidios. Una vez convencida de que no se había equivocado, La Rebelde siguió revisando a cada uno de esos apóstoles afortunados, y vírgenes que rodeaban esa mesa del aparentemente "cordero de la revolución".

Iglesias Calderón tenía la palabra, sus largas manos terminaban en afilados dedos, en los que parecía que allí mismo le crecían las uñas. ¡Sabe Dios dónde pensaba clavarlas! El humilde señor don Prisciliano Floyd, quien en tiempos pasados había sido un acaudalado comerciante, era el suegro de la bella joven Catalina Salinas de Floyd, quien fuera una verdadera heroína durante el combate de enero de 1914. El licenciado Gustavo Espinosa Mireles, brillante abogado de mucho empuje, se codeaba con la virtuosa hija del Primer Jefe; si ella se daba cuenta, modestamente lo disimulaba.

En el centro de la mesa había un suculento platillo de lengua en barbacoa que quedaba sin probar; como no hablaba La Rebelde, dijo el señor Carranza: "Pasen la lengua a la señora para ver si así la hacemos hablar". La Rebelde estaba de un humor bélico, levantó la vista al tiempo que se sonreía el jefe. Nada la consolaba, ella quería irse con su gente.

Pasaron a la sala después de ese espléndido banquete, las jóvenes Beatriz y Eloísa Flores, íntimas amigas de la familia Carranza desde que estuvieron en Laredo, conversaban sin cesar; con estilo fronterizo daban detalles de los triunfos de la División del Norte.

El Primer Jefe en otro salón platicaba con el licenciado Iglesias Calderón y otros jefes. La Rebelde, impaciente por irse, pidió al licenciado Gustavo Espinosa Mireles que por favor la acompañara a su casa. Ya era tarde y ella debería de estar con su gente.

"No, señora, el Primer Jefe dijo que usted debía permanecer aquí hasta mañana".

Dirigiéndose La Rebelde a la esposa del Primer Jefe le dijo: "Permítame retirarme".

Se encerró en su cuarto sin poder dormir, acordándose de su brigada. ¿Qué habrán pensado? ¿Estarán bien alojados? Luego se acordó de su hogar en Laredo; de sus tres pequeños hijos que había dejado al cuidado de su hermano porque estaban internados en un colegio. ¿Cuándo llegaría a la capital? Allá estaba su esposo; no había tenido noticias de él desde que empezó la Revolución; las vías de comunicación interrumpidas. Temía por la vida de él, a quien no escribía por temor de que cayera en manos enemigas su correspondencia y no quería complicarlo. Su hermano era el mayor (o sea jefe político en Laredo, Texas), él le mandaba buenas remesas de dinero constantemente.

También la secretaria recibía de su esposo el doctor Jorge Long giros que él mandaba. Ella ya estaba feliz porque seguro había dicho el Primer Jefe esa noche: "Acaba de llegar el doctor Long esposo de su secretaria, está con la gente del general Luis Caballero. La brigada de la Cruz Blanca que bajo el mando de Adelita caminaba con la gente de los generales Francisco Villa y Felipe Ángeles, atravesaba los estados de Zacatecas, Durango, Querétaro. ¿Llegaría acaso más pronto que ella?

Todo eso ocupaba la mente de la fatigada Rebelde. Durmió un poco, se levantó muy temprano. Pensaba irse sin ser observada. Salió de puntitas al corredor; reinaba el silencio, se atrevió a seguir explorando, andaba por el pasillo que conducía al salón, pronto estaría en la calle. Al llegar a la puerta del salón se encontró con el general Pablo González, que la había visto desde el salón y fue a encontrarla. Por un momento se quedaron viéndose los dos sin hablar, ella temía hacer ruido, él también.

En voz baja dijo: "Quiero darle las gracias tanto por la ayuda que nos ha proporcionado la Cruz Blanca en Laredo, dando cuidado a los heridos, como por el recibimiento que nos hicieron al tomar la plaza".

"Mi general, siendo usted el presidente honorario de esa organización, tiene bien merecidas todas las atenciones que podemos brindarle".

Se abría una puerta cerca de ellos muy despacio, era el Primer Jefe quien se levantaba muy temprano; al verlos cerró la puerta quedito. El general indicó a La Rebelde que se irían al salón a esperar. Entraron don Felícitas Villarreal y don Manuel Anaya y se entretuvieron conversando hasta que el jefe entró. Pronto iniciaron el desayuno.

¡Qué desayuno! Cabrito asado, tortillas de harina, salsa

de chile, mucha leche, cabecitas en barbacoa y huevos rancheros. Todos ocuparon los mismos lugares de la noche anterior; las señoritas Flores muy platicadoras, el licenciado Gustavo Espinosa Mireles dijo algunos chistes. Al terminar el famoso desayuno pasó el jefe a recibir comisiones. Todos hablaban de la capital como si estuviera a la orilla de la primera esquina. Aprovechó La Rebelde la llegada del mayor Guillermo Martínez Celis, pidiéndole que la acompañara a su casa. Éste era del Estado Mayor del general Pablo González, a quien pidió permiso para acompañar a La Rebelde.

Qué gusto le dio a La Rebelde ver a su gente desayunándose en compañía de dos periodistas: Manuel García Vigil y Clemente Idar con su esposa; estos últimos habían llegado de Laredo. Allí mismo en el comedor se verificó una junta presidida por García Vigil, persona culta, quien más tarde fue general y gobernador del estado de Oaxaca. Clemente Idar traía las credenciales y brazaletes para los miembros de la Cruz Blanca. Relataron los acontecimientos de la segunda batalla en Nuevo Laredo y dieron noticias de los miembros de la Cruz Blanca en Nuevo Laredo, Ciudad Victoria y Tampico.

Al día siguiente el Primer Jefe recibió en comisión al señor Clemente Idar, a La Rebelde y a su secretaria. Clemente habló un poco con el jefe y luego se retiró. La Rebelde le había dicho al Primer Jefe que su credencial la deseaba firmada en Coahuila y que la quería el día 12 de junio por ser día de su cumpleaños.

Ese día era 8 de junio y se resolvió recordar al jefe, pero viendo que ya era pública la noticia de la rebeldía del general Villa, amenazando dividir al Ejército Constitucionalista y que eran momentos críticos para la Revolución, sugirió la idea al jefe que ese mismo día le extendiera su credencial. La historia ha dado pormenores de esa rebeldía o rebelión donde tuvieron altos jefes del ejército para hacer presión en el ánimo del bravo guerrero, para darle a entender que eso retardaría el reconocimiento de parte de las naciones extranjeras y era antipolítico.

El Primer Jefe disimulaba su disgusto; al fin el general Francisco Villa resolvió disciplinarse y seguir su marcha contra los federales. En ese estado de ánimo encontró al Primer Jefe La Rebelde, y resolvió antes de que se agravara la situación asegurar su documento. Mientras que el licenciado Alfredo Breceda, secretario del gobierno del estado de Coahuila hacía el corto y significativo documento, el jefe hablaba a larga distancia con el general Francisco Villa.

Precisamente por eso no coincidía la fecha que ella deseaba; después de todo fue mejor porque al día siguiente saldrían los periodistas a Laredo, podían llevar una copia del nombramiento para publicarlo y hacerlo del conocimiento de los miembros de la Cruz Blanca que desde esa fecha la habían elevado a jefe de la misma, además por conducto de ellos hacían una atenta invitación a los doctores de Laredo que habían atendido a los heridos en el improvisado hospital de sangre, para que vinieran a Monterrey a saludar y conocer al jefe de la Revolución, así como a todos los miembros de la Cruz Blanca de Nuevo Laredo y Laredo, Texas.

La Rebelde se proponía festejar su nombramiento con una recepción que se efectuaría a la llegada del jefe a Monterrey. A Federico Idar lo comisionó para que comprara los nuevos uniformes y demás, para los ayudantes. A las enfermeras de la brigada organizadora se les dio pase para visitar a sus familias en Laredo, regresando más tarde para estar presentes en la recepción al Primer Jefe.

Conferenció La Rebelde con el ingeniero Felícitas Villarreal respecto a su promesa de ayudar a la Cruz Blanca pidiéndole ella nombramientos en la aduana para la buena Panchita, a quien se nombró celadora, a Rubén Arriaga y Ezequiel Ruiz en el resguardo. Las señoritas Martínez pasarían al servicio sanitario bajo las órdenes del general Jesús Carranza siendo jefe de ellas Clotilde. La secretaria y su esposo el doctor Long formarían otra brigada sanitaria en la división del general Luis Caballero. La teniente coronela de Caballería María González permanecía con la gente del general Marciano Murrieta. Todo esto se efectuaría después de la recepción en Monterrey al Primer Jefe, donde se organizaría la nueva brigada que lo acompañaría así como a su Estado Mayor hasta la capital.

Pasaron varios días en terminar estos arreglos y publicar el nombramiento que el jefe había otorgado a La Rebelde. No fue vanidad que impulsaba a La Rebelde sino para darle más prestigio y empuje a la organización que ella presidía desinteresadamente, pues sólo soñaba en el día en que se había de premiar a sus abnegadas y fieles colaboradoras; ella procuraba elevar a sus compañeros y a esta noble institución.

El Primer Jefe no era para ella un simple hombre, ni un caudillo, era algo más, en una palabra era su bandera, veía en él concentrarse todo lo que representaba para México: honor, patriotismo, en fin, la patria misma personificada.

La Rebelde jamás tuvo motivo para censurar la conducta de ningún compañero leal del jefe. Si circulaban murmuraciones era tan sólo para disolver esa agrupación que con tanta tenacidad y bravura mantenía viva La Rebelde con escasos elementos, sostenida en su totalidad por la pecunia de ella misma y las remesas que humildemente recibían de sus hogares las compañeras; así trabajaba esta primera brigada representativa que colaboraba el lado del Primer Jefe. Siendo él su bandera era imposible traicionarlo. Aunque cada general, cada oficial, ocupaba un puesto alto, honroso, permanecían leales al jefe. Separaba los defectos de cada uno sin menospreciar sus virtudes. Sus oraciones eran elevadas al cielo para los caídos, sus alabanzas para los que protestaban adhesión al constitucionalismo.

Transcurrieron días; sin darse cuenta era la fecha del cumpleaños de La Rebelde, llegó el 12 de junio. Al día siguiente debían partir sus compañeras cada una a su nuevo destino. En Monterrey se dispersaría este grupo de hermanas de la Revolución. Cada quien formaría nuevos grupos bajo la responsabilidad respectiva de cada una tejiendo el hilo de acontecimientos que más tarde se traducirían en historia patria.

Se esperaba a las gloriosas hermanas de la Cruz Blanca, quienes en recientes combates habían conquistado laureles. Ellas formarían la brigada ambulante del Estado Mayor del Primer Jefe, que llegaría a la capital. Todavía faltaba territorio por dominar.

Esa mañana había llegado la coronela María Rubio de la

Llave del estado de Puebla; habló confidencialmente con La Rebelde, era urgente que hablara con el jefe, traía una comisión de su general. La acompañó La Rebelde a Palacio, el secretario la anunció y fue recibida inmediatamente. Esa noche se quedó en casa de La Rebelde en su mismo cuarto porque era necesario que regresara temprano a Puebla.

Así como hubo una Adelita, lo cierto es que hubo una Marieta, tan valiente como lo cantan las estrofas dedicadas a ella. También de ella se han escrito reseñas y autobiografías. En la capital camina recta, honorable, esta Marieta a quien quiso mucho La Rebelde. Lejos del centro de acción cumplía la coronela en la división del general Miguel Alemán padre. Después de la muerte de éste sufrió mucho. Perdió sus credenciales en el último combate, pero conserva sus reliquias, su falda de montar perforada por las balas federales, su carabina ya enmohecida y su bandera blanca; hizo guardia al lado de los restos del Primer Jefe cuando dormía su sueño eterno en el Senado antes de trasladarlos a su última morada. Allí la encontró La Rebelde, hizo guardia día y noche hasta que La Rebelde y su compañera Soledad de Contreras pudieron arrastrarla de ese triste recinto.

¿Qué acaso ha habido al pie de la tumba de los mártires Madero o Carranza, quien se acuerde de mencionar la colaboración y la parte vital del ejército, que era la cruz misma que las mujeres cargaban cuando los grandes oradores recuerdan los actos de valientes héroes y sus hazañas? ¿Dónde están esas mujeres heroínas, sufridas, que jamás encontraron en los hospitales de sangre a las esposas de algún general? En el extranjero esperando el toque del clarín para ponerse en marcha hacia la gloria. Por eso precisamente escribo esto, para glorificar a la mujer patriota, abnegada y buena.

Estaba triste La Rebelde, se hacían los preparativos para el próximo viaje a Monterrey; aquí permanecería el jefe días antes de salir para esa ciudad. Ya había prometido asistir a la recepción que la Cruz Blanca Nacional ofrecería a él y a su oficialidad. En torno de él procuraría La Rebelde que estuvieran los más leales. En silencio hacía planes para esa noche. Entró a su cuarto; la secretaria también resentía la separación, pero el caso así lo exigía. Todas ellas habían probado su lealtad y su eficacia, no dudaba La Rebelde que en su corazón jamás habría traición, por eso cada una se convertía en jefe ya probado y aprobado.

Era el medio día del 12 de junio, todos estaban invitados a una velada en honor del Primer Jefe. La hermosa secretaria con sus azules y expresivos ojos llenos de lágrimas, felicitó a La Rebelde; en esos momentos llegó el licenciado Ignacio Magaloni, con un hermoso bouquet de rosas y un caja de dulces. "El jefe le manda estas rosas, yo traigo los dulces y unos versos. No se ponga triste, yo escribo el Evangelio. Ruego me permita acompañarla a su palco cerca del jefe. La secretaria y su esposo irán con nosotros además los acompañantes de la Cruz Blanca que usted señale. Vendré a buena hora para ver entrar a la más distinguida concurrencia, habrá un número enorme de altos jefes y oficiales".

La Rebelde besaba las rosas, con lágrimas, acordándose de las preciosas flores que hacía su madre; ayer como entonces hirieron sus dedos crueles espinas, oía la suave voz de aquella inolvidable madre que le decía en su infancia: "las mujeres van a la guerra llevando bandera blanca".

Recordó también a su excelencia el señor arzobispo de Nueva York quien años después le colocó los laureles en la cabeza diciéndole: "Tiene muchas rosas, recuerde que cada hoja esconde una espina". De nuevo se le llenaron los ojos de lágrimas, el licenciado y poeta Ignacio Magaloni, yucateco y muy orgulloso, retiró de las manos de La Rebelde las perfumadas rosas y los versos. A la secretaria le dijo: "lleve estas flores al comedor para el centro de la mesa, allí podrán gozar de ellas todas las compañeras, los versos se los voy a leer".

Aquel amigo había observado a La Rebelde; sin acercarse a ella ni dirigirle jamás la palabra se daba cuenta de todo, oía todas las murmuraciones y como conclusión de esta estricta vigilancia había puesto en blanco su justo juicio.

Pasaron al comedor, a donde llegaron el buen amigo general Ramón Frausto, el licenciado Maldonado y su esposa, Clemente Idar y esposa, García Vigil. Además todos los miembros de la hasta entonces ambulante y organizadora primera brigada de la Cruz Blanca, que desde esa fecha había sido elevada por el Primer Jefe a Cruz Blanca Nacional. El fotógrafo Eustacio Montoya nunca faltaba, siempre estaba al lado de La Rebelde para tomar fotografías, así como la inseparable secretaria Lily Long y su esposo.

Como en todos los banquetes íntimos recordaron acontecimientos, platicaron anécdotas revolucionarias y luego a la hora de los brindis expresaron las más vivas esperanzas de reunirse en la capital. Por la noche fueron a la velada, el palco del jefe lo ocupaba la señora Virginia Salinas de Carranza, la señorita Virginia Carranza, la señorita Eloísa Flores, el ingeniero Manuel Bonillas, el licenciado Espinosa Mireles y el licenciado Jesús Acuña, estos dos últimos entraban y salían a su antojo, a veces otros visitantes ocupaban los asientos que por momentos se encontraban vacíos, por la ausencia de alguno de estos dos.

Aunque al Primer Jefe aparentemente le interesaban los discursos y el programa, se le notaba inquietud, le molestaba el constante abrir y cerrar de puerta de su palco. Esperaba recibir noticias de los combates de Zacatecas y Guanajuato. Horrorizaban los reportes que llegaban.

Las enfermeras de la Cruz Blanca estuvieron a la altura de su misión, forzosamente tuvieron que permanecer en la ardua tarea de curar a los heridos y aconsejar a los descontentos villistas, para que el Primer Jefe siguiera su marcha rápida por los ya conquistados estados.

Llegaron noticias del general Eulalio Gutiérrez, quien avanzaba sobre San Luis; era necesario que el general Pablo González marchara con sus tropas a ese estado.

Capítulo XVII: La guerra estalla de nuevo

Monterrey, la preciosa ciudad reinera que en aquel tiempo y ahora ha tenido siempre genios desarrollando su inteligencia en minería, fábricas, fundiciones, etc., hoy es la tercera ciudad de importancia en México. En esa época de la Revolución el general Francisco Villa había tomado la plaza, pero era el general Felipe Ángeles a quien quería el culto pueblo neoleonés. Más tarde gobernó el general Antonio I. Villarreal, que también fue ídolo de ese pueblo. Así lo encontró La Rebelde cuando llegó a Monterrey, gracias a la bondad del general Ramón Frausto. La Cruz Blanca ocupó la mejor y más lujosa residencia de esa ciudad, la casa del señor Isaac Garza González.

El capitán Rodolfo Villalba, periodista, aún no se recuperaba de la herida de una pierna como recuerdo del combate de Nuevo Laredo. Si hubo un héroe en esta historia, lo fue este capitán. Cuando salió de México en un peligro brutal, Huerta había asumido el poder y el capitán Villalba dejó a su hermano ciego con pocas esperanzas de volver a verlo; antes de lanzarse a la Revolución sacrificó todo lo que poseía para dejarlo desahogadamente. A pesar de estar incapacitado por falta de la vista, Ramón Adrián Villalba pudo distribuir proclamas y propaganda en México entre las balas y el peligro de ser arrestado. No supo de su hermano hasta que regresó con el ejército triunfante.

Recién llegado de Laredo, el capitán Villalba se alojó en la residencia de La Rebelde al igual que el general Ramón Frausto, quien tenía allí su despacho.

Al siguiente día de la llegada de la Cruz Blanca Nacional, la primera visita que tuvo La Rebelde fue la del general y gobernador Antonio I. Villarreal acompañado por el doctor Cervantes. Desde el segundo piso de ese palaciego hogar, La Rebelde dominaba la entrada principal a la casa. Cuando uno de los ayudantes hizo pasar a estos dos personajes a la lujosa sala, al instante se percató de que el buen mozo y elegante gobernador era también general.

"Ven pronto Lily, tenemos visita, un general que creo será el más guapo que hemos conocido". La despreciativa Rebelde se presentó con la secretaria, saludó cortésmente y preguntó: "Mi general, ¿a qué se debe esta visita?"

En pocas palabras el general le dijo: "Tengo órdenes del Primer Jefe de ayudar y facilitar los trabajos de la Cruz Blanca Nacional". La Rebelde le dio las gracias añadiendo: "Para no quitarle el tiempo en estos momentos en que se hacen preparativos para el Primer Jefe y darle bien merecido recibimiento, le ruego que venga esta noche y en la cena les expondremos nuestros planes detenidamente". El general y el doctor fueron amigos de la Cruz Blanca hasta el triunfo y luego a la muerte del Primer Jefe. La Rebelde reconoció en él una serena y equilibrada inteligencia y saber y vivir.

Acompañaron al gobernador Antonio I. Villarreal a la cena el licenciado Juan Sarabia, los generales Luis Caballero y Nafarrete, estos dos últimos figuras destacadas en el estado de Tamaulipas. Más tarde llegó el licenciado Isidro Fabela. En la mesa se sentó toda la plana mayor de la Cruz Blanca, y reinó completa armonía.

Después de la cena se retiraron todos a un salón junto al comedor donde tuvieron una junta improvisada. Ya La Rebelde tenía escrito lo que deseaba, dándole lectura la secretaria:

Que a los ferrocarrileros miembros de la CBN se les proporcionara un tren con varios carros que partiera de la estación de Nuevo Laredo para Monterrey trayendo a los ya invitados doctores, sus esposas y simpatizadores de la causa, miembros de la Cruz Blanca, para conocer y saludar al Primer Jefe, dándoles a todos alojamiento durante su visita por cuenta del gobierno de Nuevo León.

Que el señor gobernador, general Antonio I. Villarreal, después de recibir al Primer Jefe y ya efectuada la ceremonia gubernamental, condujera a don Venustiano Carranza y altos jefes que lo acompañaban a esa residencia donde se le ofrecería una recepción que se verificaría con toda pompa y sería obsequiada por la Cruz Blanca.

No fue necesario volver a ver al gobernador. Él ordenó

todo exactamente como lo deseaba La Rebelde. Mientras llegaba el día del recibimiento, La Rebelde organizó su Cruz Blanca. La junta se verificó en la casa de la altruista, culta y activa señora Angelina G. Vda. de Meyers, y la sociedad hospitalaria y patriota de esa población correspondió espontáneamente; la señora Meyers era queridísima por la sociedad de Nuevo León.

Se consiguió una fusión de varias sociedades bajo la presidencia de esta inteligente dama, con el nombre de Cruz Blanca Nacional (CBN). Se hicieron visitas a los hospitales obsequiando golosinas, frutas y tabacos a los enfermos. Se visitó la penitenciaría, las instituciones benéficas, hospicios y orfanatos.

Después de la recepción al Primer Jefe, había acordado La Rebelde pedir permiso al jefe para incorporarse al Estado Mayor del general Pablo González, quien avanzaba a la toma de San Luis Potosí para instalar al general Eulalio Gutiérrez como gobernador, siendo el general Pablo González jefe militar de esa zona. Allí se tendría que atender a los heridos con más dificultades de las que hasta ahora habían tenido, porque los federales al retirarse iban dejando los hospitales en lamentables condiciones.

Para no adelantar los acontecimientos, volvemos con la narración de la llegada del jefe a Monterrey y la recepción de la CBN. El gobernador Antonio I. Villarreal preparó un recibimiento digno y espléndido. La ciudad entera de Monterrey, como ya hemos dicho, apreciaba altamente al gobernador, por lo que para él fue fácil entusiasmar al pueblo. Consiguió el acercamiento de los campesinos y los obreros para que unidos dieran la más entusiasta y calurosa bienvenida al jefe. Luego lo condujo con su comitiva a la casa de la Cruz Blanca, donde se verificó la recepción en su honor.

Después de las ceremonias usuales se escuchó la elocuente palabra del gobernador, quien habló desde el balcón del palacio de gobierno.

No faltó un solo detalle en esa recepción que fue solemne y desplegó la cultura del personal de la organización. Hubo música, canto, discursos cortos bien preparados. Tomó la palabra el profesor y doctor Francisco de la Garza quien había estado en la casa de La Rebelde en el hospital de sangre, y contó al jefe, a los militares, a los doctores y a toda la oficialidad lo que allí había presenciado. Terminó el programa La Rebelde con su memorable discurso, agradeciendo al Primer Jefe el nuevo nombramiento y la estimación que brindaba a la organización, que desde ese día elevaba a la categoría de una organización nacional. Un triunfo grandísimo puesto que en categoría era la única que había servido eficazmente en el mismo campo de batalla al constitucionalismo. Así lo dijo al llegar a la capital el ingeniero Juan de Dios Bojórquez, quien había seguido paso a paso los trabajos desde Ciudad Juárez hasta la capital.

Pasaron al comedor donde había más de 300 cubiertos. La Rebelde le suplicó al jefe que llevara del brazo a la señora Lily Long, quien al día siguiente se separaba para incorporarse como jefa de sanidad en el Estado Mayor de la división del general Caballero donde el esposo, doctor Jorge Long era médico. La Rebelde tomó el brazo del general Pablo González, presidente honorario de la Cruz Blanca, el general Luis Caballero acompañó a la profesora María Villarreal, el general Antonio I. Villarreal a la periodista Jovita Idar, en fin todos escogieron el lugar que mejor les pareció. Los miembros de la Cruz Blanca se portaron con decoro y gentileza. El periodista Clemente Idar pronunció un emocionante discurso al ofrecer el banquete.

El jefe estaba complacido, le gustó el orden y la disciplina. Ya muchas veces durante el trayecto a través de los estados había dicho a La Rebelde: "Su gente está mejor disciplinada que la mía".

Cuando se despidieron, el gobernador y general Antonio I. Villarreal se detuvo para decirle a La Rebelde que llevaba en la mente los futuros planes de la Cruz Blanca. Desde luego, esta organización había tomado nuevo impulso. Hasta ahora La Rebelde guiaba el destino de ésta. Ya estaban nombradas las comisiones bajo la vigilancia del prudente y brillante abogado general Ramón Frausto.

La noche antes de la recepción hubo una junta que fue

presidida por el doctor Francisco de la Garza, a la que asistieron el general Ramón Frausto y el periodista Rodolfo Villalba. Ahí La Rebelde puso en conocimiento a los miembros de la CBN la ayuda espontánea del general y gobernador Antonio I. Villarreal a esta institución.

La señora Angelina G. de Meyers se quedaría como presidenta de Nuevo León, su mesa directiva estaba formada por la mejor sociedad de Monterrey y todo el estado. La señora Meyers fue maderista y pertenecía a la familia Madero, así es que la Cruz Blanca quedaba en buenas manos.

Se acordó que La Rebelde hablaría con el jefe dándole a conocer a los miembros de su nueva brigada, que deberían acompañarla hasta la capital. Éstos habían sobresalido en sus labores en la segunda brigada que había quedado en Laredo, a la que el general Pablo González había ponderado bastante.

Era necesario que un buen cuerpo de enfermeras fuera a San Luis para hacer el servicio en los hospitales de sangre donde se había librado un formidable encuentro. A todos les pareció en esa junta que no era justo que descansaran, pues el general Eulalio Gutiérrez les había avisado que era necesaria una brigada sanitaria. Para eso pedía La Rebelde al Primer Jefe que le permitiera proceder a incorporarse a la división del general Pablo González, quien avanzaba sobre San Luis Potosí, donde lo esperaba el general Eulalio Gutiérrez con sus fuerzas. Además el general González era presidente honorario de la Cruz Blanca y era justo que se pusieran a sus órdenes.

Esto fue aprobado; La Rebelde nombró secretaria a la periodista Jovita Idar, a la profesora María Villarreal jefa de hospitales, a Magdalena Pérez asistente, Felipe Aguirre quedaba como secretario, Federico Idar orador y jefe de propaganda. Eustacio Montoya fotógrafo oficial; este abnegado ayudante nunca descansó, por lo que el jefe lo distinguía y apreciaba.

Al día siguiente y en víspera de la salida del Primer Jefe para Tampico, se presentaron a cenar como les había ofrecido el gobernador Antonio I. Villarreal. Él llegó acompañado del jefe y del licenciado Isidro Fabela. En seguida se anunció la cena; así que los miembros de la CBN tuvieron oportunidad de sentarse a la mesa en unión de estos altos jefes. La señora María Vda. de González se incorporó a la Cruz Blanca y también saldría para San Luis Potosí.

En el brindis que ofreció Clemente Idar detalladamente hizo recordación de los trabajos de la Cruz Blanca a la que desde esa fecha había elevado el Primer Jefe a la categoría de nacional merecidamente pues era la única que había tomado parte activa al lado de los grandes hombres de la Revolución.

Después de la cena pasaron a un salón junto al comedor y presentaron al jefe el acta que habían levantado los miembros de la Cruz Blanca; sin discusión aprobó todo lo que se había acordado. Se despidieron, para no volverse a encontrar hasta San Luis.

La Rebelde y sus compañeros no fueron a Tampico por haberse ya organizado la Cruz Blanca en ese pueblo, los miembros de la mesa directiva de la Cruz Blanca de ese puerto saludaron al jefe allá y luego vinieron a conferenciar con La Rebelde a Monterrey, llegando allí el mismo día que salían para San Luis.

En Tampico estaba Juanita Mancha, notable y valiente compañera más conocida por "la buena Juanita", una noble heroína de Tamaulipas quien sirviera a la gente del general Luis Caballero con valor desmedido, al igual que las otras compañeras. Era profesora, como lo fueron muchas enfermeras, compañeras espontáneas aptas para servir en la capacidad que el deber imponía, que jamás mancharon su estandarte.

Así, se comprende que los heridos de la noble causa que peleaban por la libertad de un pueblo, agradecidos, se prestaban para que finas manos restauraran la sangre de sus heridas. En sus oraciones La Rebelde decía: "Juanita quiero decirte un recuerdo, tú que en aquel tiempo engalanaste las filas nuestras, como una bella y perfumada flor, nuestro corazón se inflama de júbilo al verte tan buena, franca y sincera".

La sucursal de la Cruz Blanca Nacional en Tampico, quedó definitivamente instalada en ese puerto. El personal directivo de la citada sucursal fue integrada en la forma siguiente: presidenta señora Delfina R. del Castillo, vicepresidente Melesio Rodríguez, secretario Fernando R. Rodríguez, pro-secretaria señorita Consuelo Castillo, tesorera Manuela Azuaran, vocales señorita Rebeca Castillo, María Passen, señor Alberto Tamez y otras personas de la buena sociedad de ese puerto.

El día 10 de Julio recibió La Rebelde un mensaje del licenciado Gustavo Espinoza Mireles avisándole que ya se había arreglado lo que ella deseaba, podía incorporarse con la División del General Pablo González que saldría en la mañana.

Sin avisarle al general creyendo que ya lo sabía, se presentaron en la estación a la hora indicada. Hubo retraso, se agregaron más carros y luego salieron.

Con el general González iba el general Murgía, el doctor Blum, doctor Cervantes, General Cesáreo Castro, Pablo de la Garza y otros jefes.

En el carro en el que viajaba la Cruz Blanca había una estufa, los ferrocarrileros hicieron lumbre y allí cocinaron.

Recorrieron el tren para ver si había algún enfermo. Entre los que acompañaban a la División del Noreste iban el licenciado Manuel Bauche Alcalde, licenciado Riva Palacio y otros personajes.

Ya se estaban recibiendo noticias del combate en Querétaro.

Fue una jornada bastante pesada en Charcos, el día 16 de julio de 1914 se detuvo el tren y hubo conferencia para seleccionar un sitio donde alojar a los heridos en caso de que fallara o que se prolongara la toma de San Luis. Allí los generales González y Pablo de la Garza, los doctores Blum, Cervantes y La Rebelde, determinaron que fueran el general Murguía, el doctor Blum, La Rebelde y su secretaria en busca de un sitio adecuado. Encontraron una hermosa hacienda abandonada, que de buena suerte no había sido ocupada.

El general González había recibido noticias de que podían avanzar. El 18 de junio habían llegado a Venado después de una jornada en carretas, a caballo o como mejor se pudo. Allí pasaron la noche. Recibieron noticias de un descarrilamiento entre Venado y Bocas; al amanecer salió una comisión en un armón manejado con los coroneles Castillo y Tapia, y Ricardo González, dos doctores, La Rebelde, la profesora María Villarreal y otros tripulantes a reconocer la línea y levantar heridos. En seguida en otro armón los ferrocarrileros y un grupo de ingenieros para reconstruir la vía a fin de que pudiera seguir el tren.

Antes de entrar a San Luis, en espera de noticias del general Eulalio Gutiérrez, se preparó la artillería del general Pablo González al mando del general Murguía; el coronel Castillo y Tapia estaba a la espera del derrotado ejército federal. Ya era noche cuando entraron a San Luis. La Cruz Blanca Nacional ganó muchos amigos en esa escabrosa travesía donde sirvieron a enfermos y heridos. El general Murguía llevaba un buen carro y lo compartía con el grupo, al igual que su comida, prodigando atenciones.

El coronel Castillo y Tapia, de fácil palabra, animaba a la tropa ya cansada que se arropaba cerca del bracero de alguna soldadera, al olor de las tortillas de harina que se preparaban antes de robar un poco de sueño. El general Murgía y el doctor Blum acompañaron a La Rebelde a recorrer el campamento para visitar a los heridos. Los momentos en que las soldaderas hacían sus lumbres y las fogatas iluminaban el campo; era algo muy romántico. ¡Tiempos felices, cuando todos estaban unidos!

En San Luis eran muchas las intrigas que esperaban a la Cruz Blanca, ya que se iban acercando a la capital de México, donde la gente de la frontera eran corderos en manos de esos lobos de alta política, contaminada por los huertistas. Huerta se había embarcado, navegaba rumbo a La Habana.

El licenciado Francisco León de la Barra fue nombrado presidente provisional, pero gobernó un solo día. Ya la división del general Emiliano Zapata se acercaba a México por el sur, los generales Álvaro Obregón y Francisco Villa marchaban al punto de reconcentración acordado por el Primer Jefe. A la entrada de San Luis, inmediatamente la Cruz Blanca se hizo cargo del hospital; había bastantes heridos y llegaban más todos los días; pronto se organizó la Cruz Blanca. El doctor Macquela, médico del general Eulalio Gutiérrez ayudó mucho a La Rebelde.

Los acontecimientos rápidos en la toma de Querétaro hicieron necesario que el general González avanzara a Tlalnepantla; la Cruz Blanca se quedó en San Luis unos días. El general Federico Montes había tomado Querétaro; avisó por telegrama a La Rebelde que en cuanto organizaran la Cruz Blanca se dirigieran a Querétaro donde también había muchos heridos.

La hermosa y distinguida dama Mimí Eschauzier, esposa del conocido doctor Eschauzier, fue elegida presidenta de la organización en el estado. Todo San Luis la conocía y quería. Ya se le acreditaban grandes obras benéficas. Trabajó sin cesar llevando ropa, asistiendo en las operaciones, desesperada por no encontrar éter ni cloroformo; tomaba la mano del enfermo para darle valor mientras se le operaba. "Mimí, brillaste en los salones aristocráticos y con igual brillo iluminaste las tinieblas y tristezas de un hopital. La perfección de tu vida y las inclinaciones de tu corazón las llevaste por la senda del bien, tu amor a la [. . .] te engrandece. Te bendigo en nombre de la sagrada patria mexicana".

Cuando llegaron el jefe y sus acompañantes la primera visita fue al hospital, a donde llegó acompañado del general Luis Caballero, recorrió todos los departamentos del hospital, regaló dinero a cada uno de los heridos, tomaron unos refrescos y al salir le dijo a La Rebelde: "Mañana saldremos para Querétaro, las espero en la estación para que nos acompañen".

El eminente Macquela ayudó con eficacia en ese hospital pues siendo médico del Estado Mayor del general Luis Gutiérrez conocía al grupo de enfermeras locales.

La política desde la capital se hacía sentir; constantemente recibía el jefe quejas de las cruces y otras organizaciones. Lo que se pretendía era desunir a la Cruz Blanca Nacional. Temían que al llegar a la capital se le diera la preferencia. El jefe no hacía caso de chismes ni de quejas; no tenía tiempo, pues entre los suyos había mayor peligro. Todos los jefes querían llegar a la capital uno primero que el otro.

Capítulo XVIII: Vientos de disensión

Al llegar a Querétaro el Primer Jefe fue recibido por una gran multitud. Ya estaba seguro el triunfo. Sólo unas horas permaneció en el estado. Al llegar y en la misma estación habló con el general y gobernador Federico Montes, diciéndole que atendiera a la Cruz Blanca proporcionándole una residencia y asignándole el hospital para que se hiciera cargo de los heridos.

Habló con La Rebelde diciéndole que en Tlalnepantla no había lugar propio para la Cruz Blanca y que allí en Querétaro procurara hacer algo lo más pronto posible por su organización. Que estuviera lista para irse al recibir telegrama suyo, pues deberían entrar juntos a la capital con el ejército triunfante.

Las pocas horas que permaneció el Primer Jefe en Querétaro visitó el Cerro de las Campanas, parte del pueblo y después de un rápido banquete, salió para Tlalnepantla, donde era urgente su presencia. Los inquietos jefes con sus tropas estaban ansiosos para que se verificara la gloriosa entrada en la capital.

El general Federico Montes condujo a la Cruz Blanca a una mansión. El general Teodoro Elizondo y su Estado Mayor ayudaron a la reconstrucción del hospital. La Cruz Roja se mostraba antagonista; todo ese pueblo era católico, así como en San Luis Potosí, en ambos estados hubo atropellos en contra del clero y forzosamente rechazaban a la Cruz Blanca Nacional por ser parte del ejército. Esa organización nada tenía que ver con los acontecimientos.

Después de atender a los heridos en el hospital regresaron a su domicilio, donde encontraron un aviso de que había heridos en el salón de la Cruz Roja. Fue inmediatamente La Rebelde acompañada de la profesora María Villarreal, jefa de hospitales, Jovita Idar secretaria, Felipe Aguirre y Eustacio Montoya, que encontraron al portero estacionado enfrente del zaguán. Le preguntaron que si había enfermos allí: "Sí, los hay", dijo de mal modo, "pero tengo orden que no entre nadie".

"Ahora tiene usted orden", dijo La Rebelde, "abra inmediatamente, es poco el tiempo que permaneceremos aquí, pronto el jefe estará en la capital y nos tendremos que ir".

Protestó el viejo portero, los ayudantes le quitaron la llave y entraron al patio. Todas las puertas estaban cerradas con llave y por las ventanas oyeron quejidos y lamentos. "Abra usted esta puerta", dijo La Rebelde, "y ustedes, muchachos, traigan algo para forzarla, si no abre este buen señor".

Usaron la fuerza para abrirla, y encontraron 60 camas ocupadas por carrancistas. En el centro del cuarto, arrodillado pidiendo a Dios ayuda, se encontraba el coronel Del Toro aunque muy débil pero todavía podía hablar. "Nos tienen sin comer desde hace dos días; nada más cuidan a los federales; sabemos que ya llegaron las tropas del general Federico Montes. Cuando aquí supieron de los triunfos de los constitucionalistas nos abandonaron; el conserje dijo que no había víveres ni medicinas".

En esos momentos llegaron los ayudantes de la Cruz Blanca Nacional empujando al conserje, quien asustado decía: "Sí, que los hay". Al abrir una puerta encontraron el gran salón lleno de víveres y medicinas. "Gracias a Dios", dijo el coronel Del Toro quien ya estaba tranquilo en su cama, "se me estaba muriendo esta gente sin tener a quien aclamar". Las enfermeras y los ayudantes se hicieron cargo.

La Rebelde mandó traer al general Gustavo Elizondo, quien ordenó que le facilitaran toda clase de ayuda dejando guardia en la puerta. Llevó el general Elizondo a La Rebelde y a Jovita Idar con el gobernador; llegaron a tiempo pues ya salía para Tlalnepantla, dejando al general Elizondo en su lugar. Todos los altos jefes se habían concentrado en Tlalnepantla, donde asumió el mando el Primer Jefe dando órdenes correspondientes para la histórica entrada a la capital.

Al regresar a la Casa Isaac, palacio de un prominente burgués de Querétaro, que ocupaba la Cruz Blanca Nacional, encontraron a algunos generales que deseaban alojarse allí mientras partían para Tlalnepantla. Era una casa inmensa, donde podían acomodarse sin saber quien más la ocupaba. Se dio órdenes a la cocinera y demás servidumbre de que atendieran a todas horas a los ilustres huéspedes.

El pueblo estaba alborotado, los periódicos anunciaban los triunfos constitucionalistas, y pronto el Primer Jefe estaría en el poder. Entre los militares había un joven rubio, esbelto, perfectamente trajeado; cuando vio pasar a La Rebelde, se acercó a ella siguiéndola hasta el segundo piso. La Rebelde se dio cuenta de que la seguían y se detuvo para saber qué se le ofrecía a ese oficial que, un poco aturdido, dijo: "Señora, un abrazo . . . gracias a Dios que nos volvemos a ver".

"¡María, . . . mi querida María!" Jovita se acercó abriendo la puerta de la recámara, las empujó cariñosamente dentro del cuarto.

"¡Por Dios, señora! Que nadie sepa que soy mujer, aquí traigo esta orden del general Marcelino Murrieta".

Jovita se enteró del mensaje y pasaron a otra recámara más reservada. "Hoy cuando llegamos a Querétaro supe que estaban ustedes aquí; le pedí permiso a mi general para quedarme con ustedes y acompañarlas a la entrada de la capital como lo habíamos acordado cuando me despedí de usted en Monterrey. Mi general se quedará en esta casa con su Estado Mayor, todos los generales deben salir mañana temprano".

Los generales Elizondo, Ramón Frausto, el licenciado Maldonado y su esposa se alojaron también allí. El primero tomó mucho empeño en ayudar a la Cruz Blanca Nacional. Les enseñaba los telegramas que llegaban de Tlalnepantla. Los enfermos estaban un poco mejor.

Por fin llegó un telegrama firmado por el licenciado Gustavo Espinoza Mireles, con fecha 13 de agosto, del general, ordenando que la Cruz Blanca se fuera inmediatamente. Los generales Elizondo y Murrieta también tenían orden de incorporarse a la tropa en Tlalnepantla. "General", le dijo La Rebelde, "tenemos orden de salir, como lo ve usted en este telegrama. ¿Cómo dejamos aquí a tanto herido en manos de esta gente que no nos quiere?"

Secamente respondió el general: "Usted sabe lo que hace, o la gloria o el deber".

"Me quedo", contestó La Rebelde.

Pasaron al comedor donde comieron juntos todos los que se alojaban, sin más protestas; sólo la Cruz Blanca Nacional se quedaría. No habló una sola palabra La Rebelde. Ocultaba sus lágrimas, sentía el disgusto que causaría a sus fieles compañeros que no entrara con el ejército constitucionalista a la hora del triunfo. Después de servir el café, entró el general Elizondo a despedirse de los heridos.

En camino al hospital, cogiendo al general del brazo, hizo que pararan el auto. "Mi general usted que tiene tanto poder y aprecia al jefe, ¿no se le ocurre nada respecto a nosotros, la Cruz Blanca? ¿No le parece justo que entremos a la capital junto con el ejército triunfante al que hemos servido desde que el jefe enarboló la bandera del constitucionalismo? A mi gente no le gustará este desprecio".

"Estoy para servirla, ¿qué es lo que usted desea?", preguntó el general.

"Pues bien, iremos a la estación, usted dará órdenes enérgicas, terminantes, de que pongan a mis órdenes dos carros, no importa de qué clase sean, ahora mismo prepararán a los heridos en esos carros y nos iremos en el tren mismo donde sale usted, que será el último que sale de Querétaro. El tren irá muy despacio porque hay muchos otros trenes y carros por delante, pero llegaremos a la capital aunque seamos los últimos en entrar". Así lo hizo el bonísimo general.

En pocas horas estaban Felipe Agnini, Federico Idar, Eustacio Montoya bajo las órdenes de la coronela María de Jesús González ayudando a los mozos de la estación a preparar los carros, que eran de carga. La Rebelde fue al hospital con el general a darle la buena noticia.

Prepararon bien a los heridos, empacaron todas las medicinas y útiles necesarios, llevaron colchones, en una palabra, no durmieron. Salieron a media noche y se despidieron del general, quien dio órdenes por escrito a la coronela para que los tripulantes y la guardia de ese tren se pusiera a sus órdenes.

El general abrazó a La Rebelde diciéndole: "Nos veremos en la capital".

"Ya ve general", contestó La Rebelde, "cumplo con mi deber sin esperar la gloria".

Antes de la salida del tren ya estaban los 60 heridos en buenos colchones a bordo del tren. Treinta en cada carro, el coronel Del Toro estaba mejor; a su cargo tenía uno de los carros; María Villarreal, encargada de los alimentos, la coronela en el primer carro con La Rebelde para estar en comunicación con el maquinista, quien tenía órdenes de caminar despacio.

Si alguien sabe los sacrificios durante el viaje improvisado, acompañando enfermos y las responsabilidades que ello representa, es por demás dar detalles, si no lo sabe se deja a la imaginación de cada quien.

El tren del Primer Jefe llegó a las orillas de la capital, donde a caballo entraron gloriosamente; a su derecha lo acompañaba el general Pablo González. Así debería ser, pues bien merecido tenía ese honor. En aquellos carros caminaban las abnegadas enfermeras, cargaban la cruz sin esperanzas, sin pretensiones, sin interés. Se les había llegado la hora del Getsemaní. El cáliz lleno de amargura no lo rechazaron; saborearon hasta la última gota.

Habían caminado largo rato, casi la mitad del camino, María Villarreal se había pasado de un coche a otro con la ayuda de la coronela, sin saber ninguna que unos oficiales las seguían; al entrar al carro de La Rebelde uno de los oficiales gritó: "¡Alto ahí! Se me bajan todos, yo necesito este carro para unas familias".

"¿Quién es usted?", preguntó La Rebelde, "¿y por orden de quién han parado este tren?"

A la coronela le dijo: "corre para arriba de los carros y avisa al general que ordene al maquinista que se dé prisa y a los ayudantes nuestros que bajen a estos intrusos inmediatamente, a empujones si es necesario".

"Es que somos dinamiteros del centro, si se ponen pesados volaremos el tren. Aquí está mi credencial", dijo el oficialito.

"Son gente de esta región, seguramente no nos conocen", contestó La Rebelde rompiendo la tarjeta que le había dado.

Encendieron una luz fortísima al momento que llegaba La Rebelde a la puerta. "Ya ven", dijo "este carro y el que sigue están ocupados por heridos a quienes no se debe molestar, somos revolucionarios como usted".

"¡Se me bajan prontito o los bajamos", dijo Federico Idar, quien iba funcionando como garrotero.

Se quedó La Rebelde con el nombramiento del militar aunque hecho pedazos. "Esto lo guardo como recuerdo, mi coronel, llévese usted a esas mujeres a otro lado, súbalas en el techo del carro si gusta". No supieron más de estos señores quienes con toda seguridad eran gentes de Villa o Zapata.

Durante el trayecto y antes de llegar a la capital vino la coronela; ella viajaba recorriendo los carros, intercalándose en la tropa que tripulaba el tren: "Señora", dijo muy quedito hincándose cerca de La Rebelde, quien no podía moverse porque tenía a su lado a un soldado que recargaba la cabeza en su regazo y al que aplicaba fomentos constantemente y alimentaba con un gotero, "he oído una conversación entre oficiales desconocidos, pero como ya estaba oscureciendo no pude verlos bien, ni quiero que sospechen de mí. Les parece que será oportuno asesinar al jefe esta noche si insiste en asumir el poder. Hablaban obscenidades que no puedo repetir".

"Estarían ebrios", dijo La Rebelde. "No señora, ya sé la dirección donde creen que irá el jefe esta noche". La repitió varias veces porque La Rebelde no daba apariencias de haber oído bien, y luego cogiendo la mano de su querida María, la coronela dijo: "Es la misma dirección que me dio el jefe una vez cuando viajábamos entre Chihuahua y Torreón. Mira María, si Dios nos ayuda llegaremos a México a tiempo para avisar".

"¿En cuántas horas calculas que llegaremos? Voy a ver al maquinista", dijo la coronela, "es uno de los nuestros; es mejor que gane tiempo; el camino está bueno y los heridos no se quejan".

No tardó en regresar la Coronela. "En dos horas estaremos en los andenes de la estación, hay mucho movimiento de trenes, los carros se van separando de la vía para dejarla libre; debemos llegar a las diez de la noche".

"No te separes de esos oficiales María, si es posible acércate, síguelos al bajarnos del tren, nosotros iremos al hotel Cosmos. Allí nos buscas. Los ferrocarrileros y mis ayudantes se encargarán de trasladar a los heridos a la Cruz Roja donde tienen una residencia confiscada en la calle Francisco I. Madero, a dos cuadras del Hotel; ya recibí noticias de la llegada del Primer Jefe, lo que nos urge es llegar hoy mismo. Todo el día han entrado tropas nuestras".

Llegaron a buen tiempo, avisaron al cuartel y pronto mandaron ambulancias y camillas. Llevaron a los heridos a la Cruz Roja, donde encontraron algunas enfermeras de la Cruz Blanca Nacional, entre ellas Aracelito, Adelita, Trini y Evita, quienes las esperaban desde la entrada de la gente del general Pablo González. Trini Flores Blanco tenía a su cargo una oficina de telégrafos en Tacubaya de acuerdo con el general Felipe Ángeles y más tarde por órdenes del jefe de telégrafos Mario Méndez. Ella estaba en su elemento. Tenía la clave de todas las divisiones. En Tacubaya se había alojado la división del general Pablo González.

Todavía en rebeldía, los zapatistas se pusieron pesados y acto seguido mandó esta valiente y hermosa Trini que cortaran las comunicaciones. Sus subalternos la querían gramas. Esa noche de tumulto, de gloria, de pasiones, se prestaba para muchas cosas.

Al llegar La Rebelde al Hotel encontró allí a su gente reunida. Algunos permanecieron en el hospital por unos días. Las señoritas Evita y Trini Blanco la acompañaron a darle el aviso al general Lucio Blanco. Aunque era de noche, en las oficinas del general parecía de día. Todos lo rodeaban felicitándolo. Se anunciaron e inmediatamente pasaron pues el general era primo hermano de las señoritas Flores Blanco, muy queridas y respetadas tanto por el general como por su gente. A La Rebelde le apuraba terminar su misión porque tenía otra de más urgencia.

Llegó el doctor Cervantes y les avisó que habían llegado con los heridos bajo las órdenes del coronel Del Toro. "¿Qué heridos?" preguntó el buen mozo y popular general Lucio Blanco.

"Los 60, que son de su gente, quedaron en Querétaro", dijo La Rebelde, quien comprendió que había desorden por la rápida concentración de jefes en Tlalnepantla y las ansias de llegar a la capital. La Rebelde le explicó al doctor Cervantes lo que había pasado en Querétaro y por qué resolvió traérselos a la capital. "Están en la Cruz Roja, mañana los pasaremos al cuartel mientras nos asignan un hospital". Le pareció bien al general y se despidió ofreciéndoles ayuda.

Regresaron al hotel en busca de María y Jovita. Primero llevaron rápidamente a Trini y Evita a Tacubaya, luego fueron en busca de la coronela Ma. de Jesús González, la encontraron en la puerta del hotel muy contenta . . . ya no le importaba si sabían que era mujer. Cerca de la media noche tomaron un libre y fueron a la dirección que ya les habían indicado. Caminaban en silencio. Al fin encontraron el lugar, desocuparon el taxi, entraron a un zaguán semiabierto y semioscuro donde parecía que esperaban visita. Subieron una escalera alta, empinada, de esa casa de vecindad; en uno de los departamentos había luz y en la puerta asomaban unos niños. La Rebelde se detuvo en la entrada. "Vénganse, muchachas, ésta es la casa". Las compañeras se quedaron asombradas.

En una pared de la escasamente amueblada sala había una fotografía del Primer Jefe pintada al óleo de cuerpo entero, del tiempo cuando era gobernador de Coahuila; se conocía que había estado cubierto por largo tiempo pues amontonada al pie de la pintura estaba la manta blanca que por largo tiempo había ocultado la existencia atrevida de esa preciosa reliquia. ¡Cuántas plegarias, cuántas lágrimas, cuántas horas amargas habían pasado en este santo recinto los que allí moraban! Se quedaron atónitas aquellas abnegadas compañeras cuando comprendieron el peligro tan grande en que habían vivido los habitantes. Muchas, ante semejante valor, se dieron cuenta de que las saludaban amablemente.

La Rebelde dirigió la palabra a una de ellas y sin más ceremonia le dijo: "Es preciso que manden un recado al jefe si lo estiman, y de eso no tengo la menor duda, díganle que no venga a la casa esta noche. Lo pueden asesinar. ¿Creen que vendrá? Si más pruebas necesita díganle que se los ha comunicado La Rebelde, presidenta de la Cruz Blanca Nacional".

Se despidieron rápidamente conmovidas, y sin hablar siguieron andando por las calles más de una hora; luego fueron a donde se publicaba *El Imparcial* del que era director el licenciado Rafael Reyes Spíndola, ya conocido años atrás por La Rebelde. Allí se quedaron conversando con él la coronela, Ma. de Jesús González y Eustacio Montoya quien le regaló fotografías de la Cruz Blanca Nacional.

Al día siguiente a primera hora despertaron a La Rebelde, enseñándole la primera plana del periódico llena de informes y reportes asegurando que la Cruz Blanca Nacional formaba parte del ejército constitucionalista y había entrado triunfante a la capital a la misma hora que el ejército; estaban en esa plana grandes fotografías de La Rebelde y sus compañeros. Pocos días duró el licenciado Reyes Spíndola; confiscaron su imprenta y en su lugar publicaron *El Liberal*.

La Cruz Blanca Nacional se alojó en el hotel Cosmos por céntrico y porque era administrado por el matrimonio Porter, amigo de antaño de La Rebelde. Allí esperaban el llamado del jefe o la asignación de un hospital, aunque antes de organizarse permanentemente en la capital pensaban irse a sus hogares y luego regresar.

El hotel era visitado por muchos militares, amigos y colaboradores, entre ellos el ingeniero Juan de Dios Bojórquez quien desde Chihuahua siguió los trabajos de la Cruz Blanca, el licenciado Peniche, otro fiel amigo, llegó un día disgustado al hotel, habló con La Rebelde diciéndole que le parecía mal la noticia que circulaba respecto a los que acompañaban al jefe durante su campaña.

"Si se refiere usted a la invitación que hizo el Primer Jefe para que fueran a despedirse de él todos los que tomamos parte a su lado en la Revolución, me parece muy pedante, muy anticonstitucionalista", dijo La Rebelde.

"Usted lo ha dicho", dijo indignado el mayor Peniche, "¿acaso no somos nosotros mismos la Revolución y sabemos nuestro deber ante el jefe? Mire usted lo que voy a publicar".

Cogió La Rebelde la hoja de papel que le daba el mayor Peniche, y sin hacer comentarios después de leerlo detenidamente, llamó a su secretaria diciéndole: "Jovita, vamos a presentar muestra renuncia para que el jefe obre con entera libertad". Dictó el documento; lo firmó la mesa directiva. "Mañana nos iremos; Eustacio Montoya fotógrafo oficial de la Cruz Blanca Nacional presentará personalmente la renuncia al Primer Jefe, y se quedará aquí para seguir trabajando si así lo desea el jefe".

El ingeniero Juan de Dios Bojórquez se alojaba en un hotel de la calle de Tacuba; todo el día lo pasaba en el Cosmos, donde había muchos revolucionarios, entre ellos el general César López de Lara, más tarde gobernador de Tamaulipas. Bojórquez se dio cuenta de lo que pasaba respecto a la renuncia de La Rebelde; era un buen bohemio en su modo de vivir. Subió los pies a una mesa, sin escuchar las súplicas de la profesora María Villareal: "Por Dios, señor ingeniero, baje usted los pies, no trae calcetines, el hotel está lleno de huéspedes".

"No se fije", contestó el joven escritor con la pluma en la mano "voy a escribir la verdad".

El buen amigo de la Cruz llenó la hoja, la pasó a La Rebelde que a su vez se la dio al mayor Peniche. Federico Idar y Felipe Aguirre fueron a la estación ferrocarrilera para informarse de la salida de trenes. Positivamente no había, sólo en caso muy urgente saldría alguno. Al saber esto, impaciente La Rebelde dijo: "De todos modos nos vamos, de ninguna manera nadie lo ha de saber, hasta que estemos en camino".

Al día siguiente, después de empacar cada quien lo suyo, quedaron en libertad para pasearse, debiendo regresar al hotel a determinada hora que sería aquella en la que el fotógrafo Montoya iría a palacio con la renuncia a tiempo para estar presente en la famosa despedida del jefe de sus fieles y leales compañeros.

Todo ese día dos de los ayudantes de la Cruz Blanca Nacional permanecieron en la estación haciendo guardia para notificar a La Rebelde la salida de algún tren. A las ocho de la noche regresaron al hotel avisando que parecía que saldría algún personaje. Esto le bastó a La Rebelde; en pocos momentos, sin despedirse de nadie, saldó la cuenta en el hotel. Al encargado de éste le dejó una caja sellada y una carta cerrada para que se las entregara al fotógrafo Eustacio Montoya.

En la carta le decía a Montoya que fuera a la dirección indicada, entregara la caja a la esposa del pagador del Primer Jefe, señora Luz Pimentel de González. En esa caja mandaba La Rebelde los estatutos, brazales, nombramientos y copia del decreto del Primer Jefe. La Rebelde la nombraba presidenta provisional hasta que el jefe ordenara otra cosa.

El esposo de La Rebelde estaba en la capital hospedado en el hotel Jardín, a una cuadra de distancia del Cosmos. Cuando supo de la llegada de la Cruz Blanca, mandó un recado avisando que estaba allí a las órdenes del general Antonio Villarreal, quien también se alojaba en el Jardín y allí tenía su cuartel general. La Rebelde habló por teléfono con el general Villarreal satisfecha de saber que su esposo había estado al lado de la Revolución; le avisó que le era urgente salir para Laredo. Al general le pareció bien que ella se fuera a ver a sus hijos regresando cuando quisiera. El esposo fue a Veracruz, donde colaboró activamente en la agencia J. Ángel Lagarda, institución del gobierno que abastecía al Ejército Constitucionalista con víveres y mercancía.

Cuando llegaron La Rebelde y sus compañeros a la estación, varios ferrocarrileros revisaban los trenes, muchos de ellos eran miembros de la Cruz Blanca Nacional o tenían en ella a algún miembro de su familia, otros a sus novias o conocidas. Uno de los jefes se acercó a La Rebelde, riéndose le dijo: "Parece que van de viaje".

"Sí, parece que a eso vamos, tenemos órdenes de salir en el primer tren", dijo La Rebelde.

"Pues bien, el tren saldrá a las nueve o diez a más tardar. Vénganse conmigo para que suban a bordo de mi carro dormitorio que es para mi uso personal; irán otros carros, todos de jefes de división o terminales, e iremos dejando a cada quien en su correspondiente ramal. En el carro comedor llevamos un buen cocinero, él irá hasta Laredo; según entiendo, allí es a donde ustedes van".

"Está usted muy bien enterado señor, ¿quién lo tiene tan bien informado?" preguntó La Rebelde.

"Suban todos prontito, nadie debe saber que van ustedes en este tren. Tenemos órdenes de no dejar subir a nadie, pero ustedes tienen pase libre en todas las líneas".

Llegó Montoya a despedirse y a avisar que ya había llevado la renuncia a palacio; se la entregó al secretario, aunque iba dirigida al Primer Jefe del Ejército Constitucionalista, en calidad de personal.

Al partir el tren llegaron los reporteros de la prensa, pues habían tenido noticias del movimiento de trenes. Entrevistaron a La Rebelde prometiéndole al despedirse mandarle los periódicos. Los ferrocarrileros se retrataron en grupo obsequiando una fotografía con el autógrafo de cada uno.

Cada comida era un banquete; cada parada del tren un paseo al pueblo. Olvidaron todas las penas. Llegaron a Laredo contentos de haber cumplido, ansiosas de estrechar en sus brazos a los seres queridos.

A los dos días de haber llegado a Laredo se recibió carta de Eustacio, avisando que el jefe había mandado unas llaves y orden para que tomaran posesión del antiguo colegio de Mascarones. Aparentemente había terminado la revolución. El Primer Jefe era el poder supremo de la nación. Pero no fue así, ya que hubo descontento y rebeldía. El general Francisco Villa citó a los altos jefes a una convención en Aguascalientes; allí se destacaron los apasionados y descontentos generales que no pudieron disimular sus ambiciones. Carranza o Villa, a eso se reducía la tragedia.

Las mujeres que habían prestado servicios a la noble causa estaban asombradas. Ellas habían ofrecido sus vidas haciendo toda clase de sacrificios, y no soñaban que sería todo en vano. Ya la historia ha relatado los sucesos en la convención de Aguascalientes, la dramática protesta de adhesión a la bandera por los allí presentes. Todo era inútil; se acercaba otra revolución.

El Primer Jefe cambió rápidamente los poderes a Veracruz, donde formó su gobierno; se parapetó en San Juan de Ulúa. Con él se trasladó la gente consciente y muchos otros aprovechándose de la situación al grado de que los leales no sabían quiénes eran constitucionalistas o científicos. Se presentaba buena oportunidad para derrocar al gobierno del presidente Venustiano Carranza, sin derramar sangre.

Esto se relata sin pretender hacer historia nacional, sino sólo para seguir la historia de la Cruz Blanca Nacional y de La Rebelde. En ningún momento de la vida mexicana falló a sus deberes revolucionarios ni en su sentir constitucionalista. Al embarcarse y echar al mar la nave democrática, fue guiando el timón con mano segura y firme.

Sin embargo, La Rebelde esperaba sin esfuerzo alguno el resultado de los servicios de la Cruz que aún llevaba a cuesta, dado que el Primer Jefe no había aceptado la renuncia. No obligaba a sus compañeras a más sacrificios. Nunca se le olvidó al jefe que acertadamente a tiempo preciso se había separado la Cruz Blanca Nacional de la tempestad política, reaccionaria, que es vida de una capital. La Cruz Blanca Nacional desde la frontera, adonde iría a refugiarse la oposición, era el mejor sitio de defensa.

Empezaba la reacción, ahora no de científicos sino de terratenientes, contra un pueblo oprimido; era peor el asunto, aunque aquella era fratricida, está de más decirlo, se atizaba con venganza y odios personales que nada tenían de patriotismo.

Los villistas tomaron una actitud bélica contra los carrancistas; ambos se habían unido bajo la bandera del constitucionalismo contra el porfirismo. ¿Qué bandera nueva era esa que enarbolaban, que permitía pisotear sus ideales? La gente de Villa marchó sobre Coahuila, Tamaulipas y Nuevo León. Combatía contra ellos la división del valiente general Maclovio Herrera, quien tomó posesión de Nuevo Laredo, donde también estaban los generales Alfredo Ricaut, Luis S. Hernández (El Comanche), los doctores Chapoy, Ríos Zertuche y De los Santos.

El combate de El Ébano fue igual de enconado que lo fueron los de León y Zacatecas, sólo que aquellos en contra de los federales del régimen porfirista y éstos contra hermano de ideas democráticas y constitucionalistas. Unos basaban sus creencias en la Constitución de 1857, otros en el Plan de Guadalupe de 1913. La Cruz Blanca Nacional no conocía partidos, todos eran hermanos; sangraba el corazón, se amargaba la vida, se oprimía el alma y aun siendo así, permanecieron a la altura de la ocasión. El pabellón flotaba en su asta, enterrado en el corazón de la madre patria; cada súbdito la veía azotada por vientos desconocidos, incluso siendo la misma bandera de cada mexicano.

Una vez más acudieron al llamado jóvenes de Laredo; otra vez abrió sus puertas el hospitalario pueblo; el río grande, en su tranquila calma, sentía pasar siluetas sobre el puente internacional, almas llenas de amor fraternal que acudían a la cita del destino. En esa tempestad política llegó a Laredo un mensaje del Primer Jefe dirigido al general Reynaldo Garza nombrando directora del hospital Belisario Domínguez a La Rebelde que tomaría posesión inmediatamente. Luego una carta del jefe para ella, diciendo: "Necesito personal de mi confianza".

Pronto se organizó el hospital, don Pedro Domínguez fue nombrado administrador, Arturo García boticario, las socias de la Cruz Blanca Nacional una vez más fungieron como enfermeras voluntarias, María Villarreal, Jovita Idar, Bessie Moore, las señoras Lassauxl, De Anda, y el pueblo de Laredo, Texas ayudaron espontáneamente.

La Rebelde donó mil pesos en instrumentos, inyecciones y medicinas. La profesora María Villarreal llegaba todos los días cargada de ropa para camas y enfermos. La señorita Bessie Moore diariamente pasaba con cigarros, frutas y daba su atención personal a cada herido procurando que no faltaran buenos alimentos. El general Luis S. Hernández mandaba una res dos veces por semana. El jefe político, doctor Garza González, curaba a los heridos sin cobrar honorarios, como lo hicieron los doctores Cook, Wilcox y Mc Gregor. Se improvisaron baños de regadera, se preparó la sala de operaciones y se surtió de medicinas la clínica con ayuda del boticario Flavio Vargas. La secretaria Lily Long y su esposo Jorge Long estaban con la gente del general Lorenzo de Lara en Tampico, donde formaron su cuerpo sanitario.

María, la coronela, llegó con la gente del general Murrieta. El combate de El Ébano estaba en su fuerza. Los generales Álvaro Obregón, Manuel García y Jacinto B. Treviño combatían contra los generales Francisco Villa y Felipe Ángeles. Las tropas del norte ocupaban Nuevo León. Éste fue uno de los combates más reñidos de la reacción.

El general Maclovio Herrera comandaba la plaza de Nuevo Laredo, donde se habían reunido muchos generales a la defensa de esta frontera tanto en Nuevo Laredo como en Matamoros y Reynosa.

Era necesario que el general Maclovio Herrera tuviera datos sobre las fortificaciones de Monterrey. Muy reservadamente salió la coronela María de Jesús González a traer los planos y dibujos de las trincheras y fortificaciones. Con el mismo valor desmedido e igual ternura actuó al despedirse de La Rebelde como un año antes, al irse a Ciudad Juárez; comenzaba la revolución que debería de haber terminado ya.

Pasaron semanas sin tener noticias de la coronela; si no hubieran sido tan rápidos los acontecimientos que tuvieron lugar en Nuevo Laredo, mayor hubiera sido para La Rebelde la angustia que sentía al no saber nada de María de Jesús. El general Maclovio Herrera se preparaba para marchar a combatir a los villistas en Monterrey.

El Comanche (el general Luis S. Hernández), llegó al hospital a invitar a Bessie Moore y a La Rebelde a recorrer las trincheras que él había dirigido y ya estaban terminadas; también revisaron las fortificaciones en la línea del ferrocarril. Tenían noticias del avance de los villistas.

El general Maclovio Herrera se había sentido enfermo todo el día, por lo que permaneció en cama; él y su Estado Mayor se alojaban en el hotel Bobadilla, donde lo atendían el doctor y general Chapoy y el general Ríos Zertuche. Estaba rodeado de gente fiel: Ernestina Munguía, de la Cruz Blanca, no se separaba de su lecho, el telegrafista era esposo de ella, gracias a lo cual La Rebelde sabía lo que pasaba.

Después de la inspección de sus obras, el general Luis S. Hernández pasó revisión al hospital, encontró todo en orden y resguardado por un piquete de soldados que cada tres o cuatro horas se relevaban. Era temprano, por lo que el general Hernández ofreció llevar a la señorita Moore y a La Rebelde al puente para que pasaran la noche en sus respectivos hogares; antes de llegar a la línea divisoria alcanzaron al general dos ayudantes avisándole que el general Herrera lo necesitaba.

En silencio cruzaron las somnolientas aguas del río grande, que impresionaban por su aspecto de tranquilidad. Los guardias del lado americano saludaron y detuvieron un momento a las dos damas cambiando impresiones de actualidad. Al llegar a la residencia de su hermano, La Rebelde se despidió de su compañera, que continuó su camino.

Después de bañarse y preparar algunas cosas que debería llevar al hospital, al día siguiente, en lugar de acostarse, se vistió como si tuviera una cita. Se acercó a la ventana, le pareció oír un ruido entre las ramas de una frondosa higuera. Una persona que se ocultaba allí le hacía señas; poco a poco se acercó a la ventana Federico Idar. "Señora, cierre sus puertas por dentro para que no se enteren, abra la ventana prontito y véngase, necesitamos irnos a Nuevo Laredo, no haga ruido, se puede alarmar su hermano".

Como si estuviera hipnotizada, La Rebelde hacía exactamente lo que se le decía. Bajaron quedito la tela de alambre. Todos estaban dormidos y la casa quedó en completa oscuridad. Regresó La Rebelde a Nuevo Laredo en compañía de Federico, quien en el camino le explicaba lo que ocurría. "Señora, es urgente que hable usted con el general Maclovio Herrera, dígale que debe retirar sus fuerzas de la orilla del río antes del combate. Hay un gran tendido de soldados americanos apuntando las carabinas y ametralladoras para Nuevo Laredo, ellos no piensan atacar, pero tienen órdenes de no permitir que pase ni una sola bala para este lado. Acuérdese de lo que pasó en el primer combate, hace un año, cuando hubo muchos heridos a consecuencia de balas perdidas".

Era la media noche cuando llegaron al cuartel del general en el hotel Bobadilla, donde estaba alojado con su Estado Mayor y demás oficiales, nadie podía acercarse. Federico se quedó sentado en una banca, entabló conversación con un ayudante que cuidaba varios caballos ensillados. La Rebelde se acercó a la puerta; un cabo que hacía guardia la conoció.

"Señora, deme usted el recado, tengo órdenes del doctor de no permitir el paso a nadie".

"Es que vengo a relevar a la compañera Ernestina Munguía, favor de pasarle el recado".

"Bien", dijo el cabo, y pasó el recado a otro oficial, éste lo turnó a otro hasta que apareció Ernestina en la puerta.

En voz baja le dijo La Rebelde: "Tengo que hablar con el general, déjame pasar, estos creen que vengo a relevar". Pasaron hasta la puerta del cuarto donde estaba el enfermo. "Señora, pase usted pronto bajo su responsabilidad, si viene otro doctor, nos va mal".

"Ni tanto", contestó La Rebelde "tú quédate cerca de la puerta, me llamas antes de que llegue el guardia".

La Rebelde pasó al cuarto semioscuro, se acercó a la cama, se arrodilló y le habló muy quedito al enfermo, al mismo tiempo que le pasaba la mano sobre la frente que ardía en calentura, le cambió la venda que tenía sobre los ojos y se la repuso varias veces. Abrió los ojos el general, apenas podía hablar. "¿Qué dice?"

"Soy La Rebelde, vengo del hospital, supe que usted estaba enfermo".

"Sí", contestó el general, "pero me levantaré mañana. ¿Qué quiere usted? Acérquese".

"Es urgente lo que voy a decirle, me entiende?"

"Sí, dígame".

"General, que ordene usted a sus tropas que se retiren de la frontera, no debe pasar ni una bala para el otro lado. Hay tropa tendida a la orilla del río para defenderse, no están en contra de nosotros es sólo una precaución".

"Mañana salgo a combatir, la gente avanza, daré órdenes ahora mismo. Hable usted al doctor Chapoy".

"Espérese un momento mi general, sólo espero a Ernestina".

Una sombra en la puerta le indicó que era hora de salir; ella le hacía señas que saliera. La acompañó al patio donde hacía guardia el ayudante, al que le avisó que el general necesitaba al doctor y general Chapoy. Dándole las gracias a la buena compañera le dijo que regresara inmediatamente al lado del enfermo hasta que llegara el doctor.

Idar y La Rebelde se quedaron escondidos bajo la sombra

que hacía un frondoso huizache hasta que supieron que el general había dado órdenes de que se retiraran, internándose al centro de la plaza para combatir al enemigo muy temprano.

La Rebelde fue al hospital, donde ningún empleado se acostó esa noche. La guardia que se relevaba cada dos horas traía noticias de los movimientos en el cuartel. Nadie creía que el general se podría levantar, tenía una fiebre espantosa . . . presentían algo grave. No faltó el bravo y valiente general a la cita mortal. Muy temprano se montó en su caballo favorito y se puso al frente de su batallón; marchó resuelto a combatir al enemigo, cuando una bala traidora de su gente le traspasó, cayendo mortalmente herido. No fue traición, sino un equívoco. Ya la historia ha dado detalles de ese fatal encuentro. Allí mismo donde cayó se elevó un monumento a su memoria.

Nadie se dio cuenta en esos trágicos y lamentables momentos cuando un pobre teniente se acercaba al general para darle unos documentos . . . la orden cumplida de María, la coronela.

La confusión, la inesperada tragedia, hacía que todos perdieran la cabeza. El jefe político fue rápidamente al hospital, habló con La Rebelde para que fuera a preparar la capilla ardiente, pues velarían al general en la comandancia. A don Melquiades García, uno de los más leales revolucionarios y ejemplo de honradez le tocó levantar al valiente general Maclovio Herrera en sus brazos.

La víspera del entierro del general casi demente llegó la coronela, más muerta que viva al saber lo que pasaba, y se tiró en una banca del hospital llorando sin cesar. Pronto la llevaron sus compañeras Bessie Moore y María Villarreal al cuarto de La Rebelde. Arturo García le aplicó una inyección. Durmió tranquila, no permitió La Rebelde que se le hablara ni se le dejó levantarse por muchos días, pues estaba sumamente débil.

Al momento que murió el general Maclovio Herrera, La Rebelde se comunicó por teléfono al lado americano, avisándoles la terrible noticia. Los simpatizadores y los periodistas llegaron de todas partes a hacerle honores al valiente guerrero, querido en la frontera por toda la gente.

La capilla ardiente se convirtió en un templo, llegaban miles de almas a rendir homenaje al querido extinto general. La Rebelde colocó una bandera tricolor en el centro del cuarto ajustándola al aparato eléctrico en vez de foco, una cascada de rosas blancas fueron amarradas con cuatro anchas bandas de raso blanco, cada cinta terminaba en una de las cuatro esquinas del lujosísimo ataúd, había cuatro ramilletes de rosas blancas, en los cuatro lados sobre preciosos pedestales se colocaron urnas llenas de lirios blancos. El cielo y las paredes del cuarto estaban totalmente cubiertas de ofrendas florales; el valiente general descansaba en un verdadero vergel de amor y respeto. Jamás se había visto honrada la frontera con la presencia de un hombre tan valiente.

Hacían guardias numerosos generales, hijas de éstos, distinguidas damas; un coro selecto de señoritas cantaron himnos; oficiales americanos, empleados de categoría daban muestras de simpatía lamentando la pérdida de este héroe. Los funerales fueron grandiosos; a la orilla del río Bravo se unieron ambos Laredos en justo dolor.

Mientras que en Laredo se verificaban los funerales, su gente avanzaba derrotando al enemigo y persiguiéndolo hasta dispersarlo, llegaron a Monterrey al mismo tiempo que avanzaba el triunfante ejército que combatía en El Ébano al enemigo; los generales Álvaro Obregón, Jacinto B. Treviño, García Vigil, hacían retroceder a los villistas derrotados, en corrida a Torreón, luego a Chihuahua. En el hospital de Nuevo Laredo se cuidaban a los heridos de estos últimos combates.

¡Todo era silencio! . . . con esmero velaban y oraban por las preciosas vidas de los soldados, hijos de la patria, los seres queridos: alguna madre, hermana, novia. Ernestina, la fiel servidora de su patria había contraído fiebre, y en su delirio preguntaba por su general, su jefe. La coronela María de Jesús González, en otro cuarto, también inconsciente, hablaba de su última orden sin poder dar cuenta de su misión cumplida.

Pasaron los días y María entró en plena convalecencia; deseaba relatar los sucesos de su aventura en Monterrey. A La Rebelde le daba miedo que se fatigara hablando; al fin le dio gusto. Se sentó cerca de la cama, acercó un cesto de ropa que tenía que reparar y le dijo: "María, ¿dónde estuviste tanto tiempo?, siempre preguntaba por ti el general, parecía que adivinaba lo cerca que estabas. La noche que estuvo tan grave me preguntó varias veces".

Con los ojos llenos de lágrimas, María con voz temblorosa empezó a contarle lo que había pasado: "Me fue fácil llegar a Monterrey, llevaba un ayudante, iba vestida de mujer; en el camino, que a veces lo hacíamos en tren y luego en carreta, me encontré a un villista, a quien le dije que tenía a mi madre muy enferma y que me era preciso llegar pronto a Monterrey; subí a su carreta, fuimos platicando y parando en los ranchitos, él traía comida. Al llegar a Monterrey me dio un poco de dinero y se fue con su gente prometiéndome que iría a verme, por supuesto que no sabía mi verdadera dirección. Cogí el uniforme que llevaba el ayudante en mi morral entre cháchara y huaraches, tomé un cuarto en una casa de huéspedes, donde no había más gente que yo, pues tenían miedo dejar entrar a desconocidos.

"No tardé en enterarme dónde estaban las trincheras y las avanzadas; todo lo dibujé; noté de pronto que me seguían. Había caminado todo el día, así que ya era tarde cuando llegué a mi casa, casi en el momento que arribaba mi ayudante, quien portaba el uniforme de villista; entramos juntos. Le platiqué lo que sospechaba, le di los dibujos, contraseñas y demás informes; sólo guardé en mi calzado mi nombramiento, dejé en la casa mi uniforme pues no había tiempo que perder. El ayudante salió por el traspatio con órdenes de llegar a Laredo lo más pronto posible para despistar al que me seguía y continuaba vigilando, y yo salí por la misma puerta por la que había entrado; no me equivoqué ya que allí estaba el villista esperando.

"Me cogió del brazo, diciéndome: 'Usted, mi amiguita, va conmigo al cabaret, tenemos que platicar, bailar, estar alegres, porque están muy cerca los carrancistas, nos tendremos que retirar a Torreón lo más pronto posible'. Sin vacilar me fui al cabaret, pensando darle tiempo a mi ayudante para que cogiera el camino a Laredo. Más de cuatro me arrebataron al llegar a la puerta, en el semioscuro y maloliente cuartucho, pues había pocas mujeres. Al compás de una ruidosa orquesta con velocidad vertiginosa me empujaba el compañero. Al fin no pude soportar más la fatiga, tenía ya dos noches sin dormir, me resbalé, desmayada; al caerme se me zafó el zapato, el mismo compañero le dio un puntapié y otro lo alcanzó, cayendo mi nombramiento. '¡Espía!' gritaron; 'la fusilamos!' Me llevaron a caballo al panteón".

"María", dijo La Rebelde, "ya no platiques más, descansa, duerme un poco y más tarde me contarás lo que ocurrió".

"No, no señora, déjeme acabar, así dormiré más tranquila". Siguió contando: "La luna bañaba las tumbas, con su luz se veía muy lejos . . . llegaba el jefe de ellos a quien ya le habían avisado. 'Pregúntenle que quiere antes de morir', gritó el jinete, era el teniente que me había llevado al cabaret. En el acto le contesté: 'que me traiga ese teniente mi uniforme y me den una botella de tequila, mientras va por mi uniforme, yo beberé, quiero morir como soldado que soy'.

"Trajeron el tequila. Me paré detrás de una tumba recargada en ella esperé a que regresara el teniente. La tumba cubría mi cuerpo de la vista de esas aves de rapiña, allí me cambié la ropa, les hablé en alta voz para que todos me oyeran. 'Cobardes, ¿por qué no le avisan a su general que muero como soldado y no como mujer?'

"Arrancó un oficial en la dirección al cuartel, seguí hablando, con la botella de tequila en la mano. Fueron pocos momentos pero se me hicieron siglos. Regresó el teniente: 'Alto ahí, bajen las armas, dice mi general que le lleven a la presa, que no la fusilen'.

"Todos se pusieron en marcha en dirección a los trenes, allí estaba el general Felipe Ángeles, se quedó viéndome, paseaba por el andén cerca de los carros, de pronto se acercó: '¿Es usted coronel de caballería?' Me cuadré, 'Sí, mi general'. 'Bien puede usted ser general, por el valor que tiene. Entre nuestras filas necesitamos mujeres como usted. Llévenla al carro donde están los prisioneros de guerra'.

"Se acercaban las fuerzas del general Obregón, los villistas pronto se embarcaron en el tren, muchos montaron en sus caballos, retirándose la poderosa división de Villa y Ángeles en dirección de Torreón y luego de Chihuahua, donde bajaron a los presos, nos llevaron a la penitenciaría.

"Dos días después de haberme conquistado la amistad de una anciana, la convencí de que me trajera ropa y me ayudara a salir de la prisión, le prometí ayudarla cuando entraran las fuerzas de Carranza, le hice ver que le era conveniente que me salvara. Era fácil para ella esconder ropa en la canasta que traía donde llevaba comida para algunos presos. Así lo hizo, salí con ella en traje de mujer y me llevó a su casa; a media noche me encaminó por unos potreros y salí rumbo a Ciudad Juárez.

"Llegué casi sin ropa y bastante cansada, trabajé unos días lavando ropa, me pagaron poco pero tuve la suerte de dar con unos conocidos; me llevaron a una choza cerca del río y me pasaron al lado americano, donde fui a ver al cónsul, pero no me creyó nada de lo que le conté y como había perdido mi nombramiento menos atención me dio. Al cruzar el río me acordé de Pancho, aquel viejecito que me cruzó en su barquita la noche que fui a verla a usted".

María estaba cansada, lloraba por la muerte del general, decía: "Nunca sabrá lo que he sufrido y lo peor es que nadie me creerá. ¿Usted sí me cree, verdad?"

"Sí, María yo te creo", contestó La Rebelde, quien deseaba saber el fin de su aventura.

"En El Paso también trabajé unos días hasta ganar lo necesario para mi viaje a ésta. Permanecí en el Hospital hasta que el doctor me dio permiso para irme a Monterrey, donde tengo una hermana que también era profesora y revolucionaria". El general Alfredo Ricaut era jefe militar de la plaza cuando llegó María, por lo que fue fácil conseguir un pase en el ferrocarril.

La Rebelde y sus compañeras permanecieron en el hospital cuidando a los heridos que habían traído de los combates de Huizachitos, Ébano y Monterrey. Siendo administrador del hospital don Pedro Domínguez, boticario Arturo Herrera, una mañana mientras María Villarreal y otras compañeras hacían el recorrido en los salones tomando nota de la condición de cada enfermo, se presentó un oficial con un pelotón de soldados empujando a un sujeto; casi llegó a donde estaba parada La Rebelde. Contemplando ese cuadro, en el acto ella se dio cuenta de que ese preso no era persona cualquiera; se acercó al oficial que lo traía con la orden de arresto y hospitalización, en calidad de reo político . . . estaba sentenciado a muerte.

Vio la orden y con calma, aún disimulando el horror que sentía, señaló a los militares que la siguieran para indicarle al reo la cama que iba a ocupar. Había una sola cama desocupada; La Rebelde ordenó a su ayudante que trajera un biombo para rodear el lecho mientras que el preso se desvestía y metía en cama. Se acercó La Rebelde para tomar temperatura y pulso, se inclinó a oír los latidos del corazón, y el preso aprovechó ese momento para decirle en voz muy baja: "¡Sálveme señora!" La Rebelde, desafiando la presencia de la guardia, le dijo, al grado que ella misma se asustó de su audacia: "Sí, que lo salvo".

A la guardia le dijo: "capitán, avise al general que este reo está muy grave". Se retiró el capitán dejando la guardia al mando de un cabo que no daba señas de retirarse con su gente, parados rodeando la cama del enfermo. "¿Cómo es posible que ustedes permanezcan aquí, tan cerca del enfermo?, si no se muere de miedo, ustedes pueden contraer la fiebre, corren riesgo de contagio. Retírense por favor, la sala está ocupada por otros enfermos a quienes están molestando".

"Muy bien", dijo el cabo, "bajo la responsabilidad de usted haremos la guardia en la puerta". Por cierto que era la única puerta que había en ese salón, y allí se estacionaron todo el día.

A la hora de servir la cena volvió La Rebelde a hablar con el cabo que hacía la guardia. "Por favor retire a su gente a la entrada del hospital, en la puerta del corredor las enfermeras no pueden pasar a ver a los enfermos, ustedes estorban".

"Sí, señora", dijo de nuevo el cabo que vino a relevar al otro; ordenó a su gente que se retiraran a la entrada del edificio. Las enfermeras se hicieron cargo de obsequiarles café, tortas compuestas y cigarros.

Por la mañana, después de darle desayuno a la nueva guardia, La Rebelde una vez más suplicó al jefe que cuidaran la entrada al hospital en la puerta del jardín, porque tenían que hacer limpieza general y al lavar el corredor se mojarían los uniformes. Muy amablemente se retiraron a donde les había indicado La Rebelde.

Junto al salón donde estaba el reo político se encontraba la habitación de La Rebelde, cerca del cuarto de baño. Preparó en su cuarto todo lo necesario para que a la hora acordada saliera el reo al cuarto de aseo, pero en lugar de entrar a ese cuarto, había de irse a la habitación de La Rebelde, donde encontraría lo necesario para transformarse en noble dama: navaja de afeitar, polvos, pintura, un vestido negro y un sombrero con velo negro que le cubriría la cara.

Por la mañana había citado a visitar el hospital a la viuda de un capitán que había muerto en Matamoros, ella llevaba un vestido igual al que debería de ponerse el reo. A la viuda, después de recorrer el hospital y platicar con los enfermos, María la llevó al jardín y platicando se fueron por el traspatio donde había salida al pueblo. Se hacía poco uso de esa puerta, así que la guardia no se dio cuenta de su salida.

Esa tarde al oscurecer, los soldados vieron salir a la que ellos creían era la misma viuda que por la mañana había llegado a visitar el hospital, acompañada de La Rebelde, y tomaron un coche en la puerta. En el camino se bajó la supuesta viuda, cruzó el puente, tomó el tren para El Paso, y de ahí se internó a México. En el salón de espera se quitó la ropa, debajo de la cual llevaba puesto su traje.

Más noche, después de hacer algunas compras, La Rebelde regresó al hospital, encontrándose a todos alarmadísimos por la fuga del reo. Indignada preguntó La Rebelde al guardia: "¿por qué no dieron la alarma de fuga? Ustedes serán responsables, busquen bien en los alrededores antes de dar parte al general".

Buscaron huellas en el patio, por todos lados del hospital, se fueron hasta la orilla del río, que estaba a dos cuadras del hospital, así que bien se podía cruzar nadando. El jefe de la guardia no sabía qué hacer, se sentía responsable. El general Ricaut, jefe de la plaza, estaba en un banquete, era tiempo de verano, hacía bastante calor, en la cena había buenos vinos, cerveza helada, el tiempo era propicio . . .

La Rebelde resolvió levantar un acta; don Pedro Domínguez formuló el documento, el oficial fue a dar parte. Regresó el militar diciendo que no se le podía hablar al general, que había dejado el oficio en manos de su ayudante, quien hizo poco o ningún caso, le dijo que no podía presentar el documento hasta la mañana. Al día siguiente que se enteró el general se puso furioso, yendo al hospital acompañado de su ayudante.

La Rebelde los recibió con gentileza invitándolos a desayunar. El general se paseó por el hospital vociferando y acusando a todos. La Rebelde, que lo andaba siguiendo en su recorrido, se revistió de energías y le dijo: "No, mi general, nadie tiene la culpa más que usted; se le mandó el oficio y allí se quedó; avisó el mensajero que no se le podía hablar porque estaba en un banquete". Por muy buena suerte el general estaba para salir a Monterrey, y en su lugar se quedó como jefe de plaza el general Reynaldo Garza, quien sabía que La Rebelde estaba en el hospital por orden del Primer Jefe. Con el tiempo supo La Rebelde que el reo político era zapatista y que se había unido con su gente.

La Cruz Blanca Nacional dispersada por toda la república veía cumplidas las promesas que aseguraban la libertad; se preparaban para celebrar el advenimiento de una era de paz y justicia, veía ondular su blanca bandera en todo el territorio nacional. La Rebelde se despidió de sus leales compañeras, yéndose a San Juan de Ulúa, Veracruz, donde se alojaba el Primer Jefe. Había convertido esa horrible prisión en un activo centro industrial, fábrica de parque y pertrechos de guerra. Esa prisión que por tantos años había sido terror de la nación, fue destinada a desaparecer.

Cuáles serían los pensamientos del jefe durante esos días donde el mar agitaba sus rocas sin cesar, y la fábrica con sus sonidos bruscos del martillo sobre acero. En ese castillo recibió el Primer Jefe la noticia de la muerte trágica de su querido hermano el general Jesús Carranza, traicionado por Santibáñez.

La Rebelde cruzó en una pequeña barca las turbulentas aguas para darle cuenta al jefe de su misión cumplida, recordó al acercarse a la prisión, aquella en Elba donde murió

Napoleón. En presencia del jefe vio sobre su mesa la figura de Napoleón labrada en bronce; antes de hablar con él, tomó en sus manos esa figura cínica, hizo ademán de tirarla al mar, pero el jefe la tomó en sus manos y acercándose a una ventana él mismo la tiró al agua que rodeaba ese histórico castillo. Ya estaba en vísperas de salir de Veracruz y regresar a la capital para gobernar tranquilamente.

La Rebelde, su esposo e hijos salieron inmediatamente para la capital donde por órdenes del jefe se había traspasado la agencia comercial Ángel J. Lagarda; ya no era necesario continuar por cuenta del gobierno. El esposo de La Rebelde fue nombrado presidente de la Comisión Incautadora de Bancos en Veracruz, bajo las órdenes directas del señor Rafael Nieto.

La bandera mexicana flotaba imperiosamente, Estados Unidos había reconocido a don Venustiano Carranza como presidente de la nación. Los católicos aún no se sentían muy seguros aunque el presidente Carranza nunca había dado órdenes de saquear ni destruir templos; en casos aislados se habían cometido abusos. Aunque ya empezaba la primera guerra mundial, muchos mexicanos prominentes mandaron a sus hijos al extranjero a educarse. En Nueva York se encontraban los hijos del subsecretario de Hacienda, don Luis Cabrera, los del señor Félix F. Palavicini, los Reyes Retana, los Figueroa, los Madero y otros.

Durante ese tiempo, con conocimento del Primer Jefe, La Rebelde había ido a Nueva Yorк a internar a sus hijos en el colegio militar y a la hija al mismo convento donde ella se había educado; una vez allá, tomó examen en la Cruz Roja inscribiéndose como voluntaria a la guerra mundial.

Estaba en constante comunicación con el presidente, quien la había autorizado para ponerse en contacto con los más elevados miembros de la Iglesia católica, invitándolos a visitar México si ellos deseaban, para que personalmente se dieran cuenta de la condición religiosa del país (conserva aún algunas cartas sobre el asunto).

El licenciado Adolfo de la Huerta fungía como cónsul general en Nueva York. La Rebelde tuvo varias entrevistas con este conocido revolucionario, y el altísimo honor de recibir una visita en el hotel Roosevelt, del general Felipe Ángeles; hablaron largamente sobre los asuntos que habían transcurrido desde la última vez que se despidieron en Torreón.

La Rebelde recordó lo que le había contando María la coronela de su aventura en Monterrey, preguntándole: "¿Fue cierto que iba a fusilar a la coronela?" Todo lo que María había contado era verdad. "Nos quedamos asombrados del valor que mostró esa muchacha". Cuánto gusto tuvo La Rebelde al saber esto. "Algún día encontraré a María para decirle esto", pensó.

El general aceptó la invitación del esposo de La Rebelde y los acompañó a comer. El esposo, que era financiero más que político, decía: "Mi general, ¿por qué no regresa a México con nosotros?"

El interpelado no contestó, siguió comiendo y platicando de otras cosas; de pronto levantó la vista, retiró su plato, violentamente se despidió: "Nos veremos algún día en la capital".

Se quedaron tristes, "¿Qué le pasaría al general?", se preguntaban uno al otro. "Parece que vio alguno que cruzaba el salón, quizá lo esperaban". Nunca lo volvieron a ver.

La última carta que recibió La Rebelde del presidente Venustiano Carranza fue en abril 17 de 1920, en ella le decía del levantamiento en su contra. Inmediatamente La Rebelde vio a sus hijos en Laredo; allí esperó el terrible desenlace de esa retirada del jefe y los poderes por la vía de Veracruz.

Su esposo acompañó al señor Rafael Nieto en ese último viaje donde todos sufrieron la pena moral de ser traicionados. Cuando vio el esposo de La Rebelde que se acercaban las tropas del general Guadalupe Sánchez tiroteando el tren y que el Primer Jefe había desaparecido, se tiró al monte dejando en poder de los altos jefes los valores que llevaba para el Banco de Veracruz; caminó, sin agua y sin víveres días y noches rumbo a México. Lo alcanzó un coche lleno de mujeres y oficiales que, al ver su condición física, lo levantaron y llevaron al hotel San Carlos, donde siempre se alojaba. Contrajo una fiebre terrible a consecuencia de esa jornada, y murió después de combatir el mal dos años.

La Rebelde se quedó en la frontera donde su fino y buen amigo don Melquiades García, cónsul de México y uno de los más leales amigos del jefe, hacía esfuerzos para estar constantemente en contacto con el señor Carranza y por su conducto pudo saber ella lo que pasaba. Nunca abandonó su puesto don Melquiades, defendiendo la honra del jefe y sosteniendo el pabellón mexicano muy alto en una circular histórica que se distribuyó en todos los rincones de los estados de Tamaulipas y Texas.

El río grande permanecía tranquilo, registraba la tragedia que desde el cielo de México hasta el lejano oriente de toda la nación oscurecía la tierra y las aguas que dividen las dos poderosas naciones, México y Estados Unidos, que compartían una nueva desgracia. Los mexicanos allende el Río Bravo bajaban la cabeza ante este segundo crimen presidencial y una vez más los vecinos del norte abrieron sus puertas para recibir a sus desterrados hermanos que vinieron a refugiarse en las cálidas tierras americanas donde los latinoamericanos les prodigaron atenciones y cariño.

El río grande, lindero entre dos naciones amigas que antes se veían de reojo, se fue convirtiendo en río grande por su hospitalidad. Hoy se puede clasificar como río manso, dado que las dos naciones hermanas se amamantan con su líquido fortificante que dará vida a ambas tierras por medio de las presas internacionales. ¿Qué más queremos? O somos amigos o la madre tierra, que hoy abre sus venas para alimentarnos, protestará.

Capítulo XIX: El patrón se completa

Confirmada la noticia de la muerte del Primer Jefe, agotada la fortuna de La Rebelde, no tuvo más remedio que recogerse en la casa paterna que como herencia le pertenecía y no la habían vendido. En su majestuoso hogar resolvió abrir un kindergarten, sin perder la idea de regresar algún día a México para hacer justicia a sus compañeras que habían servido a la patria junto con ella.

Con la muerte del Primer Jefe y la actitud antagónica de Huerta contra todo lo que era carrancismo, sería imposible que hiciera valer sus derechos y honrar el nombramiento que el presidente Venustiano Carranza le había otorgado. No tanto por ella misma, sino por sus compañeras a quienes debía la honra de presidir a una noble y benéfica institución; no podía dejar a media asta la bandera de la Cruz Blanca Nacional, pero creía mancharla si imploraba favores a los enemigos del constitucionalismo. Sin abandonar su idea, la encerró en el corazón y se resignó a vivir en el extranjero con decoro y lealtad. Ocupando su mente en el magisterio de la enseñanza a la niñez, mitigó su dolor. Sembró en los corazones tiernos de sus pequeños discípulos el amor fraternal sin distinción de raza o credo.

Fue ese bendito plantel un verdadero jardín donde reinaba la felicidad. Más de 100 pequeños gozaron durante un año cerca de La Rebelde, quien hacía florecer el amor al arte, recogía las sonrisas, las palabras infantiles y sus caricias que era lo que hacía a la pobre Rebelde seguir viviendo.

No cabe aquí dar a conocer la historia de ese kindergarten que formó parte histórica del constitucionalismo, al estar ligados tanto los pequeñitos como sus padres con acontecimientos mundiales; a través de los años cada uno de esos niños han sido héroes y las niñas famosas mujeres que figuraron en la guerra mundial. Aquí sólo toca la parte de la vida de La Rebelde que se vio ligada a la Cruz Blanca Nacional.

Nunca perdió las esperanzas de hacerles honor y justicia a esas jóvenes que tuvieron confianza en ella, resuelta siempre a conservar su honra incólume, impecable.

Sucedió que al cabo de un año, siendo el primer aniversario de la muerte del extinto presidente Carranza, se encontraba en Laredo, Texas el general Marciano González, a quien había tocado el privilegio de estar al lado del Primer Jefe en Tlaxcalaltongo.

Esa noche el Primer Jefe selló sus lujos constitucionalistas con la última gota de su sangre, convirtiendo en legajo indeleble el credo del carrancismo y el acaso olvidado maderismo. Tocó a Marciano González estar presente y ver como el maestro apuró el cáliz amargo de la ingratitud, lo vio cuando reposó su cabeza sobre la dura silla de montar y se preparó para su último sueño; compartió su recinto, esa humilde choza que fue más tarde el santuario de su mutilado cuerpo, ¿quién mejor que él podía relatar y hacer vivir esa última noche?

Era el primer aniversario de la muerte del maestro, pensaban don Melquiades García, ex cónsul constitucionalista en Laredo, Texas, y el general Marciano González, hacer recordación de ese via crucis, de esa caminata, cual si representara la última agonía del inmortal y divino Jesús que dejó sus enseñanzas estampadas en cada ensangrentada huella de sus sagrados pies en el camino al Calvario; marcando así el sendero que debe uno seguir para ser inmortal.

Faltaban dos días para la fecha señalada, para esa velada, y esos dos excelentes señores no acertaban a formular su programa, porque aunque muy grande era el amor al jefe y deseaban expresarlo con sus oraciones ya preparadas, no conocían el ambiente del éxito, que en pueblos chicos se impone.

Se les ocurrió visitar a La Rebelde solicitándole que formulara el programa invitando a prominentes elementos artísticos que engalanaran el acto con su talento musical. Visitando la casa de La Rebelde se encontraba la señora Andrea Villarreal de Heredia, hermana del general Antonio I. Villarreal, dama altamente honorable a quien se refiere La Rebelde en las primeras páginas de este relato como la primera mujer de la Revolución, de la que fue precursora; más que eso, desde 1906 ayudó a los magonistas cuando apenas suspiraba el Partido Liberal y se publicaba *El Ahuizote* en el régimen del presidente Porfirio Díaz.

La Rebelde pensó un momento, luego les aseguró que tenía deseos de complacerlos, que el día siguiente les prestaría su colaboración, que desde luego les brindaba. Ella ya se había retirado de todas las actividades sociales, pero tuvo que revivir su entusiasmo patriótico, cuando aún se tenía miedo al brazo largo del huertismo. La frontera estaba repleta de espías y el mismo gobierno extranjero, celoso de sus leyes de neutralidad, infundía cierto temor.

A los dos días se verificaba la velada, o sea era muy corto el tiempo. La amiga Andrea se sorprendió al oír a La Rebelde prometerles que ayudaría, pues era bien sabido el total olvido que para ella habían tenido los veteranos.

El caso es que esa velada resultó formidable; en el fondo del escenario apareció una pintura al óleo del jefe de cuerpo entero hábilmente decorado con tela negra transparente que cubría totalmente la figura, haciendo parecer que salía lentamente de una tumba, a sus pies había muchas flores. El teatro estaba lleno a más no caber; ocuparon los palcos algunos generales procedentes de San Antonio, Dallas, Houston y Brownsville; esto no se había publicitado.

Don Melquiades García, con su verbo impecable, abrió la velada. La Rebelde se reservó el número siguiente, ataviada en traje negro acompañada de 12 lindas niñas que cantaron en coro, escrito y puesto en música para ese día, *Alabanzas a Carranza*; llevaban en sus pequeñas manos ofrendas florales que al terminar el canto colocaron al pie de esa supuesta tumba, mientras dos niñas corrían el velo que cubría la imagen del extinto presidente. Fue imponente la aparición a media luz, al tiempo que La Rebelde recitaba unos versos escritos por su querida amiga Andrea, pluma hábil y sentida.

Tanto se emocionó La Rebelde, que su sufrimiento resultó un éxito. La concurrencia se puso de pie al terminar la última palabra; resuelta a cerrar con broche de oro su liga con la Revolución, al terminar su número se retiró del escenario, para sentir mejor el efecto de la velada sobre el ánimo del público donde habían entrado también muchos enemigos a presenciarla.

Esperaba atentamente La Rebelde la peroración del eminente orador general Marciano González, quien había de describir y pintar vivamente la agonía del presidente Venustiano Carranza, del querido maestro, como él nombraba al jefe. Vivió La Rebelde ese calvario, sintió las palabras que se desgranaban de la boca del excelso orador como gotas de sangre que rociaban el escenario, haciendo memoria de la muerte cruel de su maestro, del amigo de La Rebelde.

Desde ese momento se sintió desfallecer . . . dos espías huertistas la seguían día y noche y llegaron a decir: "Dos mujeres como ésas, Andrea y La Rebelde, pueden encender la chispa revolucionaria en un instante".

Tuvo que clausurar su kindergarten y se alojó en casa de su hermano. Ya inconsciente, agotada por completo, sólo recordaba el cuadro que el general Marciano González había escrito tan real, tan exacto, como si en esos momentos hubiera sucedido. Por un año estuvo internada en un hospital en San Antonio bajo la vigilancia de competentes médicos, sin que nadie más que su inmediata familia supiera su paradero. Sus hijos jamás la abandonaron.

Dios en su grandeza la cuidó, como lo hizo en los campos de batalla, en los apartados rincones donde se refugiaba con sus compañeras, ángeles de bondad. Lo que más la hacía sufrir era dejar sin terminar su tarea de hacer la justicia que merecían sus leales compañeras. Leía las cartas de los compañeros revolucionarios donde le prometían mil cosas. Muchos habían muerto, pero en sus oraciones les prometía hacer por ellos todo lo que le fuera posible. Al fin recobró su salud.

El general Plutarco Elías Calles titubeaba en la silla presidencial, y La Rebelde veía su caída inevitable; forzosamente tuvo que abandonar el poder para que ocupara la Presidencia el general Álvaro Obregón.

Tampoco podía acudir ella a a este nuevo mandatario, que aún habiendo sido su amigo en aquellos tiempos en los que no había pasiones ni miras mezquinas, también había abandonado al Primer Jefe. El tiempo pasaba. En la capital el general Lázaro Cárdenas, en un arranque de generosidad, se acordó un buen día de los veteranos; a su lado colaboraba como ministro de la Defensa ese bravo guerrero J. Agustín Castro, ambos en la vida vertiginosa de la capital que hace a todos egoístas, avaros y desalmados, a quienes por fortuna el tiempo no pudo malear.

Repartieron diplomas, credenciales y medallas a diestra y siniestra; dicen que la plaza de toros quedó un buen día tapizada de cajitas blancas que gloriosos soldados, oficiales y civiles revolucionarios tiraban al suelo mexicano, después de haber extraído de ellas las bien merecidas condecoraciones que lucían en sus pechos donde las había colocado el presidente Lázaro Cárdenas por conducto de su secretario de Guerra, el general Castro.

Las compañeras Trini y Evita Flores Blanco telegrafiaron a La Rebelde diciéndole: "Véngase, traiga consigo sus documentos, preséntelos para que le den sus correspondientes condecoraciones y se acuerden de que algo le deben". Ella escribió al general J. Agustín Castro, quien inmediatamente contestó favorablemente. La Rebelde se trasladó a la capital, donde presentó sus documentos, que firmaron los generales Pablo González y Antonio I. Villarreal y fue reconocida por la Defensa Nacional.

En la Asociación de Veteranos, que en esos días se organizaba, presentó las credenciales y dos medallas de la Defensa Nacional por lo que fue aceptada como miembro, después que un general de esa junta firmó.

Cuál sería su sorpresa cuando al acercarse un general a ella tomó la credencial y le dijo: "Yo soy quien firmará este documento".

La Rebelde, sorprendida de tanta bondad, le dijo: "Mi general, ¿quién es usted?"

"Soy Everardo Arenas, su amigo de 1907".

Qué gusto le dio a La Rebelde, pues al separarse en aquellos años aun tomando diferentes caminos, sus vidas eran paralelas, y así llegaron al mismo punto: pelearon por la misma causa. En la Junta Maderista, fueron los compañeros licenciado Antonio Soto y Gama, Antonio I. Villarreal y Everardo Arenas quienes condecoraron a La Rebelde en el Consulado de México en Laredo, Texas con la medalla del Presidente Madero. En la tumba del presidente Carranza recibió La Rebelde su medalla por manos del general Juan Barragán, firmada su credencial y por don Melquíades García y el licenciado Miguel Alessio Robles.

Ella, que había llevado a la Revolución miles de almas, hoy esperaba su turno de ser reconocida. La ironía del tiempo, el sarcasmo de la vida . . . humildemente esperaba. Con esos documentos se sentía satisfecha, pero no desistía de su tarea de encontrar a alguna compañera suya; para eso tenía que permanecer en la capital; centro de todas las cosas.

Solicitó del Bloque de Veteranos de la Economía Nacional del Departamento de Estadística un empleo para sostenerse. El presidente del Bloque era don Serapio Aguirre, el vicepresidente licenciado Alipi, el secretario licenciado Cabrera; ellos, al ver los documentos, cartas y fotografías auténticas que presentaba, enseguida le consiguieron el empleo que solicitó. Aunque el sueldo era poco, sus hijos y su hermano le remitían dólares mensualmente desde Laredo, más que suficiente para sostenerse y seguir su capricho de hacer justicia a sus antiguas compañeras.

Era la primera vez que hacía el papel de empleada y, ahogando su rebeldía, fue buena compañera y trabajadora disciplinada. Sus sacrificios fueron premiados, pues allí encontró a Adelita, a la coronela, a Carmen Rubio de la Llave, a Trini Flores Blanco y a Conchita Ugarte. Como acudía religiosamente a las juntas de los veteranos en la calle de Moneda número 2, allí también encontró compañeras de aquellos tiempos, y figuró en la primera mesa directiva de la asociación.

El licenciado Gilberto Loyo era el jefe del Departamento de Estadística; de parte de él La Rebelde recibió exquisitas atenciones que le hicieron la vida menos pesada. El general Abelardo Rodríguez le mandó una carta para que la presentara al ingeniero Gaxiola.

La evolución natural de la vida humana había colocado en altos puestos a jóvenes que no comulgaban ni comprendían las consecuencias de una revolución en pie. No se daban cuenta de las duras jornadas, del maltrato físico, de las privaciones que sostuvieron los constitucionalistas en la lucha, en los campos de batalla, ni de que sus sacrificios habían de cambiar el modo de vivir y sentir de una nación. A ellos sólo les interesaba reclamar nuevos derechos, gozar de una vida halagadora que les brindaba el triunfo de la revolución. No sabían gracias a quiénes o cómo se habían adquirido esa igualdad, esa libertad, esa seguridad que el constitucionalismo les brindaba a costo de miles de vidas. Mientras, los que tenían derecho no reclamaban prioridad, se conformaban con lo poco que alcanzaban.

La Rebelde vivía en la capital en un pequeño departamento en la calle Eliseo, cerca del imponente monumento a la Revolución; allí permaneció tres años en espera de presenciar algún día el tan anticipado hecho del traslado de los restos mortales del Primer Jefe. Los fieles veteranos constitucionalistas pensaban trasladarlos del lugar en el que descansaban desde hacía muchos años: una humilde tumba en el Panteón de Dolores, como él lo había deseado. Era tiempo de que todo el pueblo los honrara.

La Asociación de Veteranos hizo saber a México que por orden superior se trasladaban los restos sagrados del presidente Venustiano Carranza al monumento de la Revolución. Eran esos históricos momentos en que en carrera fugaz se hacían los actos más solemnes y perdurables, por la espontaneidad y el entusiasmo con que respondía la gente. Así fue el traslado imponente de este ilustre estadista, el maestro de la democracia, que era de alta alcurnia y abolengo.

Tocó a la Comisión de Estadística de la Economía Nacional figurar en primera fila. La Rebelde, Adelita, la Coronela encabezaban el traslado de los restos, marchando detrás de la carroza en compañía de una multitud de veteranos enlutados, en cuyos semblantes se notaba profundo dolor en el que todo el pueblo participaba porque recordaban la última hora de sufrimiento del jefe desaparecido; abatidos y tristes iban a depositar estos restos en su histórico descanso.

En solemne procesión los huérfanos, las viudas, los mendigos y los opulentos marchaban acompañando al ilustre héroe, al Varón de Cuatro Ciénegas. Las numerosas sociedades ostentaban sus respectivos estandartes, que se mecían tristemente y como arpa eólica, movidas por el viento, parecían hacer silencioso compás a una marcha fúnebre.

Aquella muchedumbre se movía como una sola persona hasta llegar al centro del monumento de la Revolución, donde se detuvo para que pasaran los privilegiados oficiales y compañeros de Tlaxcalaltongo, orgullosos de haberlo acompañado hasta su última morada, hoy llevaban tan preciosa carga . . . con ternura y cariño; extrajeron del carro fúnebre la caja cubierta con bandera tricolor; conmovidos la llevaron hasta un pedestal para que allí descansara a la vista de todos, mientras oradores de la talla de los generales Juan Barragán, jefe del Estado Mayor del Primer Jefe, y Marciano González,así como otros conocidos amigos veteranos recordaban la vida de tan ilustre hombre.

El presidente Venustiano Carranza nació el 29 de diciembre de 1859 en Villa de Cuatro Ciénegas, estado de Coahuila. Se graduó de la Escuela Nacional Preparatoria habiendo concluido sus estudios en la Universidad Municipal de su pueblo entre 1887 y 1898. Más tarde fue gobernador de Coahuila, puesto que ocupaba durante la administración del mártir Madero.

Siendo gobernador de su estado natal mostró valor estoico al enarbolar la bandera revolucionaria en 1913. El 26 de marzo promulgó el Plan de Guadalupe, estupendo documento que habla por sí solo, como lo fue la Constitución de 1917.

La Rebelde no pretende hacer un panegírico o alabar la grandiosa obra redentora de este personaje, pues eso lo harán las plumas más autorizadas que la de ella. Sólo desea rendir humildemente un débil pero sincero tributo a su memoria.

"¡Duerme en paz, valiente luchador!"

Muchas compañeras han muerto y quizá no se les haya hecho justicia; si así es, que este débil esfuerzo inmortalice a las que fueron ejemplo para la patria y que siempre haya almas puras y leales que sepan vivir y morir por ella.

* * *

La Rebelde, Leonor Villegas de Magnón, autora de esta obra, falleció en la ciudad de México el 17 de abril de 1955, tres días después de hacer el último e inútil intento para conseguir que el gobierno le ayudara a publicar su libro.

Su cadáver fue llevado a Laredo, Texas, al mismo tiempo que el de su madre, Valeriana Rubio de Villegas, que se encontraba en Nuevo Laredo; juntas reposan al lado de Joaquín Villegas, esposo de doña Valeriana y padre adorado de La Rebelde, en el Panteón Católico. Descanse en paz.

—Leonor Villegas Grubbs
Laredo, Texas, 1961

Epílogo

La lectura de *La rebelde*, "versión novelada" de las memorias escritas por Leonor Villegas de Magnón, deja ver dos preocupaciones presentes y constantes en el texto narrativo. Primero, dar testimonio escrito y aún fotográfico de la presencia y participación de las mujeres en el movimiento armado de 1910, y en particular de las vivencias personales de la protagonista: su relación con los principales caudillos constitucionalistas y su compromiso con el Primer Jefe de escribir sobre los acontecimientos vividos en el México convulsionado por la guerra. Destaca su intención de dejar constancia para la posteridad del trabajo que realizó al lado de tantas mujeres que se involucraron en las tareas de guerra como enfermeras, pero cuya labor fue más allá de atender y curar heridos tanto en los campos de batalla como en los improvisados hospitales de sangre en casas particulares y con los recursos de los que simpatizaron con la causa constitucionalista. Y la segunda preocupación, que se advierte ya en las últimas páginas del texto, es referir los esfuerzos de Leonor Villegas de Magnón por conseguir el reconocimiento de veteranía para sus compañeras de lucha, en tanto lo consideraba un acto de justicia, así como una pensión económica a la que tenían derecho, según creía.

La muerte de Venustiano Carranza puso fin al arduo trabajo organizativo y político desempeñado por Leonor Villegas durante una década de lucha armada que enfrentó a los diversos grupos revolucionarios que se disputaban la dirección y el control del país. Así, 1920 significó la cancelación de los proyectos sustentados por el constitucionalismo y de las expectativas del grupo de colaboradores leales a Carranza, grupo al que pertenecía La Rebelde.

I

La historiografía oficial sobre la participación femenina en el periodo de guerra sólo se ocupó en un principio de la creación mítica de mujeres valientes y aguerridas recogidas y popularizadas en los corridos, de la imagen idílica y heroica de las soldaderas[1] y de ciertas heroínas como Carmen Serdán, Juana Belén Gutiérrez de Mendoza, Dolores Jiménez y Muro. Una mayoría anónima y olvidada permanecía en los repositorios de archivos familiares, oficiales y aún en textos que, escritos al fragor de la lucha armada y preparados como libros apenas concluida la guerra, esperaron inútilmente el interés de editores o bien de las instituciones gubernamentales, como fue el caso del manuscrito de La Rebelde. Los Talleres Gráficos de la Nación bajo el gobierno de Venustiano Carranza pudieron ser el espacio para la publicación del texto en español escrito en 1919.

Como leemos en las memorias de Leonor Villegas, Carranza le confirió tal empresa y ella aceptó la responsabilidad: "Usted estará cerca de mí —dijo— sabrá muchas cosas, observará más y algún día escribirá".[2] Sin embargo el manuscrito tuvo un fin trágico como la propia muerte de Carranza. No ocurrió lo mismo a la obra de Hermila Galindo, joven e inquieta feminista y también cercana colaboradora del Primer Jefe a quien en ediciones del gobierno[3] le fueron publicados sus libros, aunque también se retiró del escenario político en 1920.

Al inicio de la década de los sesenta, dos años después de rechazar el manuscrito de La Rebelde, el Instituto Nacional de Estudios Históricos de la Revolución Mexicana (INEHRM), publicó el primer libro de historia de la participación de las mujeres en la Revolución, de Ángeles Mendieta Alatorre. Ironía de la vida, en él se omite el activismo de Leonor Villegas aun cuando la preocupación central del libro es:

> Hablar de la mujer como heroína, de la que participó valerosamente en las causas nacionales, la que callada y con profunda abnegación colaboró con su dulzura en los hogares de aquellos que se entregaron a la violencia [. . .] de quienes impulsadas por su ingénita bondad de mujeres mexicanas, sus sentimientos humanitarios y nobilísimos y su amor a la causa que habían abrazado los padres, hermanos o parientes de algunas de ellas, actuaban varias señoritas y señoras de honorables familias de Monclova, cuyos nombres santificados por la caritativa tarea que se impusieron

> de cuidar y atender a los heridos, deben figurar en estas líneas como un homenaje merecido y como un recordatorio a su valor y altruismo . . .[4]

La historia de las mujeres lleva un largo camino recorrido y las líneas de investigación se mueven entre la búsqueda de los orígenes históricos de la opresión, el rescate del protagonismo femenino y los más recientes y novedosos estudios que abordan la problemática de las mujeres desde la perspectiva de género.[5] Los libros escritos en la posrevolución sobre la participación femenina en la etapa armada (1910–1920) se inscribieron en la línea del protagonismo (la historia-rescate). En ellos quedó en evidencia el deseo de dar a conocer el papel de las mujeres en la Revolución y es por ello que los textos comparten una estructura similar: la de los relatos biográficos, que cumplen la función de resaltar acciones "heroicas" realizadas por mujeres, rastrear su invisibilidad en los registros del pasado y mostrar su presencia en la historia.[6] Sin embargo las ausencias todavía son notorias, de ahí la importancia que reviste la aparición de relatos históricos como *La rebelde*, que no sólo recuperan a protagonistas en el anonimato, sino que permiten adentrarnos en un proceso histórico-social, desde la mirada femenina.[7]

La singularidad de la producción historiográfica escrita por plumas femeninas sobre el movimiento armado de 1910 es que muestra las individualidades cuyo protagonismo pareciera que se desarrolló en el aislamiento. La gran aportación de narraciones como *La rebelde* radica en que contribuyen a partir del género biográfico, a revelar la presencia de una generación de mujeres intelectuales que actuó con gran compromiso político desempeñando funciones de liderazgo. Las vivencias de La Rebelde son el reflejo de una participación múltiple y colectiva.

Articular las redes, los vínculos, posturas ideológicas y niveles de injerencia de las mujeres en el desarrollo de los acontecimientos políticos del país está aún por hacerse. Rebasar el nivel de la heroicidad como explicación de la actuación femenina (propia del pensamiento de la época con énfasis en los "naturales" atributos de las mujeres: fragilidad, abnegación, dulzura, las mantenía en la pasividad y el aislamiento) ayudará en el análisis y la comprensión de la rebeldía de las mujeres como agentes del cambio histórico y como objeto de consideraciones políticas.[8]

La vida privada poco se expresa en el texto de Leonor Villegas. El amor y la pasión, los afectos, los sentimientos, las tristezas y nostalgias, la separación de sus hijos (a los que deja en Laredo al cuidado de su hermano primero y más tarde, cumpliendo el ritual de las familias burguesas, los envía a internados americanos para su educación); los recuerdos de sus años formativos, del hogar y la familia, del apego al terruño, de una infancia feliz a la vez que dolorosa por la pérdida de su madre, aparecen en el relato como evocación y añoranza. Su escritura es, ante todo, el testimonio del compromiso político que establece con la revolución; su impulso y energía entregados al trabajo organizativo y colectivo constituyen los ingredientes de su historia novelada.

> "Yo también amo" dijo La Rebelde "pero antes que el amor es el deber. ¿Por fin qué es el amor? ¿Quién puede decirlo? ¿Quién puede descifrar ese incomparable sentimiento del alma que a un mismo tiempo es dicha y dolor? Esa fuerza poderosa que transforma el corazón humano, que purifica, que regenera a toda la humanidad . . . los destinos de mi vida han cambiado bruscamente, al ver estos heridos caer ante las balas de sus propios hermanos me he sentido conmovida".[9]

Las memorias de *La rebelde* están escritas desde la percepción de una mujer burguesa, originaria del estado norteño de Tamaulipas, que vivió en ambos lados de la frontera, que realizó estudios profesionales en Estados Unidos graduándose de profesora. Desde muy joven participó de las ideas democráticas y, ya casada y en la ciudad de México, se involucró en los círculos de oposición que pugnaban por un cambio político para el país. Leonor Villegas pertenece a esa minoría de mujeres ilustradas formada en las últimas décadas del siglo XIX que desempeñaron un papel dirigente en las organizaciones que promovieron, que realizaron tareas peligrosas en la clandestinidad, que hicieron labor de proselitismo, que participaron en distintos ámbitos y con diferentes grados de responsabilidad, que colaboraron estrechamente con caudillos y jefes militares contribuyendo al éxito de la guerra con acciones propias; mujeres, en fin, que adquieren el carácter de excepcionales en tanto su participación coadyuvó en el largo plazo a modificar costumbres, actitudes, hábitos, es decir, las relaciones entre los géneros.

La historia personal y familiar de Leonor Villegas narrada en las memorias, muestra el rostro de una mujer inquieta y, en efecto, rebelde frente a las costumbres y prescripciones de moralidad religiosa que impregnaban la atmósfera porfiriana. Normas y comportamientos que establecían la separación de los ámbitos público y privado y la inserción de las mujeres en el espacio doméstico del hogar y la familia que pretendía eternizarlas en la inmovilidad de su función maternal sin concederles capacidad de acción e iniciativa. No fue fortuita su rebeldía sino que responde en parte al espíritu liberal imbuido en la sociedad norteamericana en la que Leonor se educó y que reconocía la importancia de la educación escolarizada en tanto rebasando los límites estrictos del hogar, libraba a las mujeres de la ignorancia. Al mismo tiempo en la capital del país ideólogos y educadores porfiristas aún sostenían un debate sobre la pertinencia y el nivel de educación que debía impartirse a las mujeres, persistía la idea de que la preparación intelectual las alejaría de sus funciones atávicas de esposas y madres.

Las ideas heredadas de la Ilustración y el positivismo como ideología sustentadora del Estado porfirista, bajo los paradigmas de modernidad, urbanización, crecimiento y progreso organiza a la educación como una forma de ascenso social. El reconocimiento de la capacidad intelectual formalizó para las mujeres la posibilidad de acceder a una educación escolarizada en condiciones de igualdad. En la práctica, la política educativa comenzó poco a poco a dar frutos; tanto en la capital como en la provincia mexicana se abrieron escuelas para niñas y la creación de la Escuela Normal de Profesoras en 1889 dio a la profesión de maestra una importancia formal que hasta entonces carecía; con ello el magisterio se convirtió en la gran oportunidad de profesionalización para las mujeres. Además de las carreras cortas impartidas en la Escuela de Artes y Oficios para Mujeres y la de enfermería, considerada también propia del sexo femenino por las "naturales dotes maternales" que ellas poseen. Las profesiones universitarias aún se mantenían en la división de varoniles; sin embargo desde esta etapa es cuando traspasando las barreras genéricas, reconocemos a las primeras profesionistas en el campo de la ciencia y la cultura.

La prensa fue el espacio donde el grupo de mujeres ilustradas: profesoras, periodistas y escritoras fundaron revistas y periódicos para mujeres; desde la última década del siglo xix, empezó a cuestionar la función social femenina expresando su inconformidad frente a las desigualdades entre los sexos, la separación de los ámbitos privado y público que les negaba la oportunidad de participar en las esferas del poder y la política.[10]

Los movimientos feministas europeos y el sufragista norteamericano y más concretamente la presencia de mujeres extranjeras en el país, que habían bebido de otros veneros y que por ello podían aportar nuevas ideas, se deja sentir en los escritos de quienes transformadas en portavoces de las ideas emancipadoras, reflexionaron sobre los derechos y prerrogativas de las mujeres mexicanas convirtiéndose en la vanguardia dedicada a elaborar las primeras reivindicaciones y a pugnar por la dignificación de la mujer en la sociedad acorde con el espíritu progresista e innovador de la época.[11]

La guerra como periodo de excepción, funciona como un detonador de lo aprendido y propicia en sus protagonistas un acelerado proceso de cambio que las va involucrando en una lucha social en la que influye el contacto con realidades que rebasan el ámbito inmediato de la vida cotidiana contribuyendo a modificar conductas tradicionales. No fue entonces la Revolución de 1910 el parteaguas que cuestionó la subordinación femenina, si bien el periodo de lucha armada acentuó la participación de las mujeres en el escenario político frente al deterioro cada vez mayor de las condiciones sociales y económicas del país.

La preocupación constante y reiterativa que se advierte a lo largo del relato de Leonor Villegas es hacer explícito el trabajo realizado por las enfermeras y su escrito, el tributo al valor y la abnegación con el que lo desempeñaron, soporte indispensable en la guerra, trabajo que además de humanitario y por extensión femenino no se restringió al cuidado y la atención de los heridos sino que implicó diversos niveles de compromiso y responsabilidad.

Involucrarse como enfermeras provocó la alteración en sus vidas cotidianas que transcurrían en la quietud de la provincia mexicana y en no pocas ocasiones significó la separación familiar; los riesgos que enfrentaron en los campos de batalla bajo la presión de tiroteos, asaltos y tomas de plaza, así como la aventura por diversos lugares del país en su constante desplazamiento estuvo llena de avatares: los amores dejados y las propias convicciones políticas; terminada la guerra sus acciones fueron olvidadas, en la medida en que la historia de su participación proviene menos del relato femenino y más de la mirada de los hombres centrada en el recuento de los grandes acontecimientos. Leonor Villegas rubrica en su manuscrito: "la historia relatará los hechos militares, aquí sólo toca hacer vivir y recordar a las heróicas [sic] olvidadas".[12] Su propia percepción de público/privado, masculino/femenino parece una paradoja. Las acciones militares competen a los hombres, las realizadas por las mujeres son actos heroicos y merecen el reconocimiento de la sociedad. En el manuscrito de Leonor Villegas, su concepción del mundo, las representaciones de la masculinidad y la feminidad, los papeles genéricos: actitudes y conductas no corresponden a la vorágine de los veintes. La construcción de los géneros refuerza o modifica las formas simbólicas en cada etapa histórica; de ahí que el relato de Villegas insista en rescatar a las mujeres como actores sociales en el escenario de la guerra. Cumple una función ontológica al reconstruir y exaltar las acciones realizadas por ellas en el pasado, para expresar su estructuración del mundo identificada con un sistema de valores y significados provenientes del patriarcado.

II

El gobierno de Lázaro Cárdenas (1934–1940) fue, en muchos sentidos, la culminación de los procesos políticos y sociales originados en la Revolución. Trató de hacer efectivas las demandas por las que hombres y mujeres habían luchado en la guerra civil. En el aspecto militar abrió un espacio de reconocimiento para todos aquellos revolucionarios sobrevivientes de 1910 y para llevar a efecto tal disposición se formó la Comisión Pro-Veteranos de la Revolución,[13] dependiente de la Secretaría de la Defensa Nacional. Esta comisión fue la encargada de estudiar, dictaminar y entregar las condecoraciones al mérito revolucionario y las recompensas estipuladas en el decreto presidencial de octubre de 1939.[14]

Presentaron documentación ex combatientes hombres y mujeres,[15] de distinta condición social y que ostentaron diversos grados militares en los ejércitos revolucionarios. Amnistiados o retirados, viejos en su mayoría, sobrevivían con muchas dificultades en el México de los años cuarenta. Algunos militaban en las filas del nuevo Ejército mexicano. La comisión no fue explícita en lo relativo a las recompensas económicas, pero es de suponer que el interés primordial de quienes acudían era conseguir una pensión o jubilación, además de ser reconocidos como veteranos, hecho que los colocaría en una situación de prestigio.

El reconocimiento de veterano se otorgaba a quienes hubieran participado en la lucha durante los periodos determinados oficialmente como revolucionarios. El primero, el maderista, cubría los servicios activos, militares o civiles, prestados contra la dictadura porfirista dentro del lapso comprendido entre el 19 de noviembre de 1910 y el 15 de mayo de 1911. El segundo, el constitucionalista, comprendía los servicios civiles o militares encaminados a combatir a la usurpación huertista dentro del lapso del 20 de febrero de 1913 al 15 de agosto de 1914,[16] fecha en que Carranza se levantó en armas seguido por viejos y leales maderistas que enarbolaban la bandera de la legalidad constitucional.

La participación revolucionaria de quienes solicitaban el

reconocimiento de veteranía debía ser calificada como "importante" por dos o más personas que ya tuvieran acreditada su personalidad militar. Debían además llenar un formulario y anexar los documentos originales —en caso de conservarlos— que comprobaran su actuación: nombramientos y grados militares alcanzados, hojas de servicio, fotografías, nombramientos de puestos administrativos en el gobierno de la Revolución, correspondencia intercambiada con los principales jefes, entre otros.

A la muerte de Carranza, su lealtad y admiración al Varón de Cuatro Ciénegas, la llevó a Leonor Villegas a retirarse de la actividad revolucionaria y a refugiarse por un tiempo en la tarea magisterial. La casa paterna de Laredo, Texas, fue el sitio donde estableció un colegio de niñas para ayudarse a mitigar el dolor de la derrota, mientras las pugnas entre los grupos políticos reconocían aguas más tranquilas que le permitieran reanudar su tarea de justicia.

Un telegrama de las compañeras de lucha Trini y Evita Flores Blanco motivaron su traslado a la ciudad de México. "Véngase, traiga consigo sus documentos, preséntelos para que le den sus correspondientes condecoraciones y se acuerden que algo le deben".[17] Presentó sus papeles a la Comisión Pro-Veteranos de la Revolución el 1 de enero de 1940 y se quedó a vivir en la ciudad de México hasta ocurrida su muerte en 1955.

El expediente de Leonor Villegas de Magnón registra su ingreso a la Revolución en 1910 con Juan Sánchez Azcona, Emeterio Flores y Melquiades García. En 1910 este último era secretario de la Junta Insurreccional del movimiento maderista en Laredo, Texas; en 1913 agente comercial de la revolución constitucionalista, y de 1914 a 1920 cónsul de México en Laredo. Fue García quien certificó las actividades revolucionarias de Leonor Villegas en diciembre de 1939:

> En 1910 y 1911 se distinguió como activa propagandista de las ideas libertarias. En abril de 1913 cuando el Corl. Jesús Carranza atacó la ciudad de Laredo, Tamps., la señora Magnón organizó la brigada Cruz Blanca; en enero de 1914

> cuando el Gral. Pablo González atacó la misma ciudad de Laredo la señora auxiliada por un grupo de damas y caballeros estableció en dos amplios salones de la propiedad de la familia Villegas, el hospital de sangre en donde varios jefes, oficiales y cientos de soldados de la Revolución fueron atendidos. Colaboró inteligentemente en las columnas del periódico revolucionario *El Progreso* del cual el suscrito fue uno de los editores y redactores.[18]

El general de brigada Arnulfo González Medina, director de Justicia y Pensiones de la recién creada Secretaría de la Defensa Nacional, expidió el segundo comprobante el 10 de noviembre de 1939.

La profesión magisterial y el trabajo periodístico realizado por Leonor Villegas fueron compartidos por algunas de las veteranas reconocidas, lo que confirma la presencia de una generación de mujeres ilustradas que se involucraron activamente en la lucha armada:

> Las señoritas profesoras Blacayer [sic] hermanas del ferrocarrilero del mismo nombre ellas nos ayudan en Monterrey, en Saltillo la señorita profesora Rosaura Flores [. . .] culta joven profesora de la facultad de Saltillo, alentó la causa maderista con su brillante oratoria . . . La señorita Trini había sido jefe de telégrafos durante la campaña maderista y había pasado los primeros telegramas del señor presidente Francisco I. Madero y más luego los del Gral. Pablo González, muchas veces estuvieron en peligro sus vidas, permanecieron en sus puestos hasta el triunfo del señor Francisco I. Madero y ahora amenazadas a cada rato abandonan su puesto y vienen en camino a Laredo, deben llegar de un día a otro, todos tenemos la contraseña Constitución C.B.C.[19]

No fue fortuita la incorporación casi inmediata de las profesoras en tareas propagandísticas y sobre todo en actividades no visibles pero necesarias para el triunfo de la Revolución. Las cualidades características de este grupo de veteranas: aplomo, audacia, sagacidad —aunque por tradición identificadas con lo masculino—, hacían falta en las tareas de proselitismo, en las más concretas de reclutamiento voluntario y en las más delicadas de trasmisión de información confidencial. De tal suerte que su desempeño implicó para ellas grandes riesgos. El miedo a ser descubiertas, los cateos en sus domicilios, la vigilancia y persecución policiaca, e incluso la agresión y el encarcelamiento que algunas de ellas padecieron no las amedrentaron, por el contrario, hicieron de su trabajo revolucionario el motivo mismo de su existencia.

> De los papeles que comprueban estar en poder de la señora Magnón, aunque algunos fueron destruidos al verificarse un cateo en su domicilio en Laredo, Texas, el mes de febrero del presente año en vista de una orden expedida por las respectivas autoridades.[20]

Para otorgar las condecoraciones debidas a las mujeres que realizaron tareas de guerra dentro de estos periodos, sus acciones fueron reconocidas a partir del rango en que se les clasificó y por el que fueron reconocidas como "servicios civiles" prestados a la Revolución, no obstante que sus niveles de responsabilidad, su lugar en la jerarquía dirigente, su involucramiento y compromiso adquirido, a más de los riesgos a los que estuvieron expuestas, rebasaban ese rango según se desprende de los relatos.

El estudio de los expedientes de mujeres veteranas en el archivo militar, supone de entrada el encuentro con todas aquellas mujeres que, combatiendo fusil en mano y bajo la presión de tiroteos, emboscadas, asaltos, persecuciones, cercos, incorporadas con jerarquía militar en los distintos ejércitos revolucionarios, adquirieron sus grados y ascensos por méritos en campaña. El mito de todas aquellas guerrilleras inspiradoras de corridos y leyendas populares cobraría un rostro en los papeles del archivo militar. Sin embargo sargentos, subtenientes, capitanas y coronelas fueron las excepciones en el universo de veteranas reconocidas. A todas ellas guerrear les significó adoptar una conducta viril que empezaba desde el atuendo: cambiar las enaguas por los pantalones.

Tal fue el caso de María de Jesús González, también veterana reconocida y que el relato de La Rebelde rescata como una valiente y aguerrida mujer, profesora de Monterrey, constitucionalista, correo y agente confidencial que realizó tareas delicadas y peligrosas. Leonor Villegas pugnó para que el Primer Jefe le diera nombramiento de teniente coronel de caballería pues era excelente jinete y no conocía el miedo.[21] María de Jesús siempre vistió como hombre hasta el triunfo de la Revolución porque un soldado empuñando armas sólo como hombre podía sobrevivir. La guerra destruye las rígidas diferencias entre los géneros. Los límites en las conductas y actividades de las mujeres se desmoronan y con ello se subvierte, aunque por tiempo breve, el ordenamiento genérico de la sociedad.

El rango militar que habían alcanzado las mujeres durante la lucha armada fue desconocido casi de inmediato, como lo expresa la circular 78 expedida por la Secretaría de Guerra y Marina el 18 de marzo de 1916: "Se declaran nulos todos los nombramientos militares expedidos en favor de señoras y señoritas, cualesquiera que hayan sido los servicios que éstas hayan prestado".[22] Tal disposición les cerraba la posibilidad de reingresar al ejército, de pertenecer a la Legión de Honor en su calidad de militares y finalmente les negaba el beneficio de una pensión de retiro. Llegados los tiempos de paz, la institución castrense no sólo soslayó sino que ignoró la participación femenina en los ejércitos pues reconocer su presencia significaba violentar una institución por excelencia patriarcal. Una reforma al reglamento de la Legión de Honor Mexicana creada en 1949, abrió las puertas a los civiles, consecuentemente a las mujeres. Algunas de ellas fueron reconocidas como legionarias, sin que esto expresara el reconocimiento de su jerarquía militar y menos el derecho a una jubilación.

El 14 de febrero de 1941 Leonor Villegas fue reconocida Veterana de la Revolución por los dos periodos oficiales, certificaron también sus servicios el licenciado Miguel Alessio Robles, los generales Felipe Zepeda, Pablo González, Eduardo Hay, Felipe Aguirre, Antonio I. Villarreal y el ingeniero Federico Cervantes. Recibió las condecoraciones respectivas el 22 de febrero, aniversario luctuoso de Francisco I. Madero.

III

Las vivencias personales de Leonor Villegas cobran sentido en el conjunto de experiencias de las veteranas, que nos permite armar esa historia de minucias basada en la muy particular percepción de cada una de ellas. Esta historia se enriquece con la aparición de relatos como el de Leonor Villegas, que no sólo registra las tareas desempeñadas por las mujeres en la guerra sino que les da un significado: agitador, conspirador, espía, propagandista, correo o enlace. Así se explica ese protagonismo femenino tan ninguneado y se hace visible la presencia de las mujeres como actores sociales comprometidas con el devenir histórico y los problemas de su país.

> María se levantó de la mesa e hizo sus últimos arreglos, en un zapato una navaja, en la cintura la cartuchera y una pistola, una bolsa de provisiones y dinero suficiente para llegar al primer campo rebelde.[23]

Una primera reflexión sobre el carácter de la información contenida en los expedientes de mujeres en el archivo militar revela que en sus páginas coexisten dos historias que se enlazan entre sí: la oficial e institucional contenida en el formato (solicitudes presentadas entre 1940 y 1954) y la historia personal construida con los recuerdos de las protagonistas o de los compañeros de lucha, jefes o caudillos que extienden los comprobantes para avalar la actividad revolucionaria de las solicitantes. Las descripciones son un relato retrospectivo en prosa sobre la participación de las mujeres en el conflicto armado. En las narraciones se entretejen los recuerdos personales con la cronología de los acontecimientos revolucionarios consignados en la historia oficial; así encontramos entreverado lo realmente vivido con la recreación hecha a distancia de un pasado que en su momento —un presente intensamente vivido— significó para ellas la defensa de un objetivo común.

En su relato, Leonor Villegas rescata en especial su trabajo organizativo en la Cruz Blanca Nacional. Cuando se separó del ejército era presidenta de la benéfica institución, nombramiento expedido por el propio Carranza que anexa a su expediente como documento probatorio.[24] Incluye además un detallado informe de los gastos efectuados en la organización de la Cruz Blanca y de las actividades realizadas al frente de ella; abarca de abril de 1913 al 20 de agosto de 1915, entregado al Primer Jefe en Veracruz.

La historia oficial corresponde a la registrada en la solicitud de estudio. Llenar el formato entrega una confesión, un testimonio que apunta al reconocimiento de "revolucionaria" en términos oficiales y que debió adecuarse a un formulario pensado en función de ex combatientes concebidos como hombres y como militares. Preguntas como: "Fecha de su ingreso a la Revolución y grado con el que se inició. Nombre de los jefes con los que militó. Regiones donde operó. Contra qué fuerzas enemigas combatió. Grado con el que se separó del ejército", son preguntas que difícilmente pudo contestar la mayoría de profesoras y enfermeras que con justicia esperaban ser reconocidas como veteranas. Las mujeres respondieron elaborando mentalmente el cuestionario y adecuándolo a las actividades que realizaron, a los grupos revolucionarios en los que participaron y a las organizaciones femeniles a las que se adscribieron.[25]

Cuando se les pregunta el grado con el que se iniciaron, las mujeres responden señalando el carácter de su participación: espía, correo, enlace, propagandista, agente confidencial, enfermera, etc. Estas actividades implicaron diversos niveles de compromiso: preparación, escritura y distribución de propaganda, de proclamas y manifiestos; la agitación en mítines de protesta; la introducción de armas y pertrechos de guerra al país y a los campamentos rebeldes; la trasmisión de información confidencial y el espionaje en los campos enemigos; la atención y curación de heridos y la colaboración en tareas de reclutamiento.

> Como integrantes de la Cruz Blanca Constitucionalista realizaron sus miembros importantes trabajos como la conducción de parque y municiones, dar asilo a los soldados de la Revolución proporcionando medios a muchos de ellos para su incorporación al ejército libertador... Desde que los

> constitucionalistas atacaron Nuevo Laredo los instalamos provisionalmente en los hospitales de sangre establecidos en Laredo, Texas. 150 heridos los trasladamos al hospital en casa de la señora Magnón. Permanecieron por 3 meses los soldados al cuidado de la Cruz Blanca Constitucionlista en diferentes establecimientos, 25 fueron llevados a casas particulares encargándose nuestra asociación del cuidado de 125 soldados. Todos los gastos por enfermería, asistencia, lavado, etc. pagado durante estos 3 meses, la cantidad reunida por donativos, festivales de caridad, contribuciones del comercio y de otras varias partes del estado de Texas que espontáneamente ayudaron. Prestaron su servicio como 50 señoras y señoritas quienes asistieron eficazmente a los siguientes médicos: Halsell, Suavignet, Cook, Wilcox, Garloc, Leal, Lowry y De la Garza. Conforme los soldados se iban aliviando, las enfermeras y los partidarios de nuestra causa proporcionaban los medios conducentes a la reincorporación del Ejército con peligro de ser descubiertas.[26]

Para contestar el formulario hubo que poner a trabajar, más que la memoria, la imaginación: había que destacar aquellos episodios que la historia oficial había determinado como "importantes" y olvidarse de los que la Revolución institucionalizada mantenía en descrédito.

> Leonor Villegas en su carácter de organizadora de los servicios médicos del constitucionalismo militó en varias divisiones: Nordeste, Centro, División del Norte, que dependía del Noroeste pero que actuó como fuerza independiente. Las regiones de operación. Prácticamente la República Mexicana. Tamaulipas, Chihuahua, Coahuila, Zacatecas, Nuevo León, San Luis Potosí, Querétaro, la Capital, Durango, Veracruz. Los jefes con los que militó: con los principales caudillos revolucionarios, desde el propio Carranza, Francisco Villa, Felipe Ángeles, Pánfilo Natera, Maclovio Herrera, Jesús Carranza, Pablo González, Gustavo Espinosa Mireles, Antonio I. Villarreal, Eulalio Gutiérrez.[27]

El expediente de Leonor Villegas en el archivo militar resulta lacónico: cuando presenta su solicitud de veteranía en los años cuarenta ya hacía dos décadas que había escrito sus "memorias noveladas" tanto en español como en inglés y había buscado inútilmente editor para el manuscrito. La aparición editorial de La Rebelde enriquece a los papeles oficiales localizados en el archivo militar; en su conjunto constituye una historia amalgamada por múltiples experiencias y una contribución al rescate de voces olvidadas, descubre otro nivel de colaboración femenina en la transformación del México de 1910.

Finalmente la recuperación de escritos biográficos inéditos representa una contribución historiográfica en la medida en que permite explicar la presencia femenina en la historia desde la producción escrita por ellas. No sólo hacer visible la actuación de las mujeres —como señala Joan W. Scott— sirve a un proceso compensatorio: insistir en su activa participación en el pasado, sino "preguntarse el por qué y cómo las mujeres se vuelven invisibles para la historia, cuando de hecho fueron actores sociales y políticos en el pasado".[28]

Las memorias de Leonor Villegas cobran gran importancia cuando el lector se pregunta ¿por qué las labores de enfermera, que tradicionalmente forman parte de las tareas consideradas femeninas, en su pluma adquieren una dimensión extraordinaria, heroica?

La historia de Villegas, como las de muchas veteranas cuyas vivencias rebasaron el estricto mundo femenino reducido al espacio cerrado del hogar, de la cotidianidad de la vida privada, muestran cómo a partir del desempeño de una actividad tradicional femenina, trascendieron las barreras genéricas y propiciaron la construcción de nuevas identidades que en el largo plazo contribuyeron a modificar su propia visión del mundo.

Martha Eva Rocha I.

Notas

[1]Martha Eva Rocha, "Presencia de las mujeres en la Revolución mexicana: soldaderas y revolucionarias", *Memoria del Congreso Internacional sobre la Revolución mexicana*, (México: Gobierno de S.L.P./INEHRM, 1991) t. I.

[2]Leonor Villegas de Magnón, *La Rebelde*, manuscrito, p. 97.

[3]Hermila Galindo, *La doctrina Carranza y el acercamiento indolatino*, (México: Talleres Gráficos de la Imprenta Nacional, 1919), y *Un presidenciable, el general Pablo González*, (México: Talleres Gráficos de la Imprenta Nacional, 1919).

[4]Ángeles Mendieta Alatorre, *La mujer en la Revolución mexicana*, (México: Talleres Gráficos de la Nación, 1961) 17–83. (Biblioteca del INEHRM, núm. 23).

[5]El género como una construcción social e histórica que hace diferentes a los hombres de las mujeres. Joan Scott señala que el género designa las relaciones sociales entre los sexos; a las formas de estas relaciones y sus cambios a través del tiempo se los ha denominado "procesos de formación de género". Joan W. Scott, "El género como una categoría útil para el análisis histórico", comp. Marta Lamas, [*El género: la construcción cultural de la diferencia sexual*], 1a. reimp., (México: Programa Universitario de Estudios de Género, PUEG/UNAM, 1997). Véase también Mary Nash, *Presencia y protagonismo. Aspectos de la historia de la mujer*, (Barcelona: Ediciones del Serbal, 1984) y *Género e historia*, México, comp. Carmen Ramos UAM/Instituto Mora, 1992 (Antologías Universitarias).

[6]Martha Eva Rocha, "Nuestras propias voces. Las mujeres en la Revolución mexicana", en *Historias*, núm. 25, México, Dirección de Estudios Históricos/INAH, octubre 1990-marzo 1991. Véase también Ana Lau Jaiven, "Las mujeres en la Revolución mexicana. Un punto de vista historiográfico", *Secuencia 33*, (México: Instituto Mora, 1995).

[7]El problema de la invisibilidad ocupa un lugar importante en los estudios históricos sobre las mujeres. Lo más novedoso en materia biográfica del periodo revolucionario es la aparición del *Diccionario histórico y biográfico de la Revolución mexicana*, publicado por el INEHRM en 8 tomos entre 1990 y 1994. Uno de sus méritos es precisamente el registro de mujeres que participaron en la lucha armada. 2000 perfiles biográficos femeninos recogen sus páginas.

[8]Joan W. Scott, "El problema de la invisibilidad". Carmen Ramos, *Género e historia, op. cit.*

[9]Leonor Villegas, *La Rebelde, op. cit.*, pp. 68.

[10]Martha Eva Rocha, *Nuestras propias voces...., op. cit.*, pp. 112–113.

[11]Laureana Wright de Kleinhans dirigió la publicación *Violetas de Anáhuac*, espacio dedicado a la participación, reflexión y discusión de los proble-

mas de las mujeres, partidaria de la emancipación femenina pugnaba por la regeneración de la mujer. "La emancipación de la mujer por el estudio", en *La mujer mexicana*, 1905. Apud. Martha Rocha, *El album de la mujer. Antología ilustrada de las mexicanas*, vol. IV, pp. 214–221.

[12]Villegas, *La Rebelde*, *op. cit.*, p. 162.

[13]El Gral. de Div. Jesús Agustín Castro, en su calidad de secretario de la Defensa Nacional, forma la Comisión Pro-Veteranos de la Revolución, así como el Instructivo con el cual se regirá dicha Comisión y que deberá empezar a operar a partir del 1 de marzo de 1939. Archivo Histórico de la Secretaría de la Defensa Nacional, Sección Veteranos. En lo sucesivo haremos referencia al archivo bajo las siglas AHSDN.

[14]Decreto 659 expedido por el presidente Lázaro Cárdenas el 5 de octubre de 1939 que crea la condecoración al mérito revolucionario y el reglamento al que deberá sujetarse.

[15]Una lista de 395 nombres de mujeres con expediente en el Archivo de Veteranos de la Secretaría de la Defensa Nacional registra el libro de Ángeles Mendieta, *La mujer en la Revolución mexicana.* Sin embargo no todos los expedientes pudieron localizarse, dos de ellos eran de hombres: Nieves Brindis de la Flor y Matilde Chavarría Rey, hecho muy común en el periodo ya que el mismo nombre se usaba indistintamente para ambos sexos. También fueron localizados otros expedientes no incluidos en la relación de Mendieta.

[16]Instructivo de la Comisión Pro-Veteranos de la Revolución, artículos 3o. y 4o., AHSDN.

[17]Villegas, *La Rebelde*, *op. cit.*, p. 187.

[18]Exp. Villegas, AHSDN.

[19]Villegas, *La Rebelde*, *op. cit.*, pp. 101–102.

[20]Exp. Villegas, AHSDN.

[21]Villegas, *La Rebelde*, *op. cit.* p. 71

[22]Véase expediente D/112/365 María Teresa Rodríguez, AHSDN.

[23]Villegas, *La Rebelde*, *op. cit.*, p. 66.

[24]Nombramiento de autorización expedido a Leonor Villegas como Presidenta de la Cruz Blanca Constitucionalista para que organice esta benéfica institución en todos los estados de la República con la nueva designación de Cruz Blanca Nacional reconociendo los trabajos anteriores a esta fecha. Constitución y Reformas. Saltillo, Coahuila, 8 de junio de 1914. Rúbrica: Venustiano Carranza. Exp. Leonor Villegas, AHSDN.

[25]El estudio de antecedentes revolucionarios contiene los siguientes datos: Nombre, Ser natural de, Edad, Fecha de su ingreso a la Revolución y grado con el que se inició. Nombre de los Jefes con los que militó, Regiones donde operó. Contra qué fuerzas enemigas combatió. Si tiene expediente en la SDN. Si se encuentra separado del servicio activo de las armas, decir los motivos y fecha de su separación. Lugar y fecha. Firma

del interesado. Dirección actual. AHSDN.
[26]Exp. Villegas. Cruz Blanca Constitucionalista. Informe de sus trabajos. Nuevo Laredo, Tamps., marzo 17 de 1916, AHSDN.
[27]*Ibidem*..
[28]Scott, "El problema de la . . .", *op. cit.*, pp. 46–47.

Otros títulos de la Serie Recuperación de la herencia literaria en los EEUU:

Recovering the U.S. Hispanic Literary Heritage

Volume I
Edited, with an Introduction, by Ramón Gutiérrez and Genaro Padilla
ISBN 1-55885-063-5, $34.95
ISBN 1-55885-058-9, $17.95

Volume II
Edited, with an Introduction, by Erlinda Gonzales-Berry and Chuck Tatum
ISBN 1-55885-139-9, $34.95

Volume III
Edited, with an Introduction, by María Herrera-Sobek and Virginia Sánchez Korrol
ISBN 1-55885-251-4, $39.95

Volume IV
Edited, with an Introduction, by José Aranda, Jr. and Silvio Torres-Saillant
ISBN 1-55885-361-8 $27.95

The Account: Álvar Núñez Cabeza de Vaca's Relación
Edited, translated with an Introduction, by José Fernández and Martin Favata
ISBN 1-55885-060-0, $12.95

The Adventures of Don Chipote, or, When Parrots Breast-Feed
Daniel Venegas
English translation by Ethriam Cash Brammer
Edited, with a New Introduction, by Nicolás Kanellos
ISBN 1-55885-297-2—$12.95

Las aventuras de Don Chipote, o, Cuando los pericos mamen
Daniel Venegas
Edited, with an Introduction, by Nicolás Kanellos
ISBN 1-55885-252-2, $12.95

Black Cuban, BlackAmerican: A Memoir
Evelio Grillo
With an Introduction by Kenya Dworkin-Mendez
ISBN 1-55885-293-X, $13.95
Contains an eight page photo insert

Cantares: Canticles and Poems of Youth
Fray Angélico Chávez
Edited, with an Introduction, by Nasario García
ISBN 1-55885-311-1, $12.95

The Collected Stories of María Cristina Mena
María Cristina Mena
Edited, with an Introduction, by Amy Doherty
ISBN 1-55885-211-5, $12.95

Conflicts of Interest: The Letters of María Amparo Ruiz de Burton
María Amparo Ruiz de Burton
Edited, with an Introduction, by Rosaura Sánchez and Beatrice Pita
ISBN 1-55885-328-6, $17.95

El Coyote, the Rebel
Luis Perez
With an Introduction by Lauro Flores
ISBN 1-55885-296-4, $12.95

Dew on the Thorn
Jovita González
Edited by José Limón
ISBN 1-55885-175-5—$12.95

En otra voz: Antología de la literatura hispana de los Estados Unidos
Edited by Nicolás Kanellos
ISBN 1-55885-346-4—$27.95

Firefly Summer
Pura Belpré
ISBN 1-55885-174-7—$14.95
ISBN 1-55885-180-1—Paperback—$7.95

Jicoténcal
Félix Varela
Edited by Luis Leal and Rodolfo J. Cortina
ISBN 1-55885-132-1, $10.95

Joaquín Murrieta, California Outlaw
Ireneo Paz
English translation by Frances P. Belle
Introduction by Luis Leal
ISBN 1-55885-277-8, $12.95

El Laúd del Desterrado
Edited by Matías Montes-Huidobro
ISBN 1-55885-082-1, $10.95

Lo que el pueblo dice
Jesús Colón
Edited, with an Introduction, by Edwin Padilla
ISBN 1-55885-330-8, $12.95

Lucas Guevara
Alirio Díaz Guerra
Introduction by Nicolás Kanellos and
Imara Liz Hernández
ISBN 1-55885-325-1, $12.95

En inglés:
Lucas Guevara
Alirio Díaz Guerra
English translation by Ethriam Cash Brammer
Introduction by Nicolás Kanellos and
Imara Liz Hernández
ISBN 1-55885-390-1, $12.95

Hispanic Periodicals in the United States, Origins to 1960: A Brief History and Comprehensive Bibliography
Nicolás Kanellos with Helvetia Martell
ISBN 1-55885-253-0, $69.95

History and Legends of the Alamo and other Missions in and around San Antonio
Adina de Zavala; Edited by Richard Flores
ISBN 1-55885-181-X, $12.95

Pioneros puertorriqueños en Nueva York, 1917–1947
Joaquín Colón, Preface by
Olimpia Colón-Aponte
Introduction by Edwin Karli Padilla Aponte
ISBN 1-55885-335-9, $12.95

The Real Billy the Kid
Miguel Antonio Otero, Jr.
Introduction by John-Michael Rivera
ISBN 1-55885-234-4, $12.95

The Rebel
Leonor Villegas de Magnón
Edited, with an Introduction, by Clara Lomas
ISBN 1-55885-056-2—$12.00

Selected Poems/Poesía selecta
Luis Palés Matos; Translated from the
Spanish, with an Introduction, by Julio Marzán
ISBN 1-55885-303-0, $12.95

The Squatter and the Don
María Amparo Ruiz de Burton
Edited, with an Introduction, by
Rosaura Sánchez and Beatrice Pita
ISBN 1-55885-185-2, $14.00

Tropical Town and Other Poems
Salomón de la Selva
Edited, with an Introduction, by Silvio Sirias
ISBN 1-55885-235-2, $12.95

Versos sencillos/Simple Verses
José Martí
Translated, with an Introduction, by
Manuel A. Tellechea
ISBN 1-55885-204-2, $12.95

Vida y aventuras del más célebre bandido sonorense Joaquín Murrieta: Sus grandes proezas en California
Ireneo Paz
Introduction by Luis Leal
ISBN 1-55885-276-X—$12.95

The Way It Was and Other Writings
Jesús Colón
Edited, with an Introduction, by
Edna Acosta-Belén and
Virginia Sánchez Korrol
ISBN 1-55885-057-0—$12.00

Who Would Have Thought It?
María Amparo Ruiz de Burton
Edited, with an Introduction, by
Rosaura Sánchez and Beatrice Pita
ISBN 1-55885-081-3—$12.95

The Woman Who Lost Her Soul and Other Stories
Jovita González
Edited, with an Introduction, by Sergio Reyna
ISBN 1-55885-313-8, $12.95

Women's Tales from the New Mexico WPA: La Diabla a Pie
Edited by Tey Diana Rebolledo and
María Teresa Márquez
Introduction by Tey Diana Rebolledo
ISBN 1-55885-312-X, $17.95

La rebelde. Leonor Villegas de Magnón,
con un tiro de 1,000 ejemplares
se terminó de imprimir en mayo de 2004
en Arte Público Press
452 Cullen Performance Hall
Houston, Texas, 77204-2004
Se utilizó papel Natural, 50# para los interiores
y 4/0 Gloss para los forros.
Supervisión de la edición: Coordinación Nacional
de Difusión / Dirección de Publicaciones
Supervisión de la impresión: Linda Garza y
Adelaida Mendoza